K-pop 연구

숭실대학교 한국문예연구소 학술총서 54

K-pop 연구

이상욱 지음

IB 인터북스

머리말

"우리의 가맥(歌脈)은 단 한순간도 끊어진 적이 없다."

철부지 학부생 시절, 스승인 조규익 교수님께서 해주신 말씀이다. 별 생각 없이 흘려버릴 수도 있었을 텐데 이런 생각이 들었다.

'옛 노래와 지금 노래가 이렇게나 다른데 무슨 말인가? 둘 사이에 연결 고리가 있다는 말인가?'

나의 연구는 아마 그때부터 시작되었는지도 모른다.

겉모습만을 가지고 성급한 판단을 내려서는 안 될 일이다. 조금만 주의 깊게 들여다보면 대상의 진짜 모습을 알 수 있기 때문이다. 왕조나 국가 가 바뀌었다하여, 전쟁이 일어났다하여, 심지어 국권을 빼앗겼다하여 한 민족의 노래 문화가 한순간 단절되거나 송두리째 바뀔 수는 없는 일이다.

한국 노래는 아주 먼 옛날부터 지금까지 끊임없이 변화하며 이어졌다. K-pop에서 전통의 요소와 외래의 요소를 동시에 발견할 수 있는 것도 바로 이 때문이다.

이 책은 K-pop을 통해 엿볼 수 있는 한국 노래의 지속과 변이의 양상, 미학 등에 대한 연구서이다. 아울러, 음악 산업의 현장에서 내가 직접 경험한 것들을 종합한 실무 보고서이기도 하다. 책에서는 K-pop에 대한 기초적인 지식과 함께 K-pop의 본질에 대해 최대한 객관적이고 실증적으 로 논하고자 노력했다.

책이 나오기까지 도움주신 많은 분들께 감사드린다. 먼저, 높은 학덕과 인품으로 늘 나의 롤모델이 되어주시는 조규익 교수님께 감사드린다. 연구를 무사히 마치고 책이 나올 수 있었던 것은 모두 교수님이 계셨기에 가능한 일이었다. 이 글을 빌려 무한한 존경과 감사의 마음을 올린다. 그리고 항상 많은 가르침주시는 숭실대학교 국어국문학과, 문화콘텐츠학과, 한국문학과예술연구소 여러 교수님, 선생님들께 감사드린다.

무슨 일을 하든지 믿고 지켜봐주시는 아버지, 어머니, 장모님 이하 가족 여러분, 늘 나를 응원해주는 여러 선후배, 친구들에게도 감사드린다. 또한 책을 예쁘게 만들어주신 인터북스 임직원 여러분께도 진심으로 감사드린다.

그리고 무엇보다도, 감각적인 디자인으로 책을 더욱 빛나게 해준 패턴 디자이너 라브리에게, 힘들 틈도 안주고 늘 큰 웃음을 주는 쪽쪽이에게, 한 없이 부족한 남편이지만 밑진 셈치고 묵묵히 같이 살아주는 사랑하는 아내 강보람에게 깊은 감사의 마음을 전한다.

2016년 10월
이 상욱

목 차

1장

서론

1. 연구의 목적

이 연구의 목적은 K-pop(케이팝)에 대한 종합적인 분석을 바탕으로, 노랫말과 음악을 통해 드러나는 지속과 변이의 양상 및 K-pop 미학의 본질을 밝히고, K-pop이 지니는 한국 예술사적 의미를 규명하는 데 있다. 전통 노래들의 보편적 성향이 현재까지 지속되고 있음을 감안한다면, K-pop을 단순히 시장에서 소비되는 상품으로만 볼 수는 없다. 그보다는 역사적 맥락에서의 종합문화적 산물로 보는 편이 더 합당할 것이다. K-pop을 해석함에 있어 공시적이고 통시적인 관점이 필요한 것도 바로 이 때문이다.

그러나 K-pop의 정체성과 무국적성 논란이 계속되고 있다. 즉, K-pop 에는 "K에 상응할만한 뚜렷한 한국 음악적 정체성이 부재"[1]하다거나 "서 구음악 패턴의 복사와 표절, 모방적이며 깊이가 없는 개성, 자동보정

---

[1] 이수완, 「케이팝(K-Pop), Korean과 Pop Music의 기묘한 만남 - K-Pop의 한국 대중 음악적 진정성에 대한 탐구」, 『인문논총』제73권 제1호, 서울대학교 인문학연구원, 2016, 79쪽.

(Auto tune)뿐만 아니라 반복된 노래 패턴과 구성방식(혹송)이 지나치게 사용"[2]된다는 것이다. 노랫말 역시 "특정 지역 및 역사와 무관한 개인적 정서를 주로 표현하고, 보편적 욕망에 충실하며 솔직한 태도, 정치에 대해 무관심하고 소비 중심적인 생활방식을 드러낸다"[3]고 보고 있다.

K-pop 노랫말과 음악을 통해 드러나는 관습성, 그리고 해체의 미학은 한국 특유의 사회문화적 속성에 바탕을 둔 것이다. K-pop의 정체성은 이로써 확인된다. 다시 말해, K-pop에는 '한국'이라는 시공간적 특수성이 작용하고, 그로 인해 고유의 특징을 지니게 되었다는 것이다. 예컨대, 원더걸스의 〈Nobody(노바디)〉, 2NE1(투애니원)의 〈Come Back Home(컴백 홈)〉 등에서 드러나는 시적 자아의 정서는 임의 부재나 이별 상황에서 수동적이고, 과거지향적인 성향을 보이는 전통의 정서[4]와 밀접한 관련이 있고, H.O.T.(에이치오티)의 〈열맞춰!〉, 〈We Are The Future(위 아 더 퓨처)〉, 젝스키스의 〈학원별곡〉 등에서 보이는 저항성은 권위적이고 강압적인 한국의 경직된 사회 분위기와 관련이 있다. 크레용팝의 〈헤이 미스터〉, f(x)(에프엑스)의 〈피노키오〉, EXID(이엑스아이디)의 〈위아래〉 등 K-pop 곡들에 흔히 사용되는 다양한 음성 상징어는 격(格)을 파괴함으로써 웃음을 유발하고 사실성과 생동감, 음악성을 부각시키는 한국 노

---

2) Tom Dixon, *The Journey of Cultural Globalization in Korean Pop Music*, http://www.e-ir.info/2011/08/17/the-journey-of-cultural-globalization-in-korean-pop-music/#_ftnref16, 2011.08.17. ; 이봉재, 「K-Pop 댄스 뮤직의 정체성을 위한 연구: 리듬을 중심으로」, 『음악학』제27권, 한국음악학학회, 2014, 88쪽에서 재인용.
3) 네이버 스페셜, 「한눈으로 보는 케이팝 지형도 1부, 2부」(자료제공: 203인포그래픽연구소), http://image.music.naver.com/music/contents/promotion/special/content/201211/ 121122_infogra_07.jpg ; 이수완, 앞의 논문, 87쪽에서 재인용.
4) 김대행, 『한국시의 전통 연구』, 개문사, 1980, 159~164쪽 ; 장유정, 「한국 트로트의 정체성에 대한 일고찰-1945년 이전 노래의 시적 자아의 정서를 중심으로」, 『구비문학연구』제16집, 한국구비문학회, 2003, 82~84쪽에서 재인용.

래의 중요한 특질이며,5) 성 본능에 대한 비유적이면서 기발한 표현들은
1997년 제정된 〈청소년 보호법〉과 관련이 있다. 직접적이고 노골적인 표
현의 곡은 '청소년유해매체물'로 지정되어 판매와 방송이 허용되지 않았
기 때문이다. 영어 노랫말의 경우에도 일반 구어뿐 아니라, 한국식 영어
등 여러 영어 변이형들을 활용하여 차별화된 로컬적 정체성들을 공유하
고자 하였다.6) 원더걸스의 〈Tell Me(텔 미)〉, 티아라의 〈Roly-Poly(롤리-
폴리)〉를 비롯해 흑인 댄스음악을 표방한 많은 곡들이 블루노트나 현란
한 애드리브, 벤딩의 창법을 배제하는 것은 K-pop 작곡가 혹은 가수들,
나아가 일반 대중이 흑인의 감수성과 그러한 표현 기술에 익숙하지 않았
기 때문이며, 빅뱅의 〈BAE BAE(베 베)〉에 차용된 '물건 파는 소리' 곡조
는 조선시대부터 구전된 것이다. 또 댄스음악이 K-pop의 주류가 된 것,
즉 세대에 따라 음악적 취향이 트로트, 포크/록, 발라드, 댄스음악으로
확연히 나뉘는 것은 한국의 정치·경제·사회적 배경과 밀접한 관련이
있다. 그리고 K-pop의 해체 미학은 한국 사회의 보수적이고 권위적인
이념으로 말미암은 것이고, 또 그와 관련된 특성을 지닌다. 이렇듯,
K-pop에 드러나는 내용적·음악적·정서적 특성은 한국이라는 시공간이
있었기에 비로소 가능했던 것이다. 그러나 K-pop에 끼친 외래문화의 영
향 역시 간과해서는 안 된다. K-pop의 핵심적 특징 중 하나가 생산-유통-
소비의 초국적인 존재양상이기 때문이다. K-pop을 연구함에 있어 지속
과 변이의 균형 있는 시각이 필요한 이유도 바로 여기에 있다.

---

5) 민요나 ≪만횡청류≫ 등 한국 전통의 노래에 사용된 의성의태어의 기능과 의미에
  대해서는 조규익, 『만횡청류의 미학』, 박이정, 2009, 172~180쪽 참고.
6) 박준언, 「K-pop 노랫말들의 언어 혼종: 영어 변이형들과 코드전환 사용」, 『이중언
  어학』제61호, 이중언어학회, 2015, 122쪽.

2NE1의 <Come Back Home> 뮤직비디오의 한 장면.
곡에서 드러나는 시적 자아의 정서는 임의 부재나 이별 상황에서 수동적이고, 과거지
향적인 성향을 보이는 전통의 정서와 밀접한 관련이 있다.

K-pop은 한국 대중음악을 의미한다. 좀 더 자세히는 1990년대 후반 이후 댄스음악 중심의 주류 장르를 지칭한다. 이 차이는 K-pop을 바라보는 내외부적 관점에 의한 것인데, 이중 내부적 관점에 따르면, K-pop은 한국 매니지먼트사에 의해 생산되어 국제적으로 소비되는 아이돌의 댄스음악으로 정리할 수 있다. 1990년대 한국 사회는 국제화·정보화의 시대적 흐름 속에서 외국의 대중문화를 빠르게 수용했던 시기이다. 특히 외국의 대중음악 양식과 기술을 비교적 전문적이고 체계적으로 접할 수 있었는데, 이러한 상황에서 K-pop 창작자들은 전통과 외래를 적절히 조화시킨 새로운 결과물들을 만들어냈던 것이다.

댄스음악의 핵심적 특징인 반복과 리듬감은 제의와 관련된 고대의 노래들에서부터 민요에 이르기까지 꾸준히 발현되어왔다. 민요(향토민요)는 20세기 초 통속민요-신민요를 거치며 직접적으로 대중음악에 녹아들었는데, 이후 외국의 여러 댄스음악 장르에 영향을 받으며 현재에 이르렀

다. 1980년대 출현한 컬러 TV와 뮤직비디오는 댄스음악의 지위를 강화시
켰고, 춤·외모·패션·퍼포먼스 등 상대적으로 보여줄 것이 많았던
K-pop은 청소년 세대를 사로잡으며 1990년대 이후 한국 대중음악시장의
주류 장르가 되었다. 즉, K-pop은 전통 요소와 외부 요소 간 부단한 상호
작용으로 탄생한 결과물이라는 것이다.

대중음악시장이 청소년을 중심으로 재편됨에 따라 K-pop 노랫말 역시
그와 연관된 속성을 띠게 되었다. 주제는 보편적 주제인 사랑과 이별에
더욱 국한되는 한편, 저항과 비판의식이 학교 등 청소년의 삶과 가장 밀
접한 곳에서의 문제로 좁혀져 표출되었다. 또 클럽 문화의 영향으로 향락
과 자기과시 욕구가 함께 드러나는 특이한 모습을 보이고, 힙합과 채팅
문화의 발달로 인해 라임 맞추기와 언어유희가 많이 사용되었다. 1997년
제정된 〈청소년 보호법〉은 노래의 자유로운 표현을 제약했는데, 이에
K-pop은 전통 이데올로기에 의해 억압받던 옛 노래들과 같이 성 관념
등을 비유적으로 표현하기 시작했다. K-pop 노랫말에는 무엇보다도 영
어가 큰 비중으로 사용되었다.

1990년대 보수적이고 권위적인 한국 사회의 낡은 질서 속에서 청소년
들의 불만은 쌓여갔고, 이들은 K-pop을 통해 이를 해소하고자 했다. 다시
말해, K-pop에는 강압적이고 불합리한 기존 질서에 대한 저항과 비판의
식이 표출되고, 부조리한 교육 환경과 폐쇄적인 성 문화 속 공동체 구성
원들에 대한 연민과 공감 의식이 드러난다. 뿐만 아니라 K-pop은 기존
대중음악 노랫말의 언어 체계를 해체함과 동시에 테크놀로지의 발달에
힘입어 오랜 기간 지속된 음악문법마저 해체하였다.

해체의 원동력은 낡은 것을 버리고 보다 새로워지려는 K-pop 담당계
층의 예술적 욕구에 있다. 이를 도운 것이 바로 기술의 발전이다. 기술과
디지털 미디어의 발달은 대중음악 형식과 실천의 오랜 질서를 해체시켰

다. 사람들은 K-pop을 통해 기존 질서의 허위와 가상을 폭로하고 세계와 대상의 본질을 제대로 드러내고자 했다. 또 발달된 IT환경은 사회구성원 간 소통을 원활하게 하여 생산-유통-소비의 전통적 경계를 없애버렸다. 이제 K-pop은 다양한 방식으로 만들어지고 수용된다. 그 결과, 자본주의 시장의 전통적 질서가 무너지고 예술적 다양성이 점차 확보되고 있다. 아울러 경쟁적이고 유희적인 양상을 보이는 K-pop 실천의 놀이적 특성은 시·음악·춤이 한 데 어우러진 종합예술로서의 노래라는 본질과도 깊은 관련이 있다.

지속과 변이의 뚜렷한 양상에 비추어봤을 때, K-pop은 한국 대중음악 사적으로 중요한 전환점이 된다. K-pop은 댄스음악의 전통적인 특성을 계승하면서도 외국 댄스음악의 여러 특징들을 고루 가지고 있다. 즉 옛 노래들에 흔히 보이는 관습적인 내용과 형식을 지니면서도 시대적 차이 와 사회문화적 요인으로 인해 새롭게 변화된 모습 또한 보인다는 것이다. 무엇보다 K-pop에서 한국어와 외국어 노랫말이 혼용되는 특성은 한국 대중음악사, 넓게는 한국 시가사적으로도 주목할 만한 큰 변화이다. 이에 이 연구에서는 K-pop에 대한 종합적인 분석을 바탕으로, 노랫말과 음악 을 통해 드러나는 지속과 변이의 양상 및 K-pop 미학의 본질을 밝히고, K-pop이 지니는 한국 예술사적 의미를 규명하고자 한다. 이를 통해 K-pop의 고유성과 정체성을 확인해본다.

2. 연구사 검토와 문제의 제기

K-pop이라는 용어가 2010년대 들어서야 비로소 국내외적으로 보편화 되었다는 점, 아직까지 많은 연구자들이 K-pop과 한국 대중음악을 명확

히 구분하고 있지 않다는 점 등을 감안하면 선행 연구에 대한 검토의 범위는 K-pop을 넘어 한국 대중음악[7]으로까지 확대될 필요가 있다.

김익두[8]는 한국 대중음악 연구사를 전반적으로 검토하였다. 이 연구는 1970년대부터 2012년까지의 한국 대중음악 연구를 총망라하여 각 분야별 논의를 정리하고, 그 목록을 제공하고 있다. 본 연구자는 이를 참고하고, 논의에서 빠져있거나 이후 나온 연구들을 추가 검토하는 방향으로 연구사를 살펴보았다. 이중 K-pop 시대(1990년대 후반 이후)의 작품들을 다룬 연구들로 범위를 한정하였다.

K-pop과 관련된 선행 연구의 경향은 크게 두 부분으로 나눌 수 있다. 그중 하나는 텍스트(노랫말·음악)에 대한 연구이다. 노랫말 측면에서는 K-pop에 사용된 '영어 노랫말'에 초점이 맞춰져있고, 음악적 측면에서는 주로 '후크송' 형식에 초점이 맞춰져있다. 또 하나는 콘텍스트에 대한 연구이다. 이는 해외 시장에서의 성공 요인 분석과 관계된다. 즉, K-pop의 성공 요인으로 매니지먼트 전략, SNS 등 디지털 미디어의 활용, 외모·패션·안무와 같은 시각적 요소 등을 공통적으로 들고 있는 것이다. 연구 양상을 구체적으로 살펴보면 다음과 같다.

먼저, 텍스트 연구 중 노랫말 연구에서 홍연주[9]는 한국 대중음악 노랫말의 특성을 분석하여 '90% 이상이 남녀 간의 애정 문제를 주요 소재로

---

7) 연구자에 따라 '대중가요'와 '대중음악'으로 지칭을 달리한다. 둘은 비슷한 개념이나 일반적으로 대중가요는 노랫말이 있는 것만을 가리키고, 대중음악은 노랫말이 없는 것까지를 포함한다. 그러나 보통 둘은 구분하지 않으며, 여기서 언급될 연구자들 모두 그러하다. 본고는 대중음악이라는 용어를 사용한다. 아울러 대중음악은 '근대 이후 대중매체를 통해 대중이 향유하는 상품으로서의 노래'로 정의한다.
8) 김익두, 「한국 대중가요 연구사 검토」, 『공연문화연구』제24집, 한국공연문화학회, 2012.
9) 홍연주, 「한국 대중가요 노랫말의 특성에 관한 담론」, 『한국엔터테인먼트산업학회논문지』제5권 제1호, 한국엔터테인먼트산업학회, 2011.

다루고 있으며, 50% 이상의 노래들이 영어 단어나 문장을 포함하고 있음'
을 지적했다. 그리고 '사랑 고백이나 이별 등이 아닌 인류의 평화, 아름다
운 자연 그리고 계절 등의 다양한 주제의 필요성', '다소 과도한 영어 표현
의 사용에 대한 재검토' 등을 역설하였다. 하지만 그의 주장은 현상에
대한 단순 분석에 기인한 것으로 설득력이 떨어진다. 즉, 다양한 주제의
사용에 대한 근거로는 마이클 잭슨의 성공 사례를 들고 있고, 영어 표현
의 재검토는 "풍부한 표현력을 가진 아름다운 우리의 한글의 활용"이라는
주관적인 근거를 들고 있다. 그러나 한국 대중음악과 마이클 잭슨의 경우
는 주 소비층, 사회적 배경 등의 여러 요소를 고려했을 때 직접적인 비교
가 힘들다. '90% 이상이 애정문제', '50% 이상이 영어사용' 등의 분석 결과
자체는 유의미하나 그 이유에 대한 보다 심도 있는 분석이 필요하다.

강주선[10]은 1990년대 후반 한국 대중음악에서는 외래어, 외국어의 사
용이 증가하였고, 특히 외국어의 경우에는 단어나 구가 확대되어 문장,
또는 단락 전체가 외국어로 된 노래들이 보편화되었다고 하였다. 또 1980
년대 '그대', '당신', '님'이라고 표현되던 상대 지칭어가 1990년대 후반에
는 '너'로 변화하는 등 반말체를 쓰는 노래들이 많아졌다고 하였다. 이러
한 현상은 청소년 소비층과 깊은 관련이 있다.

임건희[11]는 한국 대중음악에 쓰인 언어 중에서 외국어의 사용 실태를
살펴보고 외국어의 남용 원인과 한국어 애용 방안을 고찰하였다. 그는
2006년과 2007년 (사)한국음악산업협회에서 발표한 매월 음반판매순위
상위 10위권의 146곡(중복 제외)을 연구 대상으로 하였다. 논의 중 주목

---

10) 강주선, 「大衆歌謠 歌詞의 텍스트에 관한 硏究」, 중앙대학교 교육대학원 석사학위
논문, 2004.
11) 임건희, 「大衆歌謠에 쓰인 言語에 관한 硏究 : 外國語 使用을 中心으로」, 중앙대학
교 교육대학원 석사학위논문, 2009.

할 점은 외국어 사용에 대한 원인을 소비자 설문과 생산자 인터뷰를 통해 살피고자 했다는 점이다.[12] 그 결과, 소비자의 경우 '세계화 시대에 외국어 사용은 표현의 일부이자 자유라고 생각한다', '가요의 멋과 리듬감을 살리기 위해서 필요한 언어라고 생각한다' 등으로 답변하였고, 생산자의 경우 '대중들이 고급스럽게 생각하기 때문에 사용하고 있다', '대중이 자연스럽게 외국어를 자주 사용하고 좋아하기 때문이다(일상생활에서 의사소통이나 자신의 감정을 표현할 때 간단한 외국어를 자주 쓰는 것)', '대중들이 외국어가 사용되고 있는 노래에 대해 높은 선호도를 보이기 때문이다' 등으로 답변하였다. 물론 연구자는 이러한 실태를 비판하고 이를 막기 위한 정부나 대중매체의 실천적 행동을 주장했지만, 외국어 노랫말 사용에 대한 소비자와 생산자의 이와 같은 인식은 의미하는 바가 크다.

한성일[13]은 한국 대중음악에 사용된 영어 가사의 기능에 대해 살펴보았다. 연구 대상으로 2008년 8월부터 2009년 7월까지 인터넷 멜론 월간 차트 상위 10위권의 곡들을 선정하였다. 그 결과를 정리하면 다음과 같다. "첫째, 영어 감탄사는 추임새의 기능을 담당하고 있는데 영어 감탄사가 더 세련되고 간결하다는 언중들의 인식에서 비롯된 결과로 보인다.

---

12) "10대부터 50대까지 각각 남녀 500명을 대상으로 설문지 조사를 하였다. 설문지 조사 대상 중 10대는 천주교 서울대교구 대방동 성당 초·중학생들과 용산고등학교 학생을 대상으로 하였으며 20대는 서울 대방동 소재 남도학숙에 재학 중인 대학생들과 서울대교구 대방동 성당 청년회와 행인을 대상으로 설문 조사를 하였다. 30대부터 50대는 행인과 천주교 서울대교구 대방동 성당에서 활동 중인 신자들을 대상으로 설문조사를 하였다. 그리고 음반 기획사와 제작사 대표, 작사자들의 언어 선호도, 그러한 언어를 선호하는 이유를 조사하기 위해 인터뷰를 하였다."(위의 논문, 4~5쪽).
13) 한성일, 「대중가요에 쓰인 영어 가사의 기능 연구」, 『텍스트언어학』제29집, 한국텍스트언어학회, 2010.

둘째, 영어 호칭어는 연인이나 이성에게 친밀감을 표현하는 기능을 담당하고 있는데, 영어 호칭어를 통해 신세대들은 구세대와 다른 정체성을 확인하게 된다. 셋째, 영어 가사는 압운과 반복을 통해 운율의 기능을 담당하고 있는데, 곡에 맞춰 가사를 적을 때 겪는 우리말의 한계를 극복하려는 데서 비롯된 결과이다. 넷째, 동어 반복을 통해 강조의 기능을 담당하고 있는데, 수용자들에게 가사를 각인시키려는 의도에서 비롯된 결과이다. 다섯째, 동의어 반복을 통해 조화의 기능을 담당하고 있다. 동일한 의미를 한국어와 영어로 반복 표현함으로써 변화를 통해 표현력을 높이려는 의도에서 비롯된 결과로 보인다. 여섯째, 선정적 내용의 영어가사는 욕구표출의 기능을 담당하고 있다. 영어 가사를 사용함으로써 선정적인 내용을 표현하면서도 각종 규제를 피하려는 의도에서 비롯된 결과이다."14)

이렇듯, 노랫말 연구의 초점은 주로 영어(외국어) 노랫말에 맞춰져있다. 이들 모두 영어 노랫말을 K-pop 노랫말의 주된 특징으로 파악하고 논의를 진행하고 있지만 대부분이 교육적인 목적을 가지고 있어 영어의 남용을 경계하자는 결론에 그친다. 물론 이 연구들은 한국어 애용을 역설하고 실천적 행동을 촉구한다는 점에서 나름의 의의가 있는 것은 사실이나 그렇다하더라도 대중음악 상품으로서 K-pop에 대한 명확한 이해와 주 소비층인 청소년 집단과의 연관성, 사회적 배경, 또 이를 바탕으로 한 작품의 내용·형식적 측면에서의 다각적인 분석과 그에 대한 원인 분석 등이 반드시 수반되어야 한다. 아울러 한국 고전시가 혹은 K-pop 이전 대중음악 노랫말과의 관계 분석 역시 필요하다. 이러한 것들은 결국 선행연구들이 간과하고 있는 K-pop의 한국 대중음악사적 의미와 위상을 정립

14) 위의 논문, 499쪽.

하는 데 있어서 중요한 역할을 할 것이기 때문이다.[15]

음악적 연구에서 양종모[16]는 K-pop 9곡[17]을 인기를 기준으로 선정하여 리듬, 가락, 화음 등 세 가지를 중심으로 분석하였다. 그는 K-pop이 리듬적 특징으로는 전체적으로 현재 초·중·고등학교 음악 교과서에서 나오는 보통 빠르기 악곡들에 비해 상당히 빠르고, 대중성 강한 춤곡의 특성상 한 곡을 제외한 나머지가 모두 짝수 박자이며, 3분 정도의 길이와 다양한 변화가 있는 리듬형을 지녔다고 보았다. 가락적 특징으로는 단조의 조성, 10도 이상의 음폭, 불완전 종지, 동형진행, '말+노래+랩+동음' 등의 변화가 많은 가락 구성 등을 들었다. 화음적 특징으로는 독창이건 합창이건 화음적 요소가 다양한 형태로 나타나고 있다고 했다.

김진이[18]는 음반판매량이 높거나, 수상 경험이 있는 아이돌 그룹의 K-pop 6곡[19]을 분석하여 공통의 음악적 특성을 파악하였다. 그 결과를 간략하게 정리하면 다음과 같다. "유행하고 있는 K-Pop곡의 대부분이 댄스곡 풍의 빠른 템포의 곡, 느린 곡이라 하더라도 16beat의 리듬을 주로 사용하여 어둡거나 처지지 않고 리드미컬한 느낌을 줌, 전형적인 Hook송의 형식, 선율은 주로 단음계를 사용, 타악기 리듬에서 곡의 전반에 걸쳐 2&4박이 강조되고, 4박 기준으로 1&2&3&4&으로 나눌 때 &에 강세가

15) 이상욱, 「K-pop의 노랫말 특성 연구」, 『한국문학과 예술』제16집, 숭실대학교 한국문예연구소, 2015, 113~114쪽.
16) 양종모, 「케이 팝(K-pop)의 학교 음악교육에 수용 탐색을 위한 음악적 특성 분석」, 『음악응용연구』제4집, 한국음악응용학회, 2011.
17) 〈행복〉(1998), 〈Listen to My Heart〉(2002), 〈Purple Line〉(2008), 〈Nobody〉(2009), 〈Bolero〉(2009), 〈Gee〉(2010), 〈미인아〉(2010), 〈Jumping〉(2011), 〈Fiction〉(2011).
18) 김진이, 「K-Pop의 형성과 음악적 특성에 관한 연구」, 동아대학교 예술대학원 석사학위논문, 2013.
19) 〈나만 바라봐〉(2008), 〈Nobody〉(2008), 〈루팡〉(2010), 〈Go Away〉(2010), 〈훗〉(2010), 〈Be my baby〉(2011).

들어가는 곡이 많음, 코드 진행에 있어서는 순환패턴의 사용으로 8마디 정도의 패턴을 한 곡 전체에 반복한 곡들이 눈에 띄었으며, 화성적으로는 다양한 코드가 쓰이기보다 1~2가지의 코드패턴이 반복되는 경우가 많다."[20]

강현구 · 고훈준[21]은 K-pop의 중요한 음악적 특성으로 '후크(Hook)'의 요소를 들어 원더걸스의 〈Tell Me〉 이후 모든 아이돌 그룹은 후크송을 기본으로 하는 음악을 사용한다고 하였다. 정찬중 · 최성영 · 배명진[22]은 후크송 15곡[23]을 분석해 공통된 특징을 살펴보았다. 그 결과, 4/4박자, 평균 123bpm, 평균 41%의 반복구 비율, 평균 31초의 반복구 시작 시간, 3분대의 곡 길이, 평탄한 주파수 특성, 높은 자기상관도(기승전결이 뚜렷하지 않은 단순한 구조)를 보인다고 하였다. 이난수[24]는 후크송의 음악적 특징으로 짧고 매력적인 후렴구의 반복, 솔직하고 간결한 가사, 화려한 군무, 풍부한 사운드 등을 들었다. 다수의 연구자들이 분석한 후크송의 공통된 특징은 '120bpm[25] 이상의 빠른 빠르기', '짝수 박', '반복', '순환 패턴' 등이다. 후킹효과를 사람들을 사로잡는 효과로 정의한다면 서정

20) 위의 논문, 68~69쪽.
21) 강현구 · 고훈준, 「K-POP의 음악 패턴 분석」, 『디지털정책연구』제11집 제3호, 한국디지털정책학회, 2013.
22) 정찬중 · 최성영 · 배명진, 「후크송의 음향학적 분석에 관한 연구」, 『한국통신학회논문지』제35집 제2호, 한국통신학회, 2010.
23) 〈10점 만점에 10점〉(2008), 〈주문〉(2008), 〈미쳐 미쳐 미쳐〉(2008), 〈어쩌다〉(2008), 〈Lollipop〉(2009), 〈Gee〉(2010), 〈Ring Ding Dong〉(2009), 〈거짓말〉(2007), 〈Honey〉(2009), 〈미쳤어〉(2008), 〈토요일 밤에〉(2009), 〈Sorry Sorry〉(2009), 〈Nobody〉(2008), 〈Tell Me〉(2007), 〈Pretty Girl〉(2008).
24) 이난수, 「K-POP의 '감흥(感興)'에 대한 연구 : 후킹효과(Hooking Effect)를 중심으로」, 『인문학연구』제43집, 조선대학교 인문학연구소, 2012.
25) 'Beats Per Minute'의 약어이며, 분당 비트 수를 의미한다. 숫자가 클수록 속도가 빠르고, 통상적으로 100bpm 정도가 '보통 빠르기'이다.

환[26])의 주장처럼 후크는 멜로디뿐 아니라 댄스, 의상, 외모 등 음악 외적인 부분도 가능할 것이다. 그러나 어쨌든 이 후크송의 음악적 특징이 K-pop과 같은 맥락에 있다는 사실만큼은 확실해 보인다.

K-pop의 음악적 특성에 관한 기존 논의들은 모두 K-pop의 댄스음악적 성향에 초점이 맞춰져 있다. 각각 객관적이고 실제적인 방식을 사용하여 K-pop 작품들을 상세히 분석하였다는 점에서 의의가 있지만, 아쉬운 부분은 모두 현상 분석에만 그치고 있다는 점이다. 이와 같은 연구가 보다 유의미한 가치를 지니려면 K-pop의 이러한 음악적 특성이 어디에서 비롯되었고, 또 무엇에서 어떤 영향을 받았는지, 그래서 K-pop이 대중음악사적으로 어떠한 위치에 있고 ,어떠한 의미를 지니는지도 함께 규명되어야 할 것이다. 이는 K-pop의 본질을 밝히거나 대중음악시장의 미래를 예측하는 데 있어서 대단히 중요한 요소이기 때문이다.[27])

콘텍스트에 대한 연구 중 첫 번째, 매니지먼트사와 관련된 연구에서 김태훈[28])은 1980년대부터 2000년대에 이르는 한국 음악 산업 매니지먼트의 변화과정을 살펴보았다. 시대별로 조용필, 서태지와 아이들, H.O.T., 조성모, 비 등을 선정했고, 각 매니지먼트 시스템을 발굴과 기획, 홍보, 차별화 전략과 성공요인 등으로 나눠 상세히 분석하였다. 무엇보다 실제 매니저들의 인터뷰를 싣고 있어 K-pop 매니지먼트 연구에 많은 도움을 준다. 이솔림[29]) 역시 매니지먼트 분야 전문가 12명의 심층 인터뷰

26) 서정환, 「대중음악의 훅(hook)에 관한 정의와 재해석」, 『음악학』제21집, 한국음악학학회, 2011.
27) 이상욱, 「K-pop 음악적 성향의 지속과 변이」, 『인문과학연구』제34집, 성신여자대학교 인문과학연구소, 2016, 355~356쪽.
28) 김태훈, 「한국 음악 산업의 매니지먼트 변화과정 : 1980년대부터 2000년대까지 스타 뮤지션의 사례를 중심으로」, 단국대학교 대중문화예술대학원 석사학위논문, 2007.
29) 이솔림, 「연예매니지먼트기업의 아이돌 메이킹에 관한 연구」, 중앙대학교 예술대

를 통해 아이돌 발굴과 트레이닝 과정을 자세히 살펴보고, '아이돌메이킹'
의 문제점과 해결방안을 모색하였다. 이들 연구는 K-pop 매니지먼트의
성공 전략에 주목하고 있다.

두 번째, 미디어와 관련된 연구에서 이선호[30)는 2000년 이후 미디어의
다변화로 비약적인 발전을 한 디지털 음원시장의 문제점과 해결방안을
모색하였다. 같은 맥락으로 문희천[31) 역시 음악 산업과 디지털 기술의
융합 이후에 나타난 여러 문제점들을 살펴보고 그 해결방안을 모색하였
다. 이들 연구에서는 '불법 음원 유통', '수익 분배의 불균형' 등과 같은
시장 구조적 측면에서의 영향을 주로 다루고 있다.

디지털 미디어는 한국 대중음악의 흐름을 크게 바꾸어 놓았다. 이는
비단 시장 구조의 변화에만 국한되지 않는다. 여기에는 콘텐츠 내적인
변화까지도 포함된다. 다양한 디지털 미디어의 등장과 발달은 K-pop 노
랫말과 음악에 많은 영향을 주었기 때문이다. 이로부터 생성되는 해체
미학적 특성이나 다양한 예술적 가능성은 K-pop의 주된 특성이며, 또한
SNS 등 디지털 미디어를 통한 새로운 유통 방식은 K-pop의 국제적 소비
를 가능하게 했다는 점에서 의미가 있다.

세 번째, 패션 및 외적 이미지와 관련된 연구에서 김윤[32)은 K-pop 스
타들의 패션 스타일을 다섯 가지 유형으로 나눠 분석하였다. 그중 첫째,
스트리트 패션 스타일은 다양한 아이템들을 언밸런스 하면서도 조화롭게

학원 석사학위논문, 2011.
30) 이선호, 「디지털 미디어의 발전과 한국 음악 산업의 경향에 관한 연구 : 디지털
   음원산업의 주요 쟁점을 중심으로」, 『음악교육공학』제8집, 한국음악교육공학회,
   2009.
31) 문희천, 「음악산업과 디지털 기술의 융합에 따른 시장 환경 변화 연구 – 융합에
   의한 문제점을 중심으로」, 단국대학교 경영대학원 석사학위논문, 2011.
32) 김 윤, 「K-pop 스타의 패션에 관한 연구」, 『한국패션디자인학회지』제12집 제2호,
   한국패션디자인학회, 2012.

연출하여 개성 넘치는 스타일로 표현하고, 에너제틱하고 화려한 댄스를 강조하기 위해 슬림핏을 추구한다고 하였다. 둘째, 레트로 패션 스타일은 복고 음악과 복고 의상의 적절한 스타일링으로 10대들에게는 처음 접하는 신선한 새로움, 30대 이후 팬들에게는 향수를 느끼는 친숙함으로 공감대를 가진다고 하였다. 셋째, 섹시 패션 스타일은 현대미의 상징인 큰 키에 건강하고 볼륨 있는 몸매를 부각시키는 섹시함의 표현이며 대중들은 이러한 이미지를 모방한다고 하였다. 넷째, 블랙 & 화이트 스타일은 케이팝 스타들의 의상에서 과장된 장식 등을 배제하고 심플함, 도회적 이미지, 세련된 스타일의 시크함을 강조하며, 이는 완벽하고 통일감 있는 군무 중심의 안무를 더욱 돋보이게 한다고 하였다. 다섯째, 퓨처리즘 스타일은 2000년 이후 패션 트렌드에서 강하게 보여지고 있으며 투에니원과 원더걸스로 대표된다고 하였다.

박희지[33)]는 K-pop의 특성 분석을 통해 K-pop과 패션의 상호 관계를 살피고자 하였다. 이에 K-pop의 특성을 혼종성, 역동성, 통속성, 집단성, 일회성, 체계성, 신비성 등 7가지로 분석하고, 혼종성은 섹슈얼리티와 순수함의 혼용, 남성성과 여성성의 혼용, 과거와 현대의 혼용으로, 역동성은 활동성을 중시하는 캐주얼한 의상 및 액세서리의 착용으로, 통속성은 과도한 원색의 색조 의상, 과장된 액세서리 등의 유희적 모습과 과도한 신체의 노출로, 집단성은 통일성 있어 보이는 유니폼과 같은 복장으로, 일회성은 고정되지 않은 매 시즌별 새로운 스타일의 제안으로, 체계성은 정형화된 신체 사이즈 및 이상적인 외모 특성으로, 신비성은 성적 모호성과 동양적 외모 특성을 통해 나타난다고 하였다. 이 외에도 김수경[34)],

33) 박희지, 「K-Pop 특성과 K-Pop 아이돌의 패션이미지」, 서울대학교 대학원 석사학위논문, 2012.
34) 김수경, 「여성 아이돌 그룹 의상의 특성」, 『한국디자인포럼』제33집, 한국디자인트

김주미[35], 나현신 · 장애란[36], 차세련[37], 박규란[38] 등의 연구가 있다. 이들 연구는 모두 아이돌의 패션과 외적 이미지를 K-pop의 성공 요인으로 주목하고 있다.

네 번째, 해외에서의 성공 요인과 해외 소비자의 선호 요인에 대해 살펴 본 연구로 김미희[39], 주호일[40], 소연수[41], 정일서[42], 황현숙[43] 등이 있는데, 이들은 대개 '쉽고 중독성 있는 음악(후크송)', '화려한 비주얼(댄스 · 패션 · 외모)', 'SNS 유통 구조', '대형기획사의 축적된 노하우와 체계적인 제작시스템', '현지화 전략' 등의 요소를 주요하게 꼽고 있다. 이중, 김호상[44]은 실제 K-pop 제작자와 미디어 전문가, 해외 마케팅 전문가 등 11명에 대한 심층 인터뷰 결과를 분석하여 K-pop의 해외진출 성공요

렌드학회, 2011.

35) 김주미, 「한국 남성 아이돌 스타의 이미지 유형」, 서경대학교 대학원 석사학위논문, 2011.

36) 나현신 · 장애란, 「K-pop 스타 패션에 나타난 키치의 조형적 특성 연구」, 『디자인지식저널』제24집, 한국디자인지식학회, 2012.

37) 차세련, 「K-Pop 가수의 무대의상 스타일 유형 연구」, 상명대학교 예술디자인대학원 석사학위논문, 2013.

38) 박규란, 「K-POP 한류스타들의 헤어트렌드 대중선호도 분석」, 중앙대학교 예술대학원 석사학위논문, 2013.

39) 김미희, 「한국대중음악의 해외진출에 관한 연구 - SM엔터테인먼트와 가수 '보아'를 중심으로」, 단국대학교 대중문화예술대학원 석사학위논문, 2009.

40) 주호일, 「新한류의 현황 및 활성화에 관한 연구 : K-POP을 중심으로」, 단국대학교 문화예술대학원 석사학위논문, 2012.

41) 소연수, 「해외소비자의 K-POP 선호요인에 관한 연구 : 동아시아, 동남아, 구미주 3개 시장의 차이를 중심으로」, 홍익대학교 경영대학원 석사학위논문, 2013.

42) 정일서, 「한국 대중음악의 해외진출 현황과 과제에 관한 연구 : 최근의 K-POP 열풍을 계기로」, 성공회대학교 문화대학원 석사학위논문, 2013.

43) 황현숙, 「K-POP의 세계 대중음악 진출에 대한 담론-가수 싸이 신드롬을 중심으로-」, 『음악교육공학』17집, 한국음악교육공학회, 2013.

44) 김호상, 「K-POP의 해외진출 성공전략에 관한 연구 : K-POP 전문가 심층인터뷰를 중심으로」, 한양대학교 언론정보대학원 석사학위논문, 2012.

인에 대해 살펴보았다. 그는 성공요인을 콘텐츠 경쟁력과 미디어 전략으로 나누어 살피고 있는데, 특히 K-pop의 새로운 미디어 전략으로 유튜브와 같은 소셜 미디어의 활용, KBS월드의 해외방송프로그램 중 '뮤직뱅크'의 중요한 역할에 대해 역설하였다. 이기원[45] 역시 전 세계에서 동시다발적으로 K-pop에 대한 수요가 폭발적으로 증가하고 있는 데는 스마트기기의 발전과 이를 활용하는 '트랜스 미디어'의 확산이 한 몫을 하고 있다고 하였다. 이밖에 댄스에 관한 연구로 〈강남스타일〉 등의 댄스에 대해 살펴 본 이봉재[46], 소녀시대 춤을 분석한 정겨울[47] 등이 있다.

K-pop과 관련된 이상의 연구들은 모두 K-pop의 보편성이나 상업성과 깊은 관련이 있다. 즉, 이들이 영어 노랫말이나 후크 형식, 시각적 측면에 주목하는 것은 결국 K-pop이 해외에서도 쉽게 수용될 수 있는 보편적 성격을 지녔다고 보기 때문이며, 또 해외에서의 성공은 매니지먼트사의 고도의 비즈니스 전략 때문이라는 것이다.

지금까지의 K-pop 연구는 K-pop 현상을 주로 '잘 만들어진 문화상품의 수출'이라는 문화산업적인 측면으로만 다뤄왔다. K-pop이 문화상품인 것은 분명한 사실이다. 자본주의 체제 하에서 대중음악을 시장의 논리와 분리해서 생각하기란 어렵고, 보다 많은 수익을 위해서 대중성·보편성의 획득은 필수적이기 때문이다. 그러나 그렇더라도 그 속에 내재된 특수성과 예술성이 간과되어서는 안 된다. 김창남은 이에 대해 "대중음악을 산업과 경제, 요컨대 돈벌이라는 차원에서 바라보는 시각이 강화되는 것

45) 이기원, 「新韓流 K-pop의 國際去來 硏究 : 디지털 음악의 해외유통과 Youtube-social media의 역할」, 고려대학교 법무대학원 석사학위논문, 2012.
46) 이봉재, 「K-Pop의 춤에 관한 소고 : 〈강남스타일〉을 생각하며」, 『대중음악』제10호, 한국대중음악학회, 2012 ; 앞의 논문, 2014.
47) 정겨울, 「아이돌 춤에 관한 연구 : 소녀시대 춤 분석을 중심으로」, 이화여자대학교 공연예술대학원 석사학위논문, 2015.

은 다른 한편으로 대중음악의 창조성이나 음악적 진정성, 다양성이라는
문제의식이 그만큼 약화되는 것을 의미한다"[48]고 지적한다. 그래서인지,
K-pop의 미학에 주목한 연구는 아직까지 없다.

K-pop을 대중적으로 소비되는 상품으로만 보는 시각으로 인해 그간
K-pop에 내재된 창조성과 예술성은 경시되어왔다. 특히 K-pop이 국제적
으로 소비되면서부터 많은 주목을 받았고, 그래서 그에 대한 원인 분석이
주를 이루었지만, K-pop의 혼종적 특징은 대부분의 연구자로 하여금 '로
컬'보다는 '글로벌'에 주목하게 만들었다. 그러나 그것은 텍스트에 대한
내용적 · 표현적 · 정서적 측면에서의 면밀한 분석이 바탕이 되지 않았기
때문이며, 경제뿐 아니라 정치나 사회, 문화 등 다양한 배경 분석이 연계
되지 않았기 때문이다. 이러한 것들은 K-pop의 정체성 문제와 직결되었
다. 다시 말해, "'케이팝이 진정 한국적 음악인가' 혹은 'K의 Korea가 음악
속에서 어떻게 나타나는가'의 문제"[49] 등이 끊임없이 제기된 것이다. 사
실 이러한 문제는 "한국의 대중음악은 로컬의 전통음악에 기반을 둔 미학
적 요소를 바탕으로 세계적으로 유통되는 글로벌 대중음악 코드 및 문법
의 결합을 통해 형성된 월드뮤직 현상과는 다르게 한국의 전통음악적 뿌
리를 무시하고 발전했다"[50]는 관점에 기인한다. 물론, 이를 반박하며
K-pop에서 한국 전통의 정체성을 찾으려는 움직임 역시 존재했다.
"K-pop의 기본 4박자 비트가 무당굿의 기본 장단인 '동살풀이 장단'을 사
용하고 있다"[51]는 견해나 K-pop 곡 중 일부가 "주요 음이 5음 음계에

48) 김창남, 「대중음악 공부하기」, 김창남 엮음, 『대중음악의 이해』, 한울, 2012, 20쪽.
49) 이수완, 앞의 논문, 84쪽.
50) 박현주, 「글로벌 대중문화물의 한국적 변용과 탈식민주의적 문화정체성에 대한
    연구-한국 대중음악에 관한 사례분석」, 『언론과사회』제14권 제3호, 성곡언론문화
    재단, 2006, 50쪽.
51) 김익두 · 허정주, 「'한류(Korean waves)' 공연예술의 전통적 토대로서의 풍물굿/농

기반한 것과 더불어 민요조의 골격음들과도 유사한 진행을 보이며, 민요에서 자주 등장하는 선율형이 구조적으로 분석된다"[52]는 견해, "현대 케이팝의 발전요소 그리고 우수 문화 DNA 핵심 요소가 바로 광대와 광대제도 즉 광대코드에 있다"[53]는 견해 등이 그것이다. 이들은 각각 전문적인 분석을 바탕으로 논의를 풍부하게 만들뿐 아니라 한국 음악문화의 연속성을 견지하고 있다는 점에서 의미가 있다. 그런데 이 뿐만 아니라 K-pop의 정체성은 '한국적 콘텍스트의 반영'이라는 측면에서도 찾을 수 있다.

사실 전통은 고정 불변의 것이 아니라, "다양한 역사적 시간성들이 이질적 공간들의 장에서 중첩적이고 복합적인 방식으로 상호 작용한 결과의 산물이고, 이때 역사와 시간의 지속적인 작용이 특정 지역과 공간의 구속을 벗어날 수 없다는 점에서 전통은 고유성과 특수성을 갖는다."[54] 이와 유사한 관점으로, 대중음악에 대한 사회학적 접근을 시도한 프리스(Frith, 2000)에 의하면, K-pop을 "한국적 사회 콘텍스트를 구현한 음악"[55]으로 해석할 수 있다. K-pop을 한국 사회의 특수성이 작용한 종합 문화적 산물로 본다면, K-pop의 미학적 가치 역시 충분히 규명될 수 있을 것이다. K-pop에는 기성사회의 지배이념에 대한 저항과 거부로서의 청소년의 세대 정체성이 강하게 표출되기 때문이다. K-pop 현상을 바라봄

악의 가능성과 그 활용 방안 연구 - 'K-POP'의 경우를 중심으로」,『공연문화연구』 제31집, 한국공연문화학회, 2015, 19쪽.

52) 조용경・고운기,「K-pop의 민요적 친연성에 대한 시론」,『한국민요학』제44집, 한국민요학회, 2015, 259쪽.

53) 심희철,「광대 제도의 전승과 케이팝 계승에 관한 연구」, 건국대학교 대학원 문화콘텐츠학과 박사학위논문, 2015, 35쪽.

54) 김경일,「전통에 대한 한국인의 시각」,『한국인은 누구인가』, 21세기북스, 2013, 149쪽.

55) Frith, S, "The discourse of world music. In Born, G, & Hesmondhalgh, D. (Eds.)", *Western music and its others*, London : Routledge, 2000 ; 박현주, 앞의 논문, 63쪽.

에 있어서 통시적 관점과 공시적 관점, 지속과 변이를 동시에 아우르는
균형 잡힌 시각이 필요한 것은 바로 이 때문이다. 이에, 이 연구에서는
선행 연구가 놓치고 있는 K-pop의 정체성과 미학에 주목하고자 한다.
그리고 한국 시가 장르의 지속과 변이라는 측면에서 K-pop이 지니는 예
술사적 의미를 밝히고자 한다.

3. 이론적 배경

3.1 놀이 문맥과 문화접변

　K-pop은 한국 예술의 큰 흐름 속에 존재한다. K-pop이 시와 음악, 춤
등이 한 데 어우러진 종합예술이라는 점에서 더욱 그렇다. K-pop은 한국
예술의 가장 현대적이면서 본질적인 장르라 할 수 있다. 이러한 점에서
봤을 때, K-pop의 생성과 변화 과정은 반드시 한국 예술사의 통시적이고
공시적인 맥락에서 다뤄져야 한다.

> 　첫 단계의 옛 노래들은 문학과 음악 혹은 무용이 함께 어우러진 '종합예
> 술'의 한 부분이었다. 그 점을 인정해야 그 노래들을 즐기며 내뿜던 '신명'의
> 정체를 이해할 수 있게 된다. 그 상태로부터 변이·생성된 것이 요즘의 노
> 래이며 시문학이다.[56]

　원시시대의 노래는 제의의 현장에서 주로 불렸다. 그리고 거기에는 항
상 춤이 동반되었다. 당대인들은 이러한 제의를 통해 풍요를 기원했다.
풍요는 이들의 생존이 달린 문제였다. 그만큼 제의의 양태는 사람들의

---

56) 조규익, 『풀어읽는 우리 노래문학』, 논형, 2007, 6쪽.

가장 현실적인 삶의 반영이었을 것이다. 이들이 집단으로 모여 본능적 욕구와 감정을 자연스럽게 풀어냈으리라 가정했을 때, 당시 노래는 노동요나 연정요가 주류를 이루었을 것이고, 춤 역시 사냥이나 농경, 다산과 같은 풍요를 상징하는 동작이 중심이었을 것이다. 이렇게 본다면 이 시기의 제의는 경건하다기보다는 먹고 마시고 즐기는 '놀이'에 가까웠으리라 짐작된다. 이는 옛 문헌들의 기록에서도 확인된다.[57]

1) 동이는 거의 모두 토착민으로서, 술 마시고 노래하며 춤추기를 좋아한다. (≪후한서≫ 85, 〈동이열전〉 75)
2) 그 풍속은 음탕하고 깨끗한 것을 좋아하며, 밤에는 남녀가 떼 지어 노래를 부른다. 귀신·사직·영성에 제사 지내기를 좋아하며, 10월에 하늘에 제사 지내는 큰 모임이 있으니 그 이름을 '동맹'이라 한다. 그 나라의 동쪽에 큰 굴이 있는데 그것을 수신이라 부르며, 역시 10월에 그 신을 맞이하여 제사를 지낸다. (≪후한서≫ 〈고구려전〉)
3) 해마다 5월에는 농사일을 마치고 귀신에게 제사를 지내는데, 낮이나 밤이나 술자리를 베풀고 떼 지어 노래 부르며 춤춘다. 춤출 때에는 수십 명이 서로 줄을 서서 땅을 밟으며 장단을 맞춘다. 10월에 농사의 추수를 끝내고는 또다시 이와 같이 한다. (≪후한서≫ 〈한전〉)
4) 은력 정월에 지내는 제천행사는 국중 대회로 날마다 마시고 먹고 노래하고 춤추는데, 그 이름을 영고라 하였다. (≪삼국지≫ 〈위서〉 부여전)
5) 해마다 10월이면 하늘에 제사를 지내는데, 주야로 술 마시며 노래 부르고 춤추니 이를 무천이라 한다. (≪삼국지≫ 〈위서〉 예전)
6) 그 나라의 풍습은 노래하고 춤추며 술 마시기를 좋아한다. 비파가 있는데 그 모양은 축과 같고 연주하는 음곡도 있다. (≪삼국지≫ 〈위서〉 변진전)
7) 풍습은 귀신을 믿으므로 해마다 5월에 씨 뿌리는 작업을 마친 뒤, 떼 지어 노래하고 춤추면서 신에게 제사지낸다. 10월에 이르러 추수를 마친 뒤에도 역시 그렇게 한다. (≪진서≫ 〈마한전〉)[58]

---

57) 조규익, 『고전시가의 변이와 지속』, 학고방, 2006, 12~36쪽 참고.

유튜브 <KPOP Random Play Dance – BRASIL>의 한 장면.
유튜브에는 전 세계 청소년들의 K-pop 커버 댄스 영상이 많이 올라온다. 그중에서도 최근에는 광장 등에 모여 무작위로 나오는 K-pop에 맞춰 춤을 추는 영상이 유행이다. 영상 속 청소년들은 최대한 많은 곡을 따라 하기 위해 일종의 '도전(Challenge)'을 펼친다. 이는 곧 K-pop을 매개로 한 즐거운 놀이이자 게임인 것이다.

원시시대의 노래가 놀이의 구성요소로서 문학·음악·무용이 함께 어우러진 종합예술이었다면, K-pop이야말로 그 모습을 가장 잘 간직하고 있다고 볼 수 있다. K-pop은 가창을 기본으로 한 댄스음악이며, 화려한 춤과 퍼포먼스가 주된 특징이기 때문이다. 원시의 노래가 당대인의 본능적 욕구를 해소하고, 삶의 에너지를 충전시키는 역할을 했던 것처럼 K-pop 역시 현대 청소년의 억압된 본능의 탈출구로서, 가장 쉽게 접근해 서로 공유하고 즐기는 일종의 놀이로서 기능한다. 우리가 K-pop에서 흥과 신명의 미학을 읽을 수 있다면 그것은 바로 K-pop이 원시종합예술의 놀이적 성격을 계승했기 때문일 것이다.[59] 아울러 20세기 초반 대중음악

58) 조규익, 앞의 책, 2007, 294쪽에서 직접 인용.
59) "옛 노래들은 신과 인간, 하늘과 인간의 대화현장인 제의에서 발생되었고, 그 제의

이 시작되고 외부의 다양한 양식들이 많은 영향을 끼쳤지만, K-pop 노랫
말과 음악 텍스트에는 전통 노래들에 보였던 특징적 모습들이 선명하게
나타난다.

　상이한 두 사회의 성원들이 비교적 장기간에 걸쳐 제1차적인 혹은 직
접적인 접촉관계에 들어갈 때 그 결과로 어느 한쪽 또는 양쪽 사회의
문화에 변동이 일어나는 것을 문화접변(Acculturation)이라고 한다.[60] 즉,
타문화의 이질적인 요소가 특정 사회로 들어가 상호작용을 거쳐 새로운
문화를 생성해내는 것이 문화접변현상의 핵심인 것이다. 이때, 새롭게
생성된 문화에는 기존의 것과 외부의 것이 공존한다. 예컨대, 미국의 대
중음악은 영국 · 이탈리아 · 프랑스 · 독일 등 유럽 이민자들이 가져와 정
착시킨 전통의 민속음악과 종교음악에 아프리카 흑인음악문화가 유입되
면서 형성되었다. 이 둘은 미국 대중음악을 구성하는 중심축이다.[61]

　한국 전통음악의 경우, 원시공동체사회의 종합예술형태로 향유되던 시
기를 지나 삼국시대에 이르러 서역악기를 수용한다거나 중국과 일본과의
활발한 음악적 교류를 통해 고유의 음악문화인 향악의 형성 기반을 만들
었다. 이후 통일신라시대에는 중국 당나라로부터 당악이 전래되어 향악
과 병존하였는데, 이 시기 대표적인 삼현(三絃) 중 하나인 향비파는 원래
서역악기였던 오현이 고구려에 수용된 이후 향악기화 된 경우이다. 또
삼죽(三竹)에 쓰이는 악조 이름에 당나라의 악조 이름이 있는 것으로 보

　는 놀이라는 예술적 부분의 확대와 함께 축제로 변이되어 후대까지 지속되었다.
　축제 가운데 종교나 신앙의 부분이 퇴색하면서 놀이는 예술로 독립을 하게 되었
　고, 그에 따라 어느 시기 이후의 옛 노래들은 전적으로 개인적인 서정의 표출을
　담당하는 역할만을 수행하게 되었다."(조규익, 앞의 책, 2006, 147쪽).
60) 한상복 · 이문웅 · 김광억, 『문화인류학』, 서울대학교출판문화원, 2011 참고.
61) 래리 스타 · 크리스토퍼 워터먼, 『미국 대중음악 : 민스트럴시부터 힙합까지, 200
　년의 연대기』, 김영대 · 조일동 옮김, 도서출판 한울, 2015, 31~43쪽.

아 이 시기 음악이 당악으로부터 많은 영향을 받았음을 알 수 있다. 당악은 고려시대에 이르기까지 향악과 함께 꾸준히 성장하였다. 이 둘은 12세기 초에 송나라 아악이 전래되기 이전까지 고려의 왕립음악기관인 대악서와 관현방에서 좌·우방으로 나뉘어 전승되었다. 고려 당악의 특징은 중국 당나라 속악뿐 아니라 송나라의 음악인들이 직접 고려에 머물면서 자신들 음악을 고려 음악인들에게 가르친 점에서도 찾을 수 있다. 한편, 통일신라시대의 삼현(가야금, 거문고, 향비파)과 삼죽(대금, 중금, 소금)이 그대로 고려의 향악기로 전승되었다는 사실은 향악의 전통이 이 시기까지 지속되었음을 보여준다. 또 삼국에 기원을 두고 있는 향토적인 음악들이 고려시대까지 남아 전하였으며, 〈청산별곡〉·〈한림별곡〉·〈가시리〉 등의 노래는 조선 건국 초기에까지 남아 신악 창제에 중요한 음악적 토대가 되었다. 조선시대에 이르러 당악은 향악화되어 향악과 함께 우방악이 되었고, 새로 정비된 아악이 좌방악이 되었다. 당악기였던 아쟁이나 당비파 또는 장고가 당악연주에서뿐 아니라 향악연주에도 사용됐다는 것에서 이러한 변화를 확인할 수 있다. 조선 후기에는 양반사대부와 중인 계층의 전문음악인에 의한 풍류방 음악문화가 발달하였다. 풍류방에서 주로 연주된 음악으로는 〈여민락〉과 〈보허자〉가 있는데, 본래 궁중음악이면서 당악계통 악곡인 〈보허자〉는 풍류방에서 현악기 중심의 실내악으로 연주되면서 향악화되는 과정을 거쳤고, 이후 많은 파생곡을 낳았다. 풍류방에서 연주된 성악곡으로 조선 전기에 발생한 〈만대엽〉이 〈중대엽〉과 〈삭대엽〉으로 확대되었다. 이중 현재 전하는 가곡은 〈삭대엽〉 계통의 악곡인데, 시조시를 기악 반주에 맞추어 부르는 〈삭대엽〉은 다양한 변주곡을 낳았고, 그중 하나가 시조시를 단순한 가락에 얹어 부르는 시조창이다. 시조창은 평시조 이외에도 지름시조·사설시조 등으로 파생되었고, 민요·휘모리잡가 등 민속악에도 영향을 미쳤다. 이렇듯, 한국 전통

음악은 외래음악과의 지속적인 영향관계에서 끊임없이 새로운 음악문화를 낳았고, 또 계층 간 문화교류를 통해서도 많은 영향을 주고받으며 지속되고 변이되었다.[62]

한국 대중음악의 경우, 민요 등의 전통음악이 서양음악과 일본음악을 만나 서로 영향을 주고받는 과정에서 형성되었다. 예컨대 당시 서양음악은 학교, 교회, 군악대를 통해 주로 유입되었고, 이곳에서 서양식 음악교육을 받은 정사인, 김인식, 이상준 등과 같은 음악인들은 서양 악기를 사용하고 서양식 편곡으로 노래를 만들었다. 이 때문에 3박자의 재즈송 형식, 즉 전통과 서양의 음악 어법을 동시에 보이는 〈낙화유수〉와 같은 곡이 나올 수 있었다. 한국 대중음악 형성의 전후를 가르는 것은 이러한 음악적 측면에서의 변이와 전환이 있어 비로소 가능한 것이다.[63]

미8군 무대는 한국전쟁 이후 생겨나 점차 성행하여 1960년대 이후에는 일반 무대나 방송에까지 영향을 미쳤다. 미8군 무대에 섰던 가수나 연주자들은 미군을 상대로 공연했기 때문에 외국 대중음악 형식을 체계적으로 훈련하고, 또 이를 잘 보여주어야 했다. 이들이 대중음악시장에 진출했다는 것은 한국 대중음악의 주류 양식에도 많은 변화가 일어났다는 것을 의미한다. 즉 기존의 음악에 외국 대중음악 스타일이 보다 적극적이고 전문적으로 도입되어 상호작용하기 시작했다는 것이다.

> 어릴 적에는 주변이 온통 음악이었다. 우리 민족은 가난했지만 여흥이 있었던 것 같다. 나는 멋들어지게 품바타령과 장타령을 하는 각설이를 쫓아다니곤 했다. …중략… 농부들의 타령도 운치가 있었다. 농부는 단순히 먹고살기 위해 일하는 노동자가 아니라 풍류를 아는 사람들이었다. …중략… 어려서부터 몸에 밴 그 장단과 가락이 내 음악에 결정적인 영향을 미쳤음을

---

62) 송방송, 『한국음악통사』, 일조각, 1984 ; 김영운, 『국악개론』, 음악세계, 2015 참고.
63) 장유정·서병기, 『한국 대중음악사 개론』, 성안당, 2015, 66~80쪽 참고.

고백한다.

　라디오를 방 안에 몰래 숨겨놨다가 밤에 혼자 들으며 잠들곤 했다. 미군 방송에선 재즈부터 기타 사운드까지 다양한 장르를 망라해 들을 수 있었다. 몇 시간 못 자는 잠을 아껴서라도 음악을 들었다. 그때 음악을 듣는 귀가 틔었다.[64]

　당시 미8군 무대의 핵심적 인물이었던 신중현의 사례는 문화접변현상을 잘 보여준다. 뛰어난 록 기타리스트이자, 여러 외국 장르를 기반으로 다양한 음악적 실험을 한 그가 〈미인〉 등을 통해 민족 고유의 음악문법과 가치관을 드러내려 한 것[65]은 전통문화와 외래문화를 함께 수용했던 개인적 음악 경험과 관련이 있다. 다시 말해 신중현은 전통을 바탕으로 외래를 수용하여 새로운 형식을 도출하고자 했던 것이다. 이는 1990년대에도 마찬가지여서 SM엔터테인먼트의 이수만, JYP엔터테인먼트의 박진영, YG엔터테인먼트의 테디(Teddy, 한국계 미국인) 등의 주요 제작자들은 유학이나 이민 등을 통해 미국에서 직접 겪었던 자신의 음악 경험과 지식을 가져와 한국음악시장 환경에 맞도록 재조합·변형시킴으로써 K-pop이라는 새로운 양식을 만들고 정착시킬 수 있었던 것이다.

　이렇게 문화접변을 통해 새롭게 생성된 문화에는 기존의 것과 외부의 것이 공존하게 된다. 이것이 바로 K-pop에 내재한 지속과 변이의 두 축을 짐작하게 하는 이유이다. 그런데 이때 기존의 것을 완전히 버리지 못하는 이유는 무엇일까? 바탕이 된 전통을 외부요소로 완전히 바꾸기란 불가능할뿐더러, 오히려 이는 대중성 확보를 위한 중요한 역할을 수행했기 때문일 것이다.

---

64) 신중현, 『내 기타는 잠들지 않는다』, 도서출판 해토, 2006, 25~26쪽, 48~49쪽.
65) 강　헌, 『전복과 반전의 순간』, 돌베개, 2015, 149~153쪽.

"나로서는 처음으로 레코드를 취입하던 4년 전 그때 10곡을 취입했다. 그 10곡 중에는 동원(東園)이란 이름을 가지고 취입한 것이 우리의 민요로써 유행된 〈아리랑〉이다. 나는 그때 바로 경성여자미술학교에서 음악을 맡아 가르치고 있었다. 그러므로 이런 정 저런 정을 생각하여 〈아리랑〉만은 취입할 생각이 없었다. 그러나 사회의 요구이었던 까닭에 취입은 했다만, 다만 노래의 내용 현실의 조선을 그린 가사만 취입하고 난잡한 (나를 버리고 가는 임은 십 리도 못 가서 발병 난다) 가사는 빼버렸던 것이다."[66]

이는 1930년대 최고 인기가수 채규엽(채동원)이 〈아리랑〉(1930)을 발매하게 된 경위를 밝힌 1932년 2월 3일자 『매일신보』의 기사이다. 이를 통해 문화접변 시, 새로운 외부의 요소만을 취하고 기존의 것을 완전히 버리지 못하는 이유에 대해 얼마간 짐작할 수 있을 듯하다. 경성여자미술학교에서 음악을 가르치던 채규엽의 입장에서 〈아리랑〉은 당대 현실과 맞지 않는 '난잡한' 노래였다. 짐작컨대, 서양음악에 익숙하고 또 그런 교육을 하고 있는 채규엽으로서는 민요 〈아리랑〉의 노랫말과 음악 형식이 세련되지 못하고 촌스러운 것으로 느껴졌을 것이다. 이러한 사실은 '채규엽의 〈아리랑〉이 3박자 왈츠의 형태를 띠고, 장조로 이루어져 있으며, 벨칸토창법[67]을 활용해 가창되고 있는 점'[68]에서도 확인된다. 즉 채규엽은 자신의 노래를 최대한 서양음악의 어법으로 구사하려했던 것이다. 이러한 '신식'에 대한 열망은 전통적·민족적 정조를 자아내는 "나를 버리고~발병 난다"를 빼는 대신 "풍년이 와요 풍년이 와요 이 강산 삼천리에 풍년이 와요"를 삽입하는 등의 노랫말 구성에서도 드러난다. 그러나 그럼

---

66) 장유정·서병기, 앞의 책, 69쪽에서 재인용.
67) "18세기에 확립된 이탈리아의 가창기법. 벨칸토는 '아름다운 노래'라는 뜻이며 이는 극적인 표현이나 낭만적인 서정보다도 아름다운 소리, 부드러운 가락, 훌륭한 연주효과 등에 중점을 두고 있다."(『두산백과』, 두산잡지, 1997).
68) 장유정·서병기, 앞의 책, 68~69쪽.

에도 불구하고 채규엽이 〈아리랑〉을 취입할 수밖에 없었던 이유, 또 기존
의 "아리랑 아리랑 아라리요 아리랑 고개로 넘어간다"의 노랫말과 본래의
선율을 유지할 수밖에 없었던 이유는 '사회의 요구', 다시 말해 대중의
요구와 기대에 부응해야했던 지극히 현실적인 사정 때문이었던 것이다.

사람들에게 이미 익숙한 요소를 지속시키거나 차용하는 것은 대중성
확보를 위한 필수조건 중 하나이다. 이것이 이질적인 것에 대한 사람들의
반감을 최소한으로 줄여주기 때문이다. 신중현, 산울림, 조용필, 서태지
와 아이들, 박진영, 빅뱅 등 한국 대중음악의 역사에서 비교적 넓은 세대
적 공감을 바탕으로 인기를 구가한 이들 모두 전통 내지는 앞선 시기
음악 양식을 바탕으로 새로운 요소를 접목시켰다. 이러한 과정을 통해
한국 노래의 정체성은 지속적으로 구축된다.

힐라스(Heelas, 1996) 등의 탈본질주의 논의에서는 정체성을 "'지속성'
과 '변화', '동질성'과 '다름' 사이에서 끊임없이 형성되고 재형성됨을 반복
하는 것으로 정의"하는데, 즉 "한 사회의 전통이나 민족정체성 자체도 외
부 요소의 영향과 상호교류 속에서 형성되고 시간의 흐름에 따라 부단히
변한 개념"[69]이라는 것이다. 앞서 살폈던 것처럼, 전통음악문화가 문화
접변을 통해 지속과 변화를 반복하며 정체성을 형성했듯이, K-pop 역시
한국이라는 시공간에서 '한국적 변이형'을 만들어내며 그만의 새로운 정
체성을 가지게 된 것이다.

3.2 해체 미학

20세기 이후의 예술은 장르의 경계가 없어지고, 고정된 형식이 파괴되

---

69) Heelas, P, *Introduction in re-traditionalization*, Oxford : Blackwell Publishers, 1996;
   박현주, 앞의 논문, 41쪽.

며, 의미가 불확정적인 이른바 '해체(Deconstruction)'의 특성을 지닌다. 다시 말해 현대예술은 주어진 전체성이나 절대적 진리, 이원론적 사고, 통일된 구조에서 벗어나 예술적 다양성 혹은 다원적 가치를 추구한다.

자끄 데리다(Jacques Derrida)를 비롯한 많은 해체주의자들이 예술을 통해 읽거나 표현하고자 한 핵심 사상은 동일성으로부터의 해방 내지는 보편적 법칙에 대한 거부였다. 이들은 이전 시기까지 서양 예술을 지배해 온 이성 중심적 사고나 형이상학이 가진 한계를 인식했다. 즉 세계를 하나의 텍스트로 보고 이에 대한 다양한 해석들을 단일한 의미로 환원시키는 것은 애초에 불가능하다고 여겼으며, 수많은 객체를 타자화하고 이를 배제하거나 억압하는 지배구조는 명백히 대상의 순수한 본성과 본질을 가리는 행위라고 생각한 것이다. 심지어 이들에게 동일성의 의미는 차이를 전제할 때야 비로소 생겨나는 것이었다. 차이와 다양성의 가치가 그만큼 중요해진 셈인데, 이에 이들은 이러한 동일성의 신화, 기존 사회의 모순된 질서 자체를 극복하고자 했다.[70]

해체는 시니피앙과 시니피에의 자기 동일성, 말하는 주체와 목소리로 표현된 기호의 자기 현전성을 의심한다. 특정한 중심이나 고정된 주체, 절대적 기원이나 기반, 또는 지배적인 제일 원인들을 혐오한다. 해체는 자기 고유화된 진리 대신 파종을, 통일성과 일관성 대신 파열과 분열을, 폐쇄 영역 대신 결정 불가능한 공간을, 그리고 신중함과 합리성 대신 유희와 히스테리를 찬양한다. 나아가 해체는 저자와 텍스트의 전통적인 개념도 분해시킨다. 일반적으로 통용되고 있는 해독과 역사에 대한 이해도 허물어 버린다. 결국 해체는 저자마저 죽인다.[71]

---

70) Jacques Derrida, 『해체』, 김보현 옮김, 문예출판사, 1996 ; 피종호, 『해체미학-니체에서 후기구조주의까지』, 뿌리와이파리, 2005 등 참고.
71) 이광래, 『해체주의와 그 이후』, 주식회사 열린책들, 2007, 133쪽.

현대 예술가들은 다양한 실험정신을 바탕으로 전통적인 이념과 낡은 질서에서 벗어나고자 했다. 이들에게는 과거와 구분되는 새로움이 작품 창작의 핵심 동력이었다. 기존의 가치체계에 타협하지 않고 권위적이고 허위에 찬 세계를 폭로하거나 저항하는 것만이 대상의 본질을 제대로 표현하는 길이라 믿었기 때문이다. 결국 '해체하기'란 새롭고 다양한 관점과 의미 생성에 그 의의가 있다고 할 수 있다.

20세기 한국 사회 역시 권위적인 전통의 지배 이념을 여전히 유지하고 있었다. 특히나 세계화와 민주화가 활발히 진행된 1990년대 이후에도 구성원들에게 기존의 낡은 규범을 계속해서 강요했다. 하지만 그럴수록 불만은 커져갔고, 이에 따라 저항과 반발의 가능성도 함께 커졌다. 이 시기 보수적인 지배 이념은 청소년 세대에게 유독 강압적으로 작용했는데, 보호와 계도라는 이름으로 행해진 여러 억압들은 이들에게서 다양성의 가치나 표현의 자유 등을 거세시켰을 뿐만 아니라 집단 따돌림, 성범죄, 자살 등과 같은 각종 사회문제까지 야기했다. 예술에 있어서도 예외는 아니었다. 오랜 기간 불변의 질서였던 여러 고정된 양식과 법칙들이 이때까지 확고히 작동하고 있었다. 대중음악의 경우, 기본적으로 평균율에 입각한 조성음악에 바탕을 두고 있었고, 노랫말은 의미가 통하고 규범에 맞는 언어형식이어야 했다. 하지만 점차 개방적으로 변하는 사회 분위기와 디지털 미디어, 기술의 발달은 이것의 해체를 가능하게 했다. K-pop에는 이러한 양상이 확연히 드러난다. 다시 말해 1990년대 이후 한국 청소년들은 발달된 IT환경과 자유로운 문화적 사고의 바탕 위에서 K-pop의 비판적이면서 파괴적인 노랫말과 음악 형식을 통해 자신들의 억압된 본능과 적체된 불만을 적극 해소하고자 한 것이다.

디지털현상이 '해체주의'를 가속하는 촉매이듯이 오늘날의 디지털 미디어아트는 해체주의 미학의 결실이라 할 만큼 미학을 동일성으로부터 탈구축(脫構築)하는 현상을 잉태한다. 또한 디지털은 집적하지 않고 분산하는 소통방식으로 인하여 분산화, 파편화, 동시편재화 함으로써 정주적 양태들을 해체한다.[72]

디지털 미디어의 상호작용성과 동시편재성은 정태적이고 구축적인 특성을 지닌 기존 예술과 극명하게 대비되면서 가변적이고 다의적이면서 탈구축적인 해체 미학의 특성을 가장 잘 드러낸다. 디지털로 실현되는 현대의 미디어아트는 예술의 오랜 기준과 경계를 무너뜨렸다. 수용자와 적극적으로 상호작용하는 현대예술은 전통적인 개념에서 작품 자체가 지니고 있던 불변의 확정된 지위를 없애버리고 다양한 의미와 가치를 끊임없이 생성해낸다. 나아가 이제 수용자는 해석을 위한 작품과의 소통의 수준을 넘어 창작의 영역에 직접적으로 개입한다. 수용(소비)과 동시에 창작(생산)이 이루어지고, 창작과 동시에 수용이 이루어진다. 말하자면 수용/창작 간의 경계를 허문 셈인데, 멀티미디어어의 등장으로 이미 장르 파괴를 경험한 현대예술이 새로운 통섭과 융합의 시대로 나아가고 있는 것이다.

K-pop 생산-유통-소비의 영역에서 디지털 미디어가 중심이 된다는 것은 주지의 사실이다. 예컨대, 싸이의 노래는 전적으로 디지털 가상악기로 만들어진다. 아울러 시·음악·춤·미술의 종합적 산물인 뮤직비디오가 온라인을 통해 전 세계로 전파·소비된 후, 장 보드리야르 식의 논리대로 소비가 또 다른 소비를 낳고 이는 다시 생산의 영역으로 환원되어 창작에 큰 영향을 미치게 된다. 이러한 간접적이고 수동적인 과정뿐만 아니라

---

72) 박상숙, 「현대미술의 해체와 뉴미디어 아트의 다원성 및 상호성에 관한 연구」, 강원대학교 박사학위논문, 2013, 9쪽.

이제는 보다 직접적이고 능동적인 징후들도 나타나는데, 소프트웨어와 디지털 기기의 발달로 누구나 손쉽게 기존 노래를 편집하고 새로 만들 수 있게 됐을 뿐만 아니라 이를 네트워크로 연결된 웹 플랫폼을 통해 곧바로 타인과 공유할 수 있게 된 것이다. 새로운 것의 무수한 산출이 가능해졌다.

사실, K-pop에 있어 디지털 미디어는 대단히 중요한 의미를 지닌다. 시와 음악, 춤 등이 한 데 어우러진 종합예술로서의 K-pop이 원시예술이 그랬던 것처럼 억압된 불만의 해소, 본능적 욕구의 대리만족, 삶에 대한 재창조의 기능을 할 수 있게 된 것은 디지털 미디어가 장르 간 경계, 창작/수용의 경계를 허물어버렸기 때문이다. 예술이 이러한 현실적이고 원초적인 요구에 부응하기 위해서는 무엇보다 예술이 사람들의 삶과 가까이 있어야 한다. K-pop 시대에는 이전의 예술작품들이 가진 '아우라'가 사라지고, 노래가 놀이처럼 누구나 쉽게 접근해 즐길 수 있는 장르가 되었다. 이제 개별 작품은 얼마든지 해체 가능한 재료로서 존재한다. 또한 K-pop의 소비자들은 무한한 조작과 변주의 가능성을 바탕으로 수용과 창작을 동시에 수행할 것이다.

원시 이후의 예술이 시나 음악, 춤, 미술 등 각각의 영역으로 분화되어 오랜 기간 독자적으로 지속·변이되어왔다면, 현대에는 그것이 하나로 통합되는 양상을 보인다. 즉 디지털 미디어가 지닌 상호성, 동시성으로 말미암아 예술의 가장 근본적이고 본질적인 모습이 재현되고 있는 것이다.

4. 연구의 방법과 연구의 대상

K-pop은 한국 시가 예술의 전통을 계승하고 있다. K-pop에 드러나는

특징적 요소들이 전통적 관습성을 띠고 있기 때문이다. 그러나 이와 함께 외래의 요소도 내재해 있다. 원시시대 이후 한국 시가는 외래 요소와의 끊임없는 상호작용을 통해 변이되어왔다. 즉, 현재적 관점에서 전통이라 하는 것도 결국 고유의 것과 외부의 것이 혼재된 것이며, 이것이 문화 형성과 변화의 자연스러운 과정이라는 것이다. 아울러 K-pop의 특성은 한국적 특수성과 깊은 관련이 있다. 즉, K-pop은 전통과 외래가 상호작용하는 혼종적 양상을 보이며, 한국적 콘텍스트가 K-pop을 통해 구현되고 있다는 것이다.

이상의 논의를 바탕으로 도출된 가설과 쟁점은 다음과 같다.

가설: K-pop은 전통의 지속과 새로운 변이의 모습을 뚜렷하게 보인다. K-pop을 통해 드러나는 주된 미의식은 기존 질서에 대한 저항과 거부로서의 '해체'이다. K-pop의 정체성은 지속의 요소를 비롯해, 콘텍스트와의 밀접한 관계를 통해 드러난다.

쟁점1. K-pop에 한국 전통 노래의 특징적 요소가 지속되어 드러나는가?

쟁점2. K-pop에 외부 요인으로 인한 새로운 변이의 모습이 드러나는가?

쟁점3. K-pop에서 해체 미학적 특성을 읽을 수 있는가?

쟁점4. K-pop은 한국 예술사적으로 어떠한 의미가 있는가?

이에 대한 입증을 위해 연구는 다음과 같이 진행된다. 우선 제2장에서는 K-pop의 출현과 개념에 대해 논한다. 제1절에서는 기존 논의들을 바탕으로 K-pop의 정의를 내린다. 제2절에서는 K-pop의 형성 배경에 대해

살펴본다. 제3절에서는 K-pop의 주요 특징 중 하나인 '아이돌'과 '매니지
먼트사'를 문화산업적인 측면에서 살펴본다.

제3장에서는 K-pop의 종합문화적 산물로서 K-pop의 존재와 당위에 대
해 논한다. K-pop은 한국 시가의 오랜 역사와 전통을 잇는 통합예술로서
의 노래일 뿐만 아니라 20세기 후반 이후 한국 사회의 발전과 맥을 같이
하고, 그 사회 구성원의 모습을 고스란히 담고 있는 시대의 산출물이기
때문이다. 이에 제1절에서는 K-pop 노랫말 성향의 지속과 변이 양상에
대해 살펴본다. K-pop의 노랫말은 한국 고전시가와 타 대중음악 장르의
여러 관습적인 요소들을 계승했다. 또한 시대적 필요에 의해 상당 부분
변주되기도 했다. 이를 내용과 형식적인 측면으로 나눠 구체적으로 분석
함으로써 K-pop의 한국 예술사적 의미를 밝힐 근거를 마련한다.

제3장 제2절에서는 음악적 성향의 지속과 변이 양상에 대해 살펴본다.
K-pop의 음악 역시 한국 전통 음악의 댄스음악적 요소를 이어받음과 동
시에 외국으로부터 들어온 음악에서도 많은 영향을 받아 형성되었다. 이
에 먼저 전통 음악, 특히 민요와의 관계를 살피고, 외국 댄스음악 장르들
과의 관계를 살펴본다. 이렇게 함으로써 K-pop의 음악적 성향이 어디에
서 어떻게 유래한 것인지에 대해 구체적으로 밝힌다. 아울러 이종 매체,
즉 뮤직비디오의 출현과 발달이 K-pop에 미친 영향과 트로트·발라드·
록 등 동시대 타 장르와의 교섭 양상도 함께 살펴본다. 개별 작품에 대한
분석 자료는 음반과 음원, 뮤직비디오, 악보 등이다.

제4장에서는 K-pop의 미학에 대해 논한다. 기존 논의들 중 K-pop의
미학을 다룬 연구는 없다. 그것은 K-pop을 시장의 논리로 존재하는 상품
으로만 간주했기 때문일 것이다. 하지만 '아름다움'의 기준은 상대적이고,
이 아름다움의 범주에는 사람의 마음을 움직이는 것까지 포함되기 때문
에 K-pop 역시 향유층이 가지는 일정한 미의식이 있을 것이다. 이윤 창출

이라는 목적의식이 너무나 뚜렷했던 관계로 잘 드러나지 않았을 뿐, K-pop에는 수용자를 감동시키는 내적 원리가 분명 내재해 있다. 그리고 그것은 한국의 사회적 배경과 관련이 있다. 이에 제1절에서는 정치·사회적 억압에 대한 저항과 비판 미학으로서의 풍자와 구성원들에 대한 애정 혹은 공감 미학으로서의 해학에 대해 살펴본다. 또한 기존 질서에 대한 무조건적 거부와 해체 미학을 K-pop의 파괴적인 말하기 문법과 일렉트로닉한 음악 특징에서 찾아본다. 예술의 추동력이 기존 질서에 대한 저항과 새로움에 대한 열망이라고 봤을 때, K-pop에서도 기존 언어 체계와 음악 체계가 전복된다. 이를 증명하기 위해 개별 작품의 노랫말을 분석하고, 전문 소프트웨어를 이용해 사운드 요소를 분석한다.

제4장 제2절에서는 디지털 미디어의 발달이 가져온 소통의 원활화가 K-pop을 어떤 방향으로 이끌고 있는지에 대해 살펴본다. 각종 신흥 매체의 출현과 난립은 K-pop을 기존 경제 질서에서 벗어나게끔 하고 있다. 전통적 유통 채널은 점차 힘을 잃고, 생산자/소비자 간, 소비자/소비자 간 소통은 활발해짐으로써 예술이 가지고 있던 절대적 '아우라'는 사라지고 놀이로서의 콘텐츠만 남고 있는 것이다. 이로써 K-pop 미학의 발전 가능성은 보다 다양해졌다.

제5장에서는 K-pop이 지니는 예술사적 의미에 대해 논한다. 먼저 제1절에서는 K-pop의 본질과 연관 지어 논의해본다. K-pop은 시와 음악, 춤이 한 데 어우러진 통합예술로서의 노래이다. 여기에 뮤직비디오 등 시각적 요소를 더하면 미술의 영역까지 아우르는 종합예술이 된다. 또한 디지털 미디어 친화적인 특성마저 감안한다면 K-pop은 가장 현재적이면서 가장 미래지향적인 예술이라 할 수 있을 것인데, 역설적이게도 K-pop은 노래가 처음 발생했던 원시예술과 가장 가깝게 연관되어 있다. K-pop의 본질은 바로 여기에 있다. 오히려 가볍고 오락적으로 즐기는 향유 방

식으로 인해 놀이로서의 본래적 기능을 담당하고 있는 것이다.

제5장 제2절에서는 한국 대중음악사의 전환점으로서 갖는 K-pop의 의미와 위치를 지속과 변이 양상을 바탕으로 살펴본다. 한국 대중음악사 서술에 있어서 시대구분은 중요하다. 시대구분이 제대로 선행되어야만 한국 대중음악의 흐름을 정확히 짚어내고 제대로 서술할 수 있기 때문이다. 아울러 올바른 시대구분을 위해서는 정치나 사회적 변동에만 기대지 않고, 대중음악 자체의 뚜렷한 변화와 지속의 양상을 파악하는 것이 중요하다. 그런 점에서 K-pop은 중요한 전환점이 된다.

제6장에서는 앞의 논의들을 정리하며 결론을 내릴 것이다.

연구의 대상은 K-pop으로서 1990년대 후반 이후 댄스음악 등 주류 장르에 속한 곡들이다. K-pop은 한류와 밀접한 관련이 있다. K-pop이라는 용어가 1998년 중국과 일본에서의 H.O.T. 음반 발매를 기점으로 생겨났고, K-pop의 특성 역시 한류의 형성·확산 과정과 깊은 연관 관계에 있다고 봤을 때, 한류가 시작된 시점에서부터 현재까지 국내외적으로 동시에 많은 주목을 받은 곡을 연구 대상으로 선정하는 것이 가장 합당할 것으로 보인다. 이를 위해 음반 판매량과 주요 활동 및 수상 실적 등을 기본 자료로 삼고, 그중에서도 특히 '멜론·벅스·아이튠즈 등 온라인 음악 사이트', '음악 방송 프로그램', '가온차트', '빌보드차트', '오리콘차트', '아이튠즈 차트' 등 국내외 주요 차트 10위 이상의 상위권에 오른 곡으로 대상을 한정한다. K-pop의 주요 유통 채널 중 하나인 유튜브의 뮤직비디오 조회수도 중요한 참고 자료이다.

E.H. 카(E.H.Carr)는 "역사란 본질적으로 현재의 눈을 통하여, 또한 현재의 문제에 비추어서 과거를 봄으로써 성립하고, 역사가의 주 임무는 기록하는 것이 아니라 평가하는 것"[73]이라고 했다. 즉, 역사는 현재의 역사가가 현재의 시각으로 바라보고 해석한 과거의 기록이라는 것이다.

그렇다고 역사가의 주관주의나 자의적 해석이 인정되는 것은 아니다. 오히려 역사에서의 객관성, 즉 "사실과 해석, 과거와 현재 및 미래의 관계의 객관성"[74]이 획득되어야 한다. 이는 개별 사건이나 사실에 대한 합리적이고 설득력 있는 분석과 함께, "과거와 미래 사이의 일관된 연관성을 확립할 때"[75]에 비로소 가능해질 것이다. 이때, 일관된 연관성이란 역사가의 역사관, 즉 과거 · 현재 · 미래를 관통하는 일관된 관점을 의미한다. 이러한 견해는 문학사나 시가사에 대해서도 진(眞)이다.[76] 예컨대, 개별 작품을 선정하고 해석함에 있어서 명확하고 일관된 관점을 지녀야 한다.

한국 시가는 과거로부터 현재까지 고유의 요소와 외래 요소의 부단한 상호작용을 통해 지속 · 변이되었다. 이것은 K-pop의 경우도 마찬가지이고, 앞으로도 그러할 가능성이 크다. 중요한 것은 어느 시기가 됐건 간에 주류가 되는 곡들이 당대 노래 문화의 형성과 발달에 중추적 위치를 차지하고 있었다는 점이다. 고전의 개념을 "시간성, 가치성, 지배층의 정치적 · 문화적 필요성에 의해 살아남은 예술작품들"[77]로 잡는다면, 이중 '가치성'에는 작품의 예술적 가치뿐만 아니라 대중적 가치도 함께 포함된다고 할 수 있다. 소수에게 수용되어 잘 알려지지 않은 작품보다 다수에 의해 향유된 작품이 당대에 살아남아 후대로 전해졌을 가능성이 크기 때문이다. K-pop을 연구함에 있어서 작품성과 대중성을 고루 지닌 작품을 대상으로 하는 것이 가장 합당하리라 보는 점도 바로 이 때문이다. 중요한 것은 선정된 작품의 이러한 조건들이 최대한 객관적으로 제시되어야

---

73) E.H.카, 『역사란 무엇인가』, 곽복희 옮김, 도서출판 청년사, 1995, 35쪽.
74) 위의 책, 181쪽.
75) 위의 책, 193쪽.
76) 조규익, 「조윤제의 『조선시가사강(朝鮮詩歌史綱)』론 : 『한국고전시가사』 서술방안 (1)」, 『애산학보』19집, 애산학회, 1996, 30쪽.
77) 조규익, 앞의 책, 2006, 10쪽.

한다는 점이다.

아울러, 텍스트로만의 접근이 아닌 K-pop과 관련된 사회문화현상까지 본 연구의 대상이 된다. 또 지속과 변이 양상 파악을 위해서는 비교 분석이 필수적인 바, 한국 전통 시가와 타 대중음악 장르, 외국 대중음악 등도 중요한 연구 대상이 된다.

2장

K-pop의 출현과 개념

1. K-pop의 정의

K-pop은 한국 대중음악, 좀 더 자세히는 1990년대 후반 이후 댄스음악 중심의 주류 장르를 의미한다. 원래 팝이라는 용어가 쓰이기 시작한 것은 "1950년대 이후이며 대체로 10대 시장을 겨냥한 가벼운 음악"[1]을 가리킨다. 또 "다른 형식의 대중음악을 모두 제하고 남은 것이 팝"[2]이며, 이때 대중음악 장르로서 팝은 "부담 없이 접근할 수 있고, 상업성을 지향하며, 기억에 남는 훅이나 후렴구를 갖고 있고, 가사 주제가 낭만적 사랑에 집착하는 음악"[3]으로 정의된다. 그러나 일반적으로 K-pop은 한국 대중음악의 통칭으로 정의된다.[4] 즉 팝이 대중음악의 하위 장르로 인식되기보

---

1) 김창남, 앞의 책, 11쪽.
2) 사이먼 프리스, 「팝 음악」, 『케임브리지 대중음악의 이해』, 장호연 옮김, 한나래출판사, 2009, 166쪽.
3) 로이 셔커, 『대중 음악 사전』, 장호연 · 이정엽 옮김, 한나래출판사, 2012, 333쪽.
4) "'K-pop'은 대한민국에서 대중적 인기를 얻는 유행 음악을 총칭한 이름, 간단히 가요, 또는 유행가라고 부르기도 한다."(나민구, 「신한류의 리더, K-Pop의 '수사학적 힘' 분석」, 『수사학』제15호, 한국수사학회, 2011, 135쪽). 이 정의는 위키백과

다는 대중음악(Popular Music) 자체로, 혹은 영미권의 대중음악을 지칭하는 용어로 흔히 인식된다. 그래서 K-pop을 '한국의 대중음악(Korean Popular Music)' 정도로 보고 있지만, 트로트 등 한국 대중음악의 모든 하위 장르를 K-pop의 범주에 포함시키기는 힘들다는 점에서 보다 분석적이고 세밀한 관점이 요구되는 것도 사실이다.

이에 김창남은 K-pop을 "한국 대중음악 전반을 가리키기보다는 해외에서 관심을 끌고 있는 한국 주류 대중음악의 최신 경향, 더 구체적으로는 아이돌 그룹의 팝을 지칭"[5]한다고 하였다. 신현준은 "K-pop이란 한국의 음악 산업을 통해 생산되고 일본을 비롯한 (동)아시아 권역에서 소비되는 대중음악 및 그와 연관된 문화를 포괄적으로 지칭하는 국제적 고유명사"[6]라 하였다. 덧붙여 K-pop은 "한국이 아닌 나라들을 위해 한국에서 만들어진 대중음악"[7]이라 하였다. 이에 동의하며 박애경은 "K-pop이란 '한국에서 생산되어 세계로 발신하는' 한국의 대중음악을 지칭"[8]한다고 하였다. 이들 정의에는 한국 대중음악에 대한 외부적 관점이 전제되어 있다. 말하자면, K-pop이라는 용어가 한국 내부가 아닌 해외 소비자 혹은 해외 대중음악산업에 의해 명명된 용어이며, 심지어 한국 대중음악을 지칭함에 있어 한국 내에서는 여전히 가요라는 용어가 더 많이 사용된다는 것이다.

그럼에도 불구하고 "글로벌시장에서 대중적 인기가 있는 한국의 댄스

(http://ko.wikipedia.org/wiki/K-pop)가 원전이다.

5) 김창남, 앞의 책, 11쪽.
6) 신현준, 「K-pop의 문화정치(학) : 월경(越境)하는 대중음악에 관한 하나의 사례연구」, 『언론과 사회』제13권 제3호, 성곡언론문화재단, 2005, 9쪽.
7) 신현준, 『가요, 케이팝 그리고 그 너머-한국 대중음악을 읽는 문화적 프리즘』, 돌베개, 2013, 31쪽.
8) 박애경, 「가요 개념의 근대화, 식민화, 혼종화」, 『구비문학연구』제34집, 한국구비문학회, 2012, 178쪽.

음악"9), "한국음악을 총체적으로 지칭하는 것이 아니라 주로 아이돌 가수, 그룹이 부르는 한국의 댄스음악"10), "1990년대 이후의 한국 대중음악 중 아이돌이 주축이 되어 생산된 서구 음악 장르, 특히 힙합, R&B, 록, 일렉트로닉 음악이 가미된 댄스음악"11)등으로 K-pop의 개념을 좀 더 좁혀 보는 견해 역시 존재한다.

이렇듯, K-pop을 바라보는 관점에는 두 가지가 있다. 그중 하나는 K-pop을 '한국 대중음악'으로 보는 관점으로, K-pop을 'Korean pop music(코리안 팝 뮤직)'으로 정의(2012년 등재)한 『옥스퍼드 영어사전』이 대표적이다.12) 또 다른 하나는 '댄스음악'이라는 세부 양식으로 보는 관점이다. 이러한 시각차는 한류의 발달 과정과 밀접한 관계가 있다. 한류의 발달과 확산 과정에 있어 K-pop은 중요한 역할을 수행했다. 이와 함께 K-pop이라는 용어가 만들어진 배경을 분석해보면 K-pop의 함의를 추론할 수 있다.

K-pop 용어의 경우, 1990년대 후반 일본에서 형성되었다.13) 1998년 H.O.T.의 앨범이 중국과 일본에서 발매되고 큰 인기를 끌었을 때 이와 같은 부류를 중국에서는 '한류', 일본에서는 'K-pop'이라 명명했다. 말하자면, K-pop은 J-pop의 상대적인 개념으로 사용되었다고 할 수 있는데,

---

9) 『한국민족문화대백과사전』, 한국학중앙연구원, 2015.
10) 서민수·정태수·주영민·이해욱, 「新한류 지속발전을 위한 6대 전략」, 『CEO Information』제899호, 삼성경제연구소, 2013, 3쪽.
11) 이수완, 앞의 논문, 80쪽.
12) 『옥스퍼드 영어사전』(http://www.oxforddictionaries.com/definition/english/k-pop).
13) "'K-pop'은 일본어권에서 형성된 용어다."(신현준, 앞의 논문, 8쪽), "보아의 음반이 J-pop이라는 명명을 일찍이 사용하고 있던 일본에 수용되면서, 일본 내에서 보아류의 대중음악은 K-pop으로 명명되었다."(박애경, 앞의 논문, 178쪽), "케이팝은 일본 대중음악을 가리키는 '제이팝'(J-POP)에서 유래됐다. 이 말은 자생적으로 만들어지기보다 외국 음반 매장에서 한국 대중음악을 분류하려고 산업적으로 만든 단어다."(최지선, "케이팝, 진단이 필요해", 『한겨레21』, 2011년06월23일자).

J-pop의 형성 배경을 살펴보면 K-pop의 의미가 보다 명징해질 듯하다.

J-pop이라는 용어는 J-Wave(제이-웨이브)라는 일본의 음악 FM 방송국에서 처음 사용했다. 처음에는 '카요쿠(歌謠曲)'로 대변되는 기존 일본 대중음악과 다른 매우 서구적인 1980년대 시티 팝, 록, 아이돌 팝 등의 스타일을 설명하기 위해 사용되었다. 일종의 하위 장르 개념이었는데, 이러던 것이 1990년대 들어 아시아 지역에서 소위 '일류(日流)'를 일으키며 일본 대중음악이 국제적으로 영향력을 발휘하면서부터 엔카를 제외한 일본의 주류 대중음악 장르를 통칭하는 새로운 용어로 사용된 것이다.[14] 현재 오리콘차트의 장르 구분을 보더라도 일본 대중음악 내에서 '엔카·카요쿠', '인디즈(인디음악)', '요가쿠(洋樂, 외국음악)', 'ROCK(록)', 'DANCE&SOUL(댄스&소울)'[15] 등은 주류 장르와는 별도로 다루어지고 있음을 알 수 있다. 결국 K-pop은 1990년대 후반 한국의 주류 대중음악 장르였던 아이돌의 댄스음악 류가 해외에 진출하던 시기에 외국, 특히 일본이 자신들이 만든 J-pop과의 구분을 위해 사용하기 시작한 명칭인 것이다. 이때, 이 용어가 단순히 '한국'이라는 지역적 개념 중심의 한국 대중음악의 통칭은 아니었을 듯하다. 전술했듯이 J-pop은 1980년대 생겨난 용어이다. 만약 타자의 시각, 즉 일본 대중음악산업의 입장에서 한국의 대중음악을 구분하여 지칭하려는 필요에 의한 것이었다면, 가깝게는 1980년대 이미 K-pop이라는 용어가 생겼어야 했다. 그러나 이 시기 조용필, 나훈아, 계은숙, 김연자 등이 일본에 진출해 활발한 활동을 할 때에도 이 용어는 생기지 않았다. 이는 분명 J-pop과 비교하여 K-pop이 음악 양식을 포함, 특정한 문화현상을 지니고 있음을 의미하는 것이다. 또한, 최근 'K-인디', 'K-힙합', 'K-록' 등의 용어와 개념의 등장에도 주목할 필요가

---

14) 김성환, 『한 권으로 보는 J-POP 연대기』, 음악세계, 2013, 27~64쪽 참고.
15) Dance & Soul이라 하지만 대개 힙합 성향 강한 마니아적인 음악을 일컫는다.

있다. 이는 'J-록', 'J-랩' 등의 과거 일본 대중음악에서 보였던 것과 동일한 방식으로, 주류 장르와 양식적으로 구분을 요청하는 내부적 관점에서의 명명이라 해석할 수 있는 것이다.

조용필이 1986년 일본에서 발매한 앨범 ≪오모이데 마이고≫의 재킷 사진. 이 앨범은 100만장 이상의 판매고를 올렸다. 이후 조용필은 한국과 일본을 오가며 왕성한 활동을 펼쳤다.

외부(해외)적 관점에서, 한국 대중음악의 범주에는 1990년대 후반 이후 주류로 자리 잡은 아이돌의 댄스음악을 중심으로 발라드, 록 장르 일부가 포함될 것이다. 그들이 한국 대중음악을 알게 되어 K-pop이라 명명했던 시기가 이 시기이고, 이때 알게 된 것이 바로 이 음악들이기 때문이다. 외부적 관점에서는 이전 시기 한국 대중음악의 주류 장르였던 트로트나 포크, 그리고 현재의 비주류 장르인 인디음악 등을 알기란 쉽지 않을 것이다. 이는 실제 한국 대중음악의 현실과는 다소 거리가 있는 포괄적인 개념이라 할 수 있는데, 이와는 달리 내부(국내)적 관점에서는 한국 대중음악의 실제 사정을 자세히 알고 있기 때문에 보다 구체적인 정의를 내리고 있는 것이다. 이와 같이 관점에 따라서 K-pop을 충분히 다르게 해석할 수 있다. 또한 장르의 주류적 위치가 얼마든지 바뀔 수 있기에 이러한 정의가 고정적일 수도 없다. 그러나 이 연구에서는 대상의 실체를 정확히 파악하고 규명해야할 의무가 있는 바, 두 가지 관점을 고루 아우르되 'K-pop은 1990년대 후반 이후 댄스음악 중심의 주류 장르를 지칭한다'는 관점에 무게를 두고 논의를 진행하고자 한다.

2. K-pop의 형성 배경

K-pop의 형성을 살피면서 단순히 텍스트 내적 변화에만 집중한다면, K-pop과 이를 둘러싼 문화현상에 대한 정확한 이해가 불가능할 것이다. 모든 예술 장르가 그렇듯이, K-pop 역시 사회와 밀접한 관계 속에 존재한다. 특히나 K-pop의 고유 특징이 한국 사회의 특수성으로 인해 만들어졌음을 감안한다면, 콘텍스트에 대한 분석이 면밀히 이루어져야 한다. 이에 K-pop 형성과 관련된 사회적 맥락을 살펴보도록 한다.[16]

1992년 야당 출신의 김영삼이 여당 후보로 출마해 제14대 대통령이 되었고, 5년 뒤인 1997년에는 야당 후보였던 김대중이 제15대 대통령이 되었다. 이로써 한국 사회에서는 오랜 기간 지속된 군부통치가 마감되고 실질적 의미에서의 정권교체가 이루어졌다. 이전까지의 민주화 투쟁이나

---

16) 1980년대 이후 한국의 시대상에 대해서는 교과서포럼, 『한국 현대사』, 도서출판 기파랑, 2009, 117~177쪽 참고.

담론은 이 시기 들어 크게 약화되었고, 정치·경제·문화 등 사회 전반에
걸친 민주주의적 개혁이 활발히 추진되었다. 이러한 안정적이고 자유로
운 분위기 속에서 이념이나 정치와 더욱 무관했던 청소년 세대는 대중문
화에 대한 소비를 주도했다.

　1990년대 한국의 청소년 세대가 대중문화 소비의 중심일 수 있었던
것은 넉넉한 경제적 사정과도 연관이 있다. 1980년대 후반, 한국은 저달
러·저유가·저금리의 3저현상을 호재로 삼아 경제성장률 10% 이상의
고도성장을 기록했다. 이 시기부터 조성된 소비문화와 물질주의는 1990
년대까지 그대로 이어졌다. 1995년에는 1인당 국민소득이 1만 달러를 넘

1986년 발표된 김완선의 1집 ≪오늘밤≫의 재킷 사진.
김완선은 매혹적이고 화려한 이미지로 당대 최고의 인기를 구가했다.

었고, 1996년에는 경제협력개발기구(OECD)에 가입했다. 이때, 한국 경제의 중심으로 성장한 중산층 가정은 주로 성인 부모와 두 자녀로 구성되어 있었는데, 비교적 탄탄한 경제적 기반을 갖춘 이들 부모들은 자녀의 여가와 문화생활에 대한 지원을 아끼지 않았다. 더군다나 맞벌이가 늘면서 자녀를 직접 보육하기 힘들어지고, 학원이나 과외로 인해 가중되는 학업 스트레스에 대한 보상과 보호 차원에서도 이들은 자녀들의 대중문화 소비를 용인했던 것이다.

1980년 12월에 처음 컬러 TV 방송이 시작된 이래, 한국 대중문화는 점차 소비 지향적이고 향락적으로 바뀌었다. TV에 등장하는 화려한 이미지의 연예인과 이들이 착용한 고급스러운 제품, 무수한 상품 광고가 사람들의 소비욕구를 끊임없이 자극했다. 이러한 자본주의 논리는 대중음악 시장에도 적용되었다. 당시 TV 방송은 대중음악 소비의 핵심 미디어로 자리 잡고 있었는데, 사람들이 보다 화려하고 자극적인 볼거리를 원함에 따라 현란한 안무와 퍼포먼스를 앞세운 댄스음악이 높은 구매력을 갖춘 청소년 세대와 결합하여 주류 장르로 새롭게 부상했던 것이다. 1980년대 후반 이미 TV 음악 프로그램에서는 박남정, 김완선, 소방차 등의 훈련된 댄스가수가 득세하고 있었다. 방송국과 음반시장 입장에서는 음악과 가수를 지속적으로 소비해주는 청소년을 적극 이용할 수밖에 없었다. 강한 개인주의적 성향에 어렸을 때부터 '보는 것'에 익숙하고, 유행에 민감한 청소년이야말로 많은 수익을 보장해 줄 충성고객이었기 때문이다. 1991년 SBS가 개국하고, 1995년에는 케이블방송(음악전문방송 KMTV, Mnet 개국)이 시작되면서 방송시장의 규모는 더욱 커졌으며, 과열된 방송국 간 경쟁 체제에서 이윤 창출을 위한 상업 논리는 더욱 심화되었다. 이제 청소년만을 위한 TV 음악 프로그램은 순위 시스템을 도입하고, 보다 많은 수의 가수를 무대에 세우기 위한 방안을 강구하였다.

사실, 민주화 담론의 종언으로 한국 대중음악시장에서는 새로운 세대, 그리고 그와 결합된 새로운 양식의 부상이 어느 정도 예견된 셈이었다. 대중음악이 그만큼 강한 세대적 특성을 보이기 때문이다. 즉, 1970~80년대 포크와 록의 청년문화는 트로트의 기성문화와 대척점을 이루며 전개되었다. 여기에는 권위적인 군사정권의 억압과 이에 대한 저항이라는 함의가 있다. 이러한 대립구도가 사라진 1990년대의 청소년 세대에게는 이들과 구별되는 새로운 양식이 필요했던 것이다.

한편, 1990년대 한국 정부는 수출입의 각종 규제를 완화·해제하고, WTO 체제 하에 시장 개방과 자유화 정책을 적극적으로 추진하였다. 이에 해외 유학이나 여행이 자유로워졌고, 세계 많은 국가의 상품과 문화가 급속도로 유입되었다. 이중에는 대중음악도 있었다. 외국의 대중음악문화, 특히 미국의 것이 여러 경로를 통해 한국으로 들어왔다. 이엠아이(EMI), 워너뮤직(Warner Music), 소니뮤직(Sony Music) 등 거대 음반사들이 직접 한국 내 음반 유통을 담당하면서 미국 대중음악은 합법적이고 실시간으로 한국에 전해졌다. 뿐만 아니라 컴퓨터 등 각종 디지털 미디어의 발달은 소비자의 콘텐츠에 대한 접근을 용이하게 하였다. 또 대중음악 제작자의 미국 유학과 교포 음악인들의 한국 대중음악시장 진출이 더욱 쉬워졌다. 그 결과, 한국 대중음악에 대한 미국 대중음악의 영향력이 보다 직접적이고 커지게 되었다.

1990년대의 또 다른 화두는 정보화였다. 1980년대부터 한국 정부는 컴퓨터 산업을 중점적으로 육성했다. 1980년대 후반에는 PC의 대중화와 더불어 청소년의 컴퓨터 교육 붐이 일어나기도 했다. 1990년대 들어서도 관련 시장을 지속적으로 확대시킨 결과, 1990년대 후반 한국은 세계 최고 수준의 IT 강국이 되었다. 이 시기에 태어나 성장한 세대를 '디지털세대'라 일컫는다. 이들은 컴퓨터 등 각종 디지털기기 사용에 익숙하며 새로운 기술 등장에 거부감이나 거리낌이 없었다. 대중음악에서의 디지털 현상인 CD, MP3, 스트리밍 서비스, 스마트폰, SNS, VSTi, DAW 등의 사용과 전파에는 기성세대보다 이들이 중심이 되었다. 아울러 이러한 디지털 미디어의 발달로 생산자와 소비자의 경계가 사라진 프로슈머(Prosumer)의 등장과 다채널 네트워크시대의 도래가 현실화되고 있었다.

K-pop은 한국 매니지먼트사에 의해 생산되어 국제적으로 소비되는 아이돌의 댄스음악 류이다. K-pop이라는 명명이 외부에서 이루어졌고, 그 계기적 사건이 H.O.T. 음반의 해외 발매라고 본다면, K-pop 최초의 작품은 1996년 발표된 H.O.T. 1집 ≪We Hate All Kinds Of Violence(위 헤이트 올 카인즈 오브 바이올런스)≫로 볼 수 있다. 이를 기획·제작한 SM엔터테인먼트의 이수만은 1980년대 초 미국 캘리포니아 주립 노스리지 대학원에서 컴퓨터공학을 전공하며, MTV-뮤직비디오가 미국 음악시장에 끼치는 영향력을 직접 목격하였다. 아울러 미국 대중음악산업시스템은 철저한 기획 하에 예비 가수를 선발, 체계적인 훈련을 거쳐 데뷔시킨다는 사실을 알게 되었다. 디지털 미디어를 이용해 고품질의 사운드를 만들고, 기업형 매니지먼트 시스템으로 잘 다듬어지고 비주얼이 강화된 가수를 만들겠다는 그의 생각은 이 시기에 정립되었다.[17)]

1980년대 중반 한국으로 돌아와 자신이 직접 컴퓨터 음악을 시도하는 한편, 미국의 바비 브라운(Bobby Brown), 뉴 키즈 온 더 블록(New Kids On The Block) 등을 벤치마킹해 청소년을 타깃으로 한 댄스음악을 기획하였다. 과거에 비해 월등히 높아진 청소년의 대중음악 구매력을 확인했기 때문이다. 이를 토대로 SM엔터테인먼트는 1990년 현진영 1집 ≪New Dance 1(뉴 댄스 1)≫을 발표했다.

---

17) 안윤태·공희준, 『이수만 평전』, 정보와사람, 2012 참고.

1990년 6월, KBS 프로그램 <연예가중계>에 출연한 이수만.

우리나라 댄스 음악이 소리가 약하지 않은가 생각을 했습니다. 그래서 댄스 음악을 잘 만드는 녹음실이라면 좋은 소리를 낼 수 있을 것이라고 생각했습니다. 작년부터 외국에서 토끼춤이 크게 유행하고 있어서 우리나라에도 이 토끼춤이 상륙할 것으로 보고 춤 잘 추고 노래 잘 하는 현진영이라는 젊은 친구를 선발하여 준비하였습니다. 사람들이 보기엔 토끼춤과 노래를 같이한 것으로 생각할 수 있지만 저는 음악을 먼저 생각했습니다. 방송은 좀 쉬면서 올해는 음악작업에만 집중할 생각입니다. 좋은 후배들을 양성해서 좋은 음악을 만들려고 노력하고 있습니다. 우리나라 음악에서 사운드가 굉장히 문제가 되고 있는데 정말 좋은 소리를 내는 좋은 음악을 여기서 꼭 만들어내고 말겠습니다.[18]

현진영의 데뷔를 앞두고 KBS <연예가중계>에 출연한 이수만의 인터뷰 내용이다. 이수만은 댄스음악에 적합한 사운드를 만들기 위해 직접 녹음실을 마련했다. 여기에 댄스음악을 잘 소화할 수 있는 현진영을 오디션을 통해 뽑고, 바비 브라운 식 팀 구성을 위해 댄스 콘테스트를 개최해 백댄

---

18) 위의 책, 215쪽.

서 두 사람19)을 선발했다. 이수만은 이들을 흑인 특유의 가창과 춤동작을 최대한 자연스럽게 할 수 있도록 체계적으로 훈련시켰다.

1980년대 김완선, 소방차, 박남정 등의 인기를 이어받은 현진영 1집은 휑크, 힙합 등 외국 댄스음악을 표방한 음반으로 생동감 있는 댄스 퍼포먼스를 보여줌으로써 많은 사랑을 받았다. 이제 대중음악의 소비는 부모의 넉넉한 경제적 지원을 받으며 유행에 민감한 청소년이 완전히 주도하게 되었고, 댄스음악이 록이나 발라드·트로트를 제치고 주류 장르로 자리 잡게 되었다.

1992년 〈난 알아요〉로 데뷔한 서태지와 아이들은 이전 누구보다 랩이라는 형식을 한국 대중음악에 잘 접목시켰다. 또 힙합, 록, 휑크, 리듬 앤 블루스, 일렉트로니카 등을 최대한 혼용하여 당시 세계적인 트렌드였던 댄스음악을 성공적으로 구현하였다. 이는 이전 시기 한국 대중음악의 주류 장르였던 발라드와 록, 트로트를 대체하기에 충분했다. 이것은 새로움을 열망하던 청소년의 욕구에 가장 잘 부합하는 것이었다. 서태지와 아이들은 이들 소비층을 기반으로 하여 큰 성공을 거두었다.

록그룹 시나위의 베이스 연주자였던 서태지가 밴드를 탈퇴해 컴퓨터음악을 배우고 이를 이용해 작품의 작/편곡을 도맡아한 이후 한국 대중음악계에서의 음악 제작은 디지털 미디어를 적극 활용하는 방식으로 바뀌었다. 무엇보다도 서태지가 보여준 음반 기획, 활동 전략 등을 여러 매니지먼트사들이 벤치마킹해 비슷한 아이돌 댄스가수와 음악을 양산해 낸 것, 또 이를 하나의 계기로 댄스음악이 1990년대 이후 한국 대중음악의 주류 장르가 되었다는 점을 주목할 필요가 있다.

서태지와 아이들이 은퇴를 하던 1996년 SM엔터테인먼트는 H.O.T. 1집

---

19) '현진영과 와와' 1기는 클론의 강원래와 구준엽, 2기는 듀스의 김성재와 이현도이다.

을 발표했다. H.O.T.는 보다 기술적이고 조직적인 춤과 노래를 선보였
다. 댄스음악 특유의 강한 리듬감과 일렉트로닉한 사운드는 더욱 강화되
었다. 멤버는 모두 고교생이었고, 잘 생긴 외모에 저마다의 개성을 가지
고 있었다. H.O.T.는 진정한 청소년의 대변자라는 이미지를 내세워 단숨
에 서태지와 아이들을 대체했다. 그러던 중 발생한 IMF 외환위기와 경기
침체로 이들은 해외시장진출을 모색하였다. 그 결과 1998년 H.O.T.의 앨
범[20]이 중국과 일본에서 정식 발매되었는데,[21] K-pop이라는 용어는 이
를 기점으로 생겨났다. 이는 1990년대 중후반 한국 대중음악시장을 둘러
싼 경제적, 제도적 변화와 음악적 내용의 전환이 K-pop의 탄생을 촉발했
고, 상업적 가요 중심의 한국음악산업이 1990년대 후반부터 해외시장 개
척을 본격적으로 타진하기 시작하는데, 바로 이 지점이 한류 K-pop의
출발점이라 본 견해[22]와 상통한다.

　　1990년대 후반부터 시작된 한류는 3단계로 나누어 볼 수 있다. 1단계
(소구와 진입)는 1997년 TV드라마 〈사랑이 뭐길래〉가 중국 CCTV에서
방영되고, 1998년 H.O.T.의 음반이 중국과 일본에서 발매된 이후부터
2000년대 초반까지의 시기이다. 2단계(공감과 확산)는 2000년대 중반, 드

---

20) "'행복'이라는 타이틀로 발매된 이 앨범은 국내에서 발행된 H.O.T 앨범 1,2집 가운
　　데 중국인들의 취향에 맞는 10곡을 골라 담았으며 한글가사의 이해를 돕기 위해
　　중국어 해석을 달았다."(황의봉, "H.O.T 중국서 뜰 조짐", 『동아일보』, 1998년06월
　　22일자).
21) H.O.T.의 음반은 같은 시기 일본에서도 발매된다. "케이팝이라는 용어는 1998년
　　일본에서 5인조 아이돌 그룹 H.O.T의 음반이 일본 시장에 정식 발매되고 …중
　　략… 즉 일본 시장에서 구매와 소비의 대상이 되던 무렵 사용되기 시작한 것으로
　　보인다."(신현준, 앞의 책, 45쪽).
22) 양재영, 「케이팝(K-Pop)의 글로컬(Glocal) 전략과 혼종정체성 : '포스트-한류'시대
　　케이팝의 사회문화적 지형에 대한 소고」, 『음악응용연구』제4집, 한국음악응용학
　　회, 2011, 22~23쪽.

라마 〈겨울연가〉와 〈대장금〉이 일본을 비롯한 아시아 국가와 아프리카, 동유럽에서 많은 인기를 얻었던 시기이다. 3단계(본격적 확산)는 2000년 대 후반 이후 K-pop의 주도 하에 다양한 분야의 콘텐츠가 전 세계적으로 확산된 시기이다. 이 시기는 현재 '신한류'로 불리기도 한다.[23] 이렇듯, K-pop과 한류는 그 형성과 특성에 있어 밀접한 연관 관계에 있음을 알 수 있다.

K-pop은 1990년대 후반 이후 한국의 주류 대중음악 장르이다. 그런데 K-pop이 특정인이나 특정 기업의 역량, 혹은 우연한 계기로 인해 생겨난 것은 결코 아니다. 이것은 K-pop 발생과 관련된 여러 징후들을 보여주는 좋은 사례일 뿐이다. 오히려 K-pop은 기존 노래들과의 끊임없는 소통과 관계 속에서 지속·변이되는 과정을 거쳐 오늘날에 이르렀다. 이러한 요소는 K-pop 노랫말과 음악 텍스트에 고스란히 드러난다. 뿐만 아니라 K-pop은 컬러 TV와 뮤직비디오의 출현, 댄스음악과 청소년문화의 성장, 고도산업화, 국제화, 정보화, 테크놀로지의 급속한 발달 등 여러 사회적 요소와도 밀접한 관계로 형성되었다. 그런데 당대 사회라는 것도 결국 전 시대로부터 이어진 역사성을 지닌다는 사실을 명심해야할 것이다. 말하자면, K-pop은 한국 사회가 낳은 종합문화적 산물이며, 그 본질은 시와 음악, 춤이 한 데 어우러진 종합예술로서의 노래라는 것이다.

3. K-pop 관련 용어와 특징

K-pop 현상을 설명함에 있어서 문화산업적인 측면을 배제할 수가 없

---

23) 매일경제 한류본색 프로젝트팀, 『한류본색』, 매경출판(주), 2012 참고.

다. K-pop이 지닌 상업성과 보편성은 대부분의 연구자가 주목한 K-pop의 주요 특징 중 하나이기 때문이다. 이는 주로 K-pop의 한계나 단점을 지적할 때 언급되는데, 이 역시 K-pop을 둘러싼 여러 사회적 맥락과 관련이 있기에 공시적인 관점에서 중요하게 다뤄질 필요가 있다.

3.1 아이돌: 소비되는 청소년, 소비하는 청소년

K-pop은 청소년을 중심으로 소비(수용)된다. 이는 청소년이 주 소비층이라는 것 말고도 청소년 취향의 가수, 특히 또래의 청소년으로 이루어진 아이돌이 실연을 담당한다는 것 또한 의미한다. 청소년에 대한 개념은 여러 관점에 따라 달리 규정된다. 그중 한국 법률상 1991년 제정된 〈청소년 기본법〉에는 9세 이상 24세 이하인 사람, 1997년 제정된 〈청소년 보호법〉에는 만 19세 미만인 사람으로 규정하고 있다. K-pop이 〈청소년 보호법〉에 따른 심의와 규제의 테두리 안에서 향유되고, 또 그로인해 보편적 건전성이라는 중요한 특성을 가지게 되었기에 이 연구에서 청소년의 개념은 〈청소년 보호법〉의 규정을 따른다.[24]

K-pop의 아이돌은 "연령적으로는 10대에 데뷔한 연예인을 한정해서 부르고, 솔로보다는 그룹으로 활동하는 팀의 구성원을 전제하며, 체계적인 기획과 관리 통제 시스템이 만들어낸 스타"[25]를 말한다. 더 구체적으로 본다면 "첫째, 아이돌은 대형 연예기획사(또는 엔터테인먼트사)가 마

---

24) 〈청소년 보호법〉 제1장 제1조에서는 "이 법은 청소년에게 유해한 매체물과 약물 등이 청소년에게 유통되는 것과 청소년이 유해한 업소에 출입하는 것 등을 규제하고 청소년을 유해한 환경으로부터 보호·구제함으로써 청소년이 건전한 인격체로 성장할 수 있도록 함을 목적으로 한다."라고 명시하고 있다.
25) 이동연, 『아이돌-H.O.T에서 소녀시대까지, 아이돌 문화 보고서』, 이매진, 2011, 20쪽.

련한 스타 시스템을 통해 기획된 상품이다. 둘째, 아이돌의 스타덤과 팬덤 모두 10대가 주도한다는 사실을 주목한다. 셋째, 음악적으로는 이른바 댄스 음악이 주가 되고, 약간의 발라드(템포가 느린 사랑 노래)를 포함한다. 넷째, 솔로보다는 그룹을 일컫는 경우가 많다."26)

화려한 댄스를 앞세운 아이돌은 청소년을 사로잡기에 충분했다. 이들이 보여주는 역동적인 몸짓과 넘치는 에너지는 현실의 청소년에게는 실현 불가능한 것이었고, 청소년은 이를 대리만족했기 때문이다. 이때 아이돌은 또래인 것이 좋았다. 청소년의 대변자 노릇은 진짜 청소년일 때가 훨씬 수월했기 때문이다. 매니지먼트사들은 이점을 잘 알고 있었다.

서태지와 아이들이 은퇴를 한 시점부터 10대 청소년으로 구성된 아이돌 그룹이 급속도로 생겨나기 시작했다. 비슷비슷한 부류의 아이돌이 무한 경쟁함에 따라 홍보와 미디어 노출 역시 그만큼 중요해졌다. 2000년대 들어서도 TV 방송은 여전히 막강한 영향력을 지니고 있었기 때문에 음악프로그램이나 예능프로그램에 출연하는 것은 무엇보다 좋은 홍보방법이었다. 그러나 중소 규모의 매니지먼트사의 경우 물적·인적 자원의 부족으로 TV출연에 어려움을 겪을 수밖에 없었다.

1990년대 후반까지 TV음악프로그램을 중심으로 행해진 대중음악의 '순위 선정'은 2000년대 이후 포털이나 음원사이트로 옮겨졌다. 대중음악의 소비가 음반 위주에서 음원 다운로드나 스트리밍으로 전환되면서 온라인상에서 실시간으로 판매량이 집계되고 순위가 매겨질 수 있었기 때문이다. 인기의 척도는 차트에 오름으로써 확인할 수 있었다. 그런데 동시에 차트가 홍보의 기능도 담당하기 시작했다. 차트에 오른 노래가 사람

---

26) 차우진·최지선, 「한국 아이돌 그룹의 역사와 계보, 1996~2010년」, 위의 책, 113~114쪽. 이를 기준으로 정리한 아이돌 리스트는 같은 책 316~363쪽의 「한국 아이돌 백서」를 참고할 수 있다.

들에게 자연스레 노출되고 홍보되었던 것이다. 이 점을 이용해 일부 생산자 집단은 음원사이트에서 비정상적인 방법으로 특정 곡의 순위를 올려 이익을 챙겼다. 이른바 '음원 사재기'이다.

2013년 처음으로 문제가 제기된 음원 사재기는 특정 곡을 무한정 반복 재생하는 등 차트 순위를 의도적으로 조작해 1위를 만들고, 또 이를 통해 이익을 취했다는 점에서 명백한 불법행위이다. 일부 매니지먼트사의 주도로 이루어진 이 행위는 시장 경쟁의 공정성과 건전성에 위배된다는 점에서 비난받아 마땅하다. 그러나 이들이 자신의 이익과 생존을 위해 우수한 콘텐츠를 만들거나 참신한 마케팅 전략을 펼치기보다 이렇게 꼼수를 썼다는 점은 깊이 생각해 볼 문제이다. 이는 의도와 본질은 분명 다르지만 소위 '1위 만들기'와 '신기록 만들기'라는 대단히 유희적이고 경쟁적인 팬 실천과 유사한 전개 양상을 보이기 때문이다.

대중음악 차트는 음반이나 음원의 실제 판매량에 따라 작성된다는 점에서 현실세계를 그대로 반영하는 것처럼 보이나 실제로는 그렇지 않다. 사람들은 차트를 단순히 판매량에 대한 순위로만 해석하지 않는다. 사람들은 차트를 당대 대중음악에 대한 절대적인 선호도와 인기 순위로 해석한다. 그러나 차트는 특정 기간, 특정 집단의 선호도에 기인한 상대적인 결과일 뿐이다. 한국 대중음악 차트는 한국 대중음악 인기 순위와 엄연히 다르다. 이런 점에서 차트는 "시뮬라크르(Simulacre)"이다.

장 보드리야르(Jean Baudrillard)의 논리대로라면,[27] 차트는 "실제로는 존재하지 않는 대상을 존재하는 것처럼 만들어놓은 인공물"에 불과하다. 사실 어떤 사회구성원 전체의 실제 대중음악 선호도를 파악하거나 나타내는 것은 불가능하다. 더군다나 현재 한국 대중음악의 차트는 주로 청소

27) 장 보드리야르, 『시뮬라시옹』, 하태환 옮김, ㈜민음사, 2015 참고.

년 집단에 한정된 결과만을 보여준다. 50~60대 이상 중장년층이 실제 선호하는 노래가 차트에 오르기란 불가능에 가깝다. 〈남행열차〉나 〈동백아가씨〉는 여전히 인기곡이다. 하지만 아이러니하게도 이런 곡들은 모두가 너무나 익숙하게 알고 있기 때문에 음반 판매가 더 이상 이루어지지 않는다. 그러니 차트에 오르는 일은 있을 수 없다. 하지만 차트는 "현실보다 더 현실적인 이미지"로 현실을 대체한다. 심지어 '음원 사재기'나 '1위 만

2016년 상반기 결산 ALBUM CHART

Ranking		Title / Artist	판매량	Production	Share
1	# HOT	EX'ACT - The 3rd Album (Korean Ver.) EXO	524,823	Kt music	
2	# HOT	화양연화 Young Forever 방탄소년단	319,327	로엔엔터테인먼트	
3	# HOT	EX'ACT - The 3rd Album (Chinese Ver.) EXO	242,432	Kt music	
4	# HOT	SEVENTEEN 1ST ALBUM FIRST 'LOVE&L... 세븐틴	192,030	로엔엔터테인먼트	
5	# HOT	FLIGHT LOG : DEPARTURE GOT7	157,496	Kt music	
6	# HOT	PAGE TWO TWICE	136,904	Kt music	
7	# HOT	Press It - The 1st Album 태민	114,017	Kt music	
8	# HOT	Zelos 빅스(VIXX)	108,987	CJ E&M	
9	# HOT	Why- The 2nd Mini Album 태연 (TAEYEON)	103,784	Kt music	
10	# HOT	NO.X 김재중	85,420	로엔엔터테인먼트	

가온차트 2016년 상반기 결산 앨범 차트.
아이돌의 댄스음악은 청소년 소비자의 절대적인 지지를 받으며 차트 상위권을 독차지하고 있다.

들기'와 같이 차트가 특정 생산자나 소비자에 의해 조작된 결과이고, 그로 인해 수많은 담론이 재생산되어 사람들에 의해 다시 소비된다면 이는 "조작된 실재"이며 말 그대로 "파생실재(Hyperréel)"이다.

현대 사회는 소비가 소비를 낳아 진실보다 더 진실 같은 거짓이 진실을 대신한다. 차트의 높은 순위 곡은 더 많이 노출되어 그로 인해 더 많은 선택을 받아 다시 더 높은 순위를 차지한다. 이 뿐만 아니라 유튜브 조회수나 SNS의 '좋아요' 역시 동일한 원리로 작동해 해당 콘텐츠를 인기 게시물로 만든다. 유튜브 등의 SNS는 K-pop의 세계적 전파에 있어 핵심적 역할을 했다. 마셜 맥루언(Marshall McLuhan)의 표현대로 "미디어가 메시지"이다. 어느 나라보다 잘 구축된 한국의 IT환경은 K-pop 담론을 최대한 빠르게 확장시켜 세계로 전달했다.

K-pop의 아이돌은 상품이다. 이때 아이돌은 자연인으로서의 개인 자체를 의미하지는 않는다. 'H.O.T.', '보아', '원더걸스' 등 브랜드로서의 아이돌을 의미한다. 이 때문에 아이돌은 생산의 영역에 있는 것은 분명하지만 엄밀히 말해서 생산자는 아니다. K-pop의 진정한 생산자 혹은 담당계층은 모든 스태프가 한 가지 목표로 구성된 매니지먼트사이다.[28] 그리고 그 목표는 당연히 이윤 창출이다. 이러한 인식과 개념을 바탕으로 시장이 형성되었기 때문에 아이돌 그룹의 멤버는 누구라도 언제든 교체될 수 있고, 어떤 인기 아이돌이라도 쉽게 다른 아이돌로 대체되는 것이다.

기업의 이윤 증대를 위해서는 오히려 상품의 수명이 짧아야한다. 수익이 감소하고 수명이 다한 상품을 계속 유지하는 것은 불가능할뿐더러 또 그렇게 해서도 안 된다. 더 많은 이익을 위해서는 비슷하지만 새로움이 추가된 신상품을 짧은 주기로 끊임없이 내놓아야 한다. 목표 집단이 유행

---

28) 아이돌을 하나의 브랜드라 했을 때, 아이돌이 되는 개개의 청소년은 매니지먼트사에 소속되어 이익을 추구하는 또 하나의 스태프이다.

에 민감하다면 더욱 그렇다. SM엔터테인먼트의 경우를 보자. SM엔터테 인먼트의 여자 아이돌 계보를 살펴보면, 1997년 S.E.S.(에스이에스)를 시 작으로 2001년 밀크, 2002년 신비, 2005년 천상지희, 2007년 소녀시대, 2009년 f(x), 2014년 레드벨벳까지 각각의 인기 정도를 불구하고 비슷비 슷한 콘셉트의 팀을 1~5년의 간격으로 계속해서 선보였음을 알 수 있다. 하나의 상품과 브랜드로는 급변하는 소비자의 취향을 만족시킬 수 없었 기 때문이다.

10대 청소년을 연습생으로 뽑아 일정기간 훈련을 시킨 뒤 데뷔시키는 매니지먼트 시스템 역시 이윤을 위한 당연한 선택이다. 청소년 연습생에 게는 데뷔 준비 기간은 물론 데뷔해서도 일정 기간 동안 수익을 분배하지 않는 것이 관행이다. 먹고 사는 문제에 있어서는 청소년이 비교적 자유롭 기 때문이다. 그렇기에 성인보다 통제와 관리에 있어서도 훨씬 수월하다. 솔로보다 그룹을 선호하는 것 역시 마찬가지이다. 물론 그룹 형태의 아이 돌은 조직적이고 화려한 댄스를 보여줄 수도 있고, 노래뿐만 아니라 연기, MC, 뮤지컬, 코미디 등 다양한 분야에서 각기 다른 매력을 보여줄 수 있다는 점에서도 유리하다. 그러나 무엇보다도 이러한 방식은 멤버 개개 의 이탈과 사고에 가장 유연하게 대처할 수 있다는 점에서 경제적이다.

SM엔터테인먼트는 2005년 13명의 슈퍼주니어, 2007년 9명의 소녀시 대, 2012년 12명의 EXO(엑소)를 데뷔시켰다. 이는 하나의 브랜드 안에서 수많은 멤버를 조합하고 교체해가며 활동을 이어가는 일본의 모닝구무스 메나 AKB48(에이케이비48) 식의 전략이다. 아울러 현진영의 대마초 사 건, H.O.T.의 해체와 동방신기 멤버 3인의 탈퇴 등을 겪으며 깨달은 노하 우이다. 특히 군 입대로 인한 공백은 남자 아이돌에게는 치명적인데, 이 역시 많은 수의 멤버 구성을 통해 적절하게 해결하고 있다. 다수의 그룹 은 한두 명의 부재에도 큰 타격을 받지 않기 때문이다.

아이돌은 새로운 모습으로 변하고 있다. 현지 공략을 위해 외국인 멤버의 비중이 점점 커지고 있다. 특히 중국 시장을 선점하기 위해 중화권의 청소년을 주로 선발해 데뷔시킨다. 그런데 때로는 슈퍼주니어의 한경, EXO 중국인 멤버 3명의 탈퇴와 같은 문제가 발생하기도 한다. K-pop이 시장의 논리 속에 존재하는 한 이러한 문제는 계속될 것이다. 그런데 한 가지 주목해야할 점은 맹목적으로 소비하고 또 이를 유도하는 모습에서 게임의 유희나 경쟁적 실천 양상 또한 보인다는 점이다.

3.2 매니지먼트사: 이윤 창출을 위한 전략적 생산 주체

K-pop은 한국의 매니지먼트사에 의해 생산되어, 한국뿐 아니라 해외에서도 유통되고 소비되는 문화 상품이다. 이때 '한국의 매니지먼트사'라 함은 음반·영화 등 대중문화예술제작물의 생산을 위해 한국을 기반으로 핵심 자본·기술·인력을 계획·관리하여 영리를 추구하는 기업을 말한다.

1990년대 도입된 '기업형 매니지먼트'[29] 시스템은 그간 주먹구구로 운영되던 한국 대중음악의 생산관리 체계를 보다 합리적이고 효율적으로 변화시켰다. 예컨대, 이전까지 가수의 선발은 노래 잘하는 아마추어 가수를 알음알음 소개받거나 노래는 들어보지도 않은 채 외모만으로 길거리 캐스팅하는 방식이 주를 이뤘다. 하지만 이러한 방식으로 성공을 이끌어

---

29) "기업형 매니지먼트 회사는 과거 '기획사' 형태의 매니지먼트 기업처럼 대표 또는 소속배우 한두 명의 결정에 따라 사업의 방향성과 기업의 존폐여부가 결정지어지는 구조가 아닌 장기적인 사업계획, 자금계획, 경영계획을 가지고 스타와 그 조직원을 과학적으로 운용할 자본력과 인적 구성력을 갖춘 영속성 있는 회사라고 할 수 있겠다."(박성혜, 「기업형 연예 매니지먼트 회사의 매니지먼트 시스템 분석과 개선 방안에 관한 연구」, 홍익대학교 광고홍보대학원 석사학위논문, 2006, 9쪽).

내기에는 한계가 있었다. 가창력과 같은 가수의 자질이나 실력 문제는 차치하더라도 시장에 대한 정확한 분석이나 기획력 없이 가수가 선발되다 보니 전문성과 대중성이 보장되기 힘들었고 그만큼 성공 가능성도 낮았다. 선발 이후에도 체계적인 훈련과 통제가 쉽지 않았다. 자신만의 음악 스타일과 라이프 스타일이 확고한 경우라면 더 심했다. 이는 시장에서의 안정적인 상품 공급과 관리라는 측면에서 치명적이었다. 음반의 제작 과정에서도 소수의 창작자나 연주자에게 지나치게 의존해 제작비의 상승을 야기함은 물론 개인적인 문제로 진행에 어려움이 생겨도 대처할 방도가 없었다. 매니지먼트 영역 전반에 걸쳐 기획력이 부재했고, 전문성이 부족했다. 모든 것이 매니저나 사장 1인의 주관으로 이루어졌다.

팬덤에 대한 인식과 관리도 잘 되지 않아 매니저는 가수와 팬 사이를 가로막는 방해물이 되기 일쑤였다. 홍보와 판촉 활동은 방송사 PD나 업소 영업부장과의 인간적인 관계에 크게 의존했다. 이로 인해 과도한 영업비의 지출은 물론 방송과 공연 출연에 대한 정당한 대우나 대가를 요구하지도 못했으며, 불공정한 상태로 늘 일방적으로 끌려 다녀야만 했다. 가수와 매니저 역시 프로의식이 수반된 계약 관계에 있지 않다보니 금전적인 갈등과 감정 싸움이 쉽게 일어났다. 이러한 소모적인 일들로 정상적인 활동이 힘들어진 가수는 금세 인기를 잃고 사라져 버렸다.

한국 대중음악에서의 본격적인 기업형 매니지먼트는 SM엔터테인먼트로부터 시작되었다. 1989년 SM엔터테인먼트(당시 SM기획)를 설립한 이수만은 미국 음악 산업의 전문화된 기획·관리시스템을 한국에 들여와 정착시켰다. SM엔터테인먼트는 시장에 대한 정확한 분석을 바탕으로 콘텐츠를 기획했다. 이후 기획에 적합한 가수를 발굴해 체계적으로 훈련시키고 관리했다. 장기적인 계획과 안정된 자본력을 기반으로 양질의 콘텐츠를 제작하고 홍보했다. 방송국과의 관계도 동등하게 유지했다. 팬 관리에도 각별한 신경을 썼다. 이 모든 것이 세분화된 운영 구조 내에서 다수의 구성원들에 의해 합리적이고 조직적으로 이루어졌다.

SM엔터테인먼트가 구축한 매니지먼트 시스템은 성공 공식으로 자리 잡았다. 대규모 연습생 오디션과 보컬 · 댄스 · 연기 · 외국어를 아우르는 체계적인 트레이닝 시스템(자체 아카데미 운영), 시장조사를 통한 음반 기획, 다양한 창작 인력의 활용, 독창적인 캐릭터 구축과 이미지 메이킹, 음반 수익을 배가시키는 부가 상품 마케팅, 앨범 · 안무 · 뮤직비디오 · 의상 등 생산 파트의 분업화, 매니저 역할의 세분화, 회사 차원의 세심한 팬 관리, IT를 적극 활용하는 홍보 전략, 공격적인 해외 경영 등이 그것이다. SM엔터테인먼트로부터 스타는 영입하는 것이 아니라 길러지는 것이 되었다. 이에 1990년 현진영을 시작으로 1996년부터 최근까지 H.O.T., S.E.S., 신화, 보아, 동방신기, 슈퍼주니어, 소녀시대, 샤이니, f(x), EXO, 레드벨벳 등 수많은 가수를 배출하며 K-pop 시대를 주도했다. SM엔터테인먼트는 현재까지 음반 제작 · 유통뿐 아니라 MC · 연기자 매니지먼트, 에이전시, 라이센싱 · 퍼블리싱, 방송 · 공연 · 인터넷 · 모바일 콘텐츠, 관광사업 등을 영위하며 2000년 코스닥 상장에 이어 2011년에는 한국 매니지먼트사 최초로 연매출 1,000억 원을 돌파하였다.

YG엔터테인먼트(당시 현기획)는 서태지와 아이들 출신 양현석이 그룹 해체 후 1996년에 설립한 매니지먼트사이다. YG엔터테인먼트는 분명 K-pop의 중심에 있지만, 늘 리듬 앤 블루스나 힙합 같은 마니아 성향의 정통 흑인음악을 추구했다. 이는 그간 배출된 가수들의 면면을 보면 잘 드러난다. 지누션, 원타임, 세븐, 렉시, 휘성, 거미, 빅마마, 빅뱅, 2NE1, 싸이, 에픽하이, 위너, iKON(아이콘), 뿐만 아니라 45RPM, 스토니스컹크 등 언더그라운드 힙합 뮤지션까지. 또 흑인음악에 특화된 창작자들과의 협업도 활발히 했다. 이로써 YG엔터테인먼트만의 독보적인 이미지가 구축되었는데, 이는 음반이나 가수의 마케팅에도 유리하게 작용했다. 사람들은 YG엔터테인먼트의 아이돌 상품에서 시류에 휩쓸리지 않는 '쿨'한 이미지를 떠올렸다. 주류와 비주류 사이의 접점을 찾은 YG엔터테인먼트는 일본과 홍콩, 그리고 미국에 지사를 설립하고, 제일모직과 합작하여 패션사업도 진행하는 등 SM엔터테인먼트 못지않은 비즈니스 모델을 구축하며 K-pop 시대를 이끌었다. 2011년에는 코스닥 상장에도 성공했다.

JYP엔터테인먼트(당시 태홍기획)는 1997년 박진영이 설립한 매니지먼트사이다. 박진영이 대표 작곡자이자 프로듀서로 있기 때문에 그간 JYP엔터테인먼트가 배출한 가수와 노래들은 모두 박진영의 음악 취향과 영향력 아래 직접적으로 놓일 수밖에 없다. 1997년 진주를 시작으로 god(지오디), 비, 원더걸스, 2AM, 2PM, miss A(미쓰에이), TWICE(트와이스) 등은 모두 '박진영 색'을 드러낸다. 이때 박진영 색이란 흑인음악을 의미한다. 하지만 본토 흑인음악 그대로는 아니다. 박진영은 어렵고 생소해 사람들에게 자칫 외면당할 수 있던 흑인음악을 한국적으로 풀어내어 국내뿐만 아니라 해외에서도 큰 성공을 거두었다.[30] 현재 일본과 미국에 자회사를 두고 있는 JYP엔터테인먼트는 2010년 우회 상장을 통해 코스닥에 등록되었다.

DSP미디어(당시 대성기획)는 1980년대 말, 소방차가 소속되어있던 한밭기획의 실세였던 이호연이 1991년에 설립한 매니지먼트사이다.[31] DSP

---

30) 박진영 인터뷰 中 "가장 한국적인 것이 가장 세계적인 것이라는 말이 있다. 비는 앞으로 한국적이고 아시아적인 색깔로 세계 시장에서 슈퍼스타로 성장할 것이다. 비는 흑인음악이 갖지 못한 섬세하고 감성적이며 아기자기한 음악으로 미국 시장에서 인정받을 것이며 또한 외모도 동양 남자의 섹시어필로 미국 여성 팬들을 공략할 것이다."(김원겸, "박진영 "비는 천재가 아니다. 다만 노력할 뿐이다"", 『머니투데이』, 2005년09월04일자).

31) 차우진 · 최지선, 『아이돌-H.O.T에서 소녀시대까지, 아이돌 문화 보고서』, 이동연

미디어는 1980년대부터 현재까지 시장의 주류적 위치를 차지하고 있다. DSP미디어가 펼친 핵심 전략은 '빠른 2등 되기'이다. DSP미디어는 1997년 젝스키스, 1998년 핑클, 1999년 클릭비, 2005년 SS501, 2007년 카라, 2009년 레인보우 등을 제작했는데, 특히 젝스키스와 핑클은 SM엔터테인먼트의 H.O.T.와 S.E.S.를 벤치마킹하여 성공한 대표적인 케이스이다. 이들은 벤치마킹 대상의 장점은 따라하되 이와는 다른 매력을 한두 가지씩 추가하는 전략을 펼쳤다. 가령 예쁘고 잘생긴 아이돌을 청소년의 구미에 맞게 기획해 선보이면서도 H.O.T., S.E.S.보다 멤버의 수를 한명씩 더한다거나, 범접하기 어렵고 신비로운 이미지보다는 친근하고 순수한 이미지를 내세우는 식이었다. 이러한 방식은 업계의 후발 주자가 흔히 사용하는 전략으로, DSP미디어는 선점 기업인 SM엔터테인먼트와 라이벌 관계를 이루며 동반 성장했다. DSP미디어는 이후 방송 콘텐츠(드라마, 예능)까지 제작하는 종합 엔터테인먼트로 발전했다.

이밖에도 포미닛·비스트의 큐브엔터테인먼트, 티아라·초신성의 코어콘텐츠미디어, 씨스타의 스타쉽엔터테인먼트 등이 있다.

1990년대 도입된 기업형 매니지먼트 시스템은 한국 매니지먼트업계의 양적·질적 성장을 이끌었다. 그러나 1997년의 IMF 외환위기는 국내 대중음악시장을 크게 위축시켰다. 이러한 가운데 SM엔터테인먼트를 비롯한 각 매니지먼트사들은 생존을 위해 해외시장 진출을 빠르게 모색했다.

가장 먼저 SM엔터테인먼트는 중국에서 음악 사업을 하던 우전소프트를 통해 1998년 5월 H.O.T.의 ≪행복≫을 발매했다. ≪행복≫은 발매한 달 만에 5만 장이 팔리며 중국 내 K-pop 한류 열풍을 선도했다. 이후 클론, 베이비복스, NRG 등이 중국과 대만에서 큰 인기를 얻으며 활발히

엮음, 이매진, 2011, 115~118쪽 참고.

활동했다. 이렇게 초창기 K-pop의 해외 진출은 중화권을 중심으로 이루어졌다. 잠재된 시장의 크기와 성장 가능성이 무한했기 때문이다. 뿐만 아니라 같은 아시아라 하더라도 이미 세계 2위권의 세계 시장 점유율을 보이며 확실한 음악적 취향을 가진 일본과는 달리 중국이나 홍콩, 대만 시장은 진입장벽이 그만큼 낮았다. 이들에게는 새로운 스타일의 음악이 얼마든지 먹혀들 수 있었다. 또 이들 국가는 반미나 반일 감정이 아직 남아있던 관계로 미국이나 일본보다는 한국의 대중문화 수용을 더 선호했다.

1998년 중국에서 정식 발매된 H.O.T. 앨범 ≪행복≫의 재킷 사진.

2000년대 들어 K-pop의 아시아 시장 공략은 더욱 활발해졌다. 보아, 비, 동방신기, 슈퍼주니어, SS501(더블에스501), 빅뱅, 소녀시대, 카라, 비스트, 엠블랙, 2NE1 등이 중국과 일본, 동남아시아 시장에서 큰 사랑을 받았는데, 세계 대중문화 시장이 개방되어 국가 간 교류가 활발해지고 인터넷의 발달로 타문화·타국가의 콘텐츠를 쉽게 접할 수 있게 되었기 때문이다.

2010년대 들면서 K-pop의 해외진출은 유럽과 남미에 이어 미국으로까지 확대되었다. 2011년 6월 SM엔터테인먼트가 프랑스 파리에서 주최한 〈SM타운 라이브 월드투어〉 콘서트를 시작으로 K-pop의 인기는 전 세계로 확대되었다. 덕분에 매니지먼트사 입장에서는 내수시장 침체, 기형적인 음원수익 구조로 인한 그간의 손해를 벌충할 만큼의 막대한 수익을 올릴 수 있었다.

[표 2-1] 2009~2013년 국내 음악 콘텐츠 수출규모　　　　단위: 천 달러

구분	2009	2010	2011	2012	2013	전년대비 증감율(%)	최근 3년간 증감율(%)
수출 규모	31,269	83,262	196,113	235,097	277,328	18.0	72.6

출처: 『2014 콘텐츠산업 통계조사』, 문화체육관광부.

SM엔터테인먼트의 2011년 4분기 매출액은 393억 원으로 전년 동기 대비 116%의 성장률을 보인다. 그중 수출액은 188억 원으로 전체 매출액의 50%를 차지하고, 전년 동기에 비해서는 536%의 수출 성장률을 보여 해외진출에 따른 수익이 상당한 수준임을 알 수 있다.[32] 한국 대중음악시장

---

32) 정일서, 앞의 논문, 45~46쪽 참고.

전체를 놓고 보아도 2011년 수출액은 1억9천만 달러이고, 2013년에는 2억7천만 달러, 3000억 원 규모를 기록하는 등 매년 가파르게 증가하고 있다.

이 시기 K-pop의 해외진출에 큰 역할을 한 것이 SNS이다.[33] 특히 유튜브를 통한 K-pop 뮤직비디오, 공연 영상은 전 세계 청소년들을 사로잡았다. 유튜브가 처음 주목받게 된 것은 UCC(User Created Contents) 때문이다. 사용자 본인이 직접 제작한 영상을 온라인상에 자유롭게 올려 다른 사람과 공유한다는 개념이 무엇보다 획기적이었다. 국내에서도 2007년 원더걸스의 〈Tell Me〉를 패러디한 영상이 인기를 끌면서 주목을 받았다.[34] 그런데 유튜브는 뛰어난 홍보효과를 가지고 있었다. 유튜브에 업로드 된 뮤직비디오가 세계적으로 노출되어 예상치도 못한 긍정적인 결과를 가져왔기 때문이다.

2005년 유튜브 서비스가 처음 시작된 이래, SM엔터테인먼트는 2006년, YG엔터테인먼트와 JYP엔터테인먼트는 2008년, DSP미디어는 2005년부터 각각 자체 채널을 개설해 활발히 운영했다. K-pop의 세계적인 확산이 2010년 이후 유튜브 등을 통해 본격화되었다는 사실을 감안한다면, 이러한 결과도 결국 매체의 영향력을 간파한 매니지먼트사들의 빠른 대처가 있었기에 가능한 것이었음을 알 수 있다. 예컨대, JYP엔터테인먼트의 경

33) "SM 김영민 대표는 "유튜브, 페이스북, 트위터 등 전세계 공통 미디어 플랫폼을 통해 소녀시대는 비틀스 등의 팝스타처럼 일본 진출 전부터 현지의 수많은 팬을 확보, 2만2천명 규모의 쇼케이스를 열고 데뷔 2개월 만에 오리콘차트 1위를 차지할 수 있었다"고 말했다."(이은정, "〈新한류 열풍〉①세계 속 K-POP 신드롬", 『연합뉴스』, 2010년11월02일자).
34) "특히 그는 한국의 UCC에 주목하고 있다. 그는 "아침에 원더걸스의 '텔 미' 댄스를 흉내 낸 경찰관들의 춤 동영상을 봤는데 아주 재미있었다."며 "한국은 훌륭한 UCC를 대량 생산하는 국가"라고 치켜세웠다."(최연진, "세계 최대 UCC 사이트 '유튜브' 창업자 스티브 챈", 『한국일보』, 2008년03월11일자).

우 2007년 UCC 열풍을 이끈 〈Tell Me〉 현상에 주목한 뒤 2008년 〈So Hot(소 핫)〉의 프로모션부터는 유튜브를 적극 활용해 성공을 거두었다.[35] 이후 각 매니지먼트사는 유튜브를 핵심 홍보 창구로 활용했고, 여기에 팬들이 직접 제작한 패러디 영상, 라이브 공연 '직캠' 영상 등이 더해져 K-pop을 급속도로 전파시켰다. 이는 블로그나 페이스북, 트위터도 마찬가지여서 이를 통한 K-pop 담론은 끊임없이 확대 재생산되었다.

기획에서 판매에 이르는 K-pop의 모든 마케팅 과정은 매니지먼트사에 의해 철저하게 통제되고 관리된다. 이는 성공적인 결과를 낳고 이내 많은 관심을 불러일으켰는데, 그중 대표적인 것이 SM엔터테인먼트의 경영방식이다.

> CT라고 하는 기술로 봤을 때, 중국인들이 좋아하는 음악을 만들 수 있는 기술이 우리한테 있다는 것입니다. 그러한 기술을 가지고 빨리 상대국 중국에서 우리의 기술로 기업화시켜서 결국 중국 CEO와 중국 가수, 이런 사람들이 일을 하고 돈을 만들고, 우리가 지분을 가지면서 수익이 들어오는 그런 형태...[36]

SM엔터테인먼트 기업 경영의 핵심은 이수만식 CT론에 기인한다. 2000년대 들어 세계적으로 천문학적인 부가가치를 창출하는 문화산업의 육성이 강조되면서 문화기술(Culture Technology), 즉 상품성 있는 엔터테인먼트 콘텐츠를 생산하는 기술이 주목을 받았다. 이에 한국에서는 K-pop의 해외 진출을 선도한 SM엔터테인먼트의 전략과 노하우가 부각되었다. 그 중심에는 이수만식 CT론이 있다. 총 3단계로 이루어진 CT론에서 1단

---

35) 이승우, "원더걸스 '소 핫' 유튜브에 공개돼 화제... 88만 네티즌 주목", 『스포츠조선』, 2008년07월02일자.
36) 이수만 인터뷰, 『SBS 스페셜 '아시아 쇼비즈 삼국지 - 이수만의 CT론과 한류의 미래'』, 2006년03월12일자.

계는 한국에서 생산된 상품을 해외에 수출하는 단계이다. 2단계는 해외 현지의 기업과 합작해 상품을 생산하고 판매하는 단계이다. 3단계는 축적된 문화기술을 현지에 전수해 로열티를 발생시키는 단계이다. 이렇게 본다면 K-pop은 처음부터 해외시장 진출을 목표로 했다는 것을 짐작할 수 있다. 대중음악인 K-pop은 자본주의 상업 논리와는 불가분의 관계에 있다. 그리고 철저하게 계산된 산업과 시장 구조 속에 존재한다.

청소년이 아이돌을 소비하는 방식은 다양하다. 단순히 음반이나 음원을 구입하는 것에서부터 TV 방송 시청하기, 콘서트나 각종 행사 참여하기, 관련 상품 구입과 팬클럽 활동 등의 집단행동, 그리고 최근에는 SNS를 통한 담론의 재생산까지. 이러한 여러 행위들을 통해 청소년은 자기 정체성과 집단 소속감을 확인하고 만족감을 얻는다. 물론 애정이 도가 지나쳐 범죄 수준의 집착으로까지 이어지는 '사생팬' 문제를 야기하기도 하지만, 청소년의 아이돌에 대한 소비는 특유의 소비 지향적, 미디어 의존적인 시대 배경과 맞물려 독특한 양상을 보이며 생산자에게 큰 이익을 가져다 준다.

2015년 발매된 EXO의 정규 2집 ≪EXODUS(엑소더스)≫는 음반 판매량 100만 장을 돌파했다. EXO는 2013년에 발표한 정규 1집 ≪XOXO≫로도 100만 장의 판매고를 올렸는데, 이 수치는 1990년대 음반시장 호황기 소위 '대박'의 상징적인 판매량일뿐더러 2001년 지오디 4집 이후 나오지 않던 기록이라 많은 주목을 받았다. 2000년 이후 디지털음원이 음반을 대신해 음악시장을 주도함에 따라 100만 장의 음반 판매량은 더 이상 불가능한 것으로 여겨졌다. 많아봐야 10~20만장 수준이었다. 그럼에도 불구하고 이러한 결과가 나올 수 있었던 결정적인 이유는 충성도 높은 청소년 팬덤과 이를 이용한 SM엔터테인먼트의 판매 전략에 있다.

EXO는 전략적으로 팀을 두 개로 나눠 한중 양국에서 활동한다. EXO라는 이름으로 정규 앨범을 낼 때에는 함께 하는 무대를 갖기도 하지만, 보통은 EXO-K, EXO-M으로 따로 활동한다. 그러다보니 앨범도 한국어와 중국어 두 가지 버전으로 발매한다. 가온차트에 의하면, EXO 정규 2집 ≪EXODUS≫(2015.03.30.)의 한국어 버전이 48만여 장, 중국어 버전이 28만여 장이 판매되었다. 얼마 후 네 곡을 추가해 재발매한 리패키지 앨범 ≪LOVE ME RIGHT(러브 미 라잇)≫(2015.06.03.) 두 버전의 판매량이 42만여 장이다. 이들을 모두 합하면 118만여 장이 된다.

[그림 2-1] EXO 2집 앨범 커버 이미지와 포토카드

사실, 2015년 3월 최초 발매된 「EXODUS」 한국어 버전의 판매량이 48만여 장이라는 것도 대단한 기록이다. 그러나 이슈가 된 100만 장 기록이 중국어 버전의 판매량과 두 달여 만에 발매한 리패키지 앨범의 판매량이 모두 합쳐진 결과라는 점, 뿐만 아니라 앨범 커버에 멤버 10명의 얼굴을 각각 그려 넣어 10가지 버전으로 발매하고[37], 앨범 안에 멤버별 20종의

포토카드와 10종의 포스터를 무작위로 넣는 방법을 통해 충성도 높은 청소년 팬의 중복 구매를 이끌어냈다는 점이 중요하다.

이렇듯 K-pop은 이윤 창출을 위해 동원 가능한 모든 상업적 전략을 펼친다. K-pop이 비난 받는 것도 주로 이 때문이다. 텍스트에 대한 심도 깊은 청취와 평가를 방해하고, 시장 생태계를 교란시킨다는 점에서 이는 부정적 요소임이 분명해 보인다. 자본주의 사회에 속해있는 한 K-pop이 이러한 시장 경제의 테두리를 벗어나기란 쉽지 않아 보인다. 그러나 이 때문에 순수한 창작 동기와 지향 의식이 가려져서도 안 된다. K-pop 창작의 원동력은 분명 낡은 것을 버리고 보다 새로워지려는 담당계층의 예술적 욕구에 있기 때문이다. 아울러 기술 발전이 가져다 준 소통의 원활화는 생산-유통-소비의 전통적 구조를 해체시켰다. 즉 그간의 경제적 속박을 깨뜨릴 가능성이 생긴 것이다. 이에 대해서는 제4장을 통해 더 자세히 살펴본다.

이상을 통해 본 아이돌의 소비 양상, 매니지먼트사의 비즈니스 전략에서는 K-pop의 상업적인 면모를 확인할 수 있다. 그것은 당대 한국 사회가 처했던 정치적·경제적·문화적 상황과 깊은 관련이 있다. 그런데 그로 인해 K-pop의 한국적 정체성, 특히 기성세대의 권위에 저항하는 청소년의 세대 정체성이 강하게 표출될 수 있었다. 즉, 기성세대는 자신들이 구축한 테두리 안에서 자녀 세대가 순응적으로 잘 성장하기를 바랐고, 이에 대한 보상의 차원으로 대중문화 소비에 대한 경제적 지원을 아끼지 않았다. 이로 인해, 한국 대중음악은 청소년을 중심으로 급격히 상업화되어 갔지만, K-pop 담당계층은 기존의 구조와 질서에 머무르지 않고 끊임없이 새로운 변화를 모색했던 것이다. 이는 K-pop이 보수적인 지배 이데

---

37) 중국어 버전까지 합하면 총 20가지, 또 앨범 세네카(책 등)에 엠블럼 일부가 그려져 있어 10장을 다 모아야 완성된 모양을 볼 수 있음.

올로기를 가진 아시아의 여러 국가를 비롯해, 중동, 중남미 등에서 큰 호응을 얻은 것과도 관계가 있다. 그런데 통시적인 관점에서 파격의 미학이나 해체 미학이 한국 전통 노래들에서도 흔히 발견되는 바, 이러한 관습성이 K-pop에도 지속되고 있음에 주목해야 할 것이다. 이때, 외부 요인으로 인한 변이의 측면도 중요하게 고려되어야 함은 물론이다. K-pop의 국제적인 성공 요인에는 보편성의 요소도 분명 포함되기 때문이다. 그런데 여기에서 K-pop의 특수성이라는 것도 결국 보편성에 해당하는 것이 아니냐는 반론이 있을 수 있다. 즉, 기존 이념에 대한 청소년의 저항은 세계보편적인 현상으로 봐야한다는 논리인데, 반대로 이들 국가에서는 'K-pop'이 나오지 않았다는 점에서 이를 반박할 수 있을 듯하다. 이에, 다음 장을 통해 K-pop 노랫말과 음악에 드러나는 내용적 · 표현적 · 정서적인 특성을 지속과 변이라는 측면에서 상세히 살펴보도록 한다.

종합문화적 산물로서의 K-pop, 그 존재와 당위

1. 노랫말 성향의 지속과 변이

K-pop의 노랫말은 내용과 표현의 측면에서 모두 기존 대중음악 장르, 나아가 고전시가로부터 이어지는 지속의 요소를 지닌다. 동시에 사회나 시대, 담당층의 변화에 따라 변이된 모습 역시 뚜렷하게 보인다. 다시 말해 K-pop은 첫째, 노래 장르 보편의 주제인 사랑을 주로 다루지만 화자가 처한 상황과 대처방식은 자못 다르다. 시대와 사회가 다르고, 화자의 성격과 감정이 달라 노래 속 이야기도 그만큼 다양하기 때문이다. 둘째, 사회적 저항의식 역시 여타 장르에서와 마찬가지로 뚜렷하게 표출되지만 주제는 청소년과 관련된 것으로 한정된다. 셋째, 한국인 특유의 신명과 흥을 바탕으로 향락과 쾌락을 추구하나 자기애가 기반이 된 자기과시가 섞여서 드러난다. 넷째, 라임(압운)을 맞추는 전통의 작법은 더욱 강화되었고, 사회적 제약을 피해 본능을 비유적이고 창조적으로 표현한다. 무엇보다도 영어 노랫말의 사용이 눈에 띄게 확대되었다. 그러나 이와 더불어 한국어 노랫말 역시 여전히 큰 비중으로 혼용된다. 이에 이 절에서는

K-pop의 노랫말 특성을 내용과 표현적 측면으로 나눠 살펴보고, 아울러 여기에 드러나는 한국 시가의 지속과 변이 양상에 대해서도 자세히 살펴본다.

1.1 내용적 측면의 관습성과 시대적 변주

1.1.1 사랑과 이별 주제의 지속성

K-pop 노랫말의 주제는 대부분 사랑과 관련이 있다. 사랑 관련 주제가 대중음악을 포함한 예술 장르 전반에서 가장 흔히 다뤄진다는 사실[1]을 차치하더라도, 청소년이 주 소비층인 K-pop의 경우 이러한 양상은 더욱 두드러지게 나타난다. 1990년대 이후 민주화 담론은 사라지고 개방적이고 자유로운 분위기 속에서 풍족하게 살던 한국 청소년에게 삶과 죽음·자유·빈곤·평화 등, 사랑 이외의 주제는 적합하지 않았다. 더군다나 1997년 제정된 〈청소년 보호법〉으로 인해 K-pop 노랫말은 표현상 많은 제약을 받을 수밖에 없었는데, 섹스나 폭력, 술·담배·마약 등과 관련된 내용과 표현이 거세되면서 K-pop 노랫말은 더욱 일상적이고 건전한 방향으로 고착화되었다.

> one two three 넌 나를 떠났지만
> 어딘가에서 너의 숨소리가 들려와
> 또 다시 four five six 빨간 눈물이 내려와
> 나를 안던 너의 향기가 그립다

---

1) 예컨대 조선 후기 대표적인 노래 장르인 ≪만횡청류≫의 경우, '사랑의 노래'가 전체 116수 중 58수로 약 50%의 비중을 차지하고 있다.(이상욱, 「만횡청류의 문화 콘텐츠화 방안 연구-대중가요콘텐츠로서의 가능성 찾기」, 숭실대학교 대학원 석사학위논문, 2011 참고).

나를 위한 거라 했던 너의 말 거짓말처럼 차갑게 돌아섰던
너는 왜 너는 왜 You're gone away
Come back home Can you come back home
차가운 세상 끝에 날 버리지 말고 내 곁으로
Come back home Can you come back home
모든 아픔은 뒤로 해 여전히 널 기다려 이렇게

- 2NE1 〈Come Back Home〉(2014) 부분,
작사: Teddy / 작곡·편곡: Teddy, PK, DEE, P

2NE1은 YG엔터테인먼트가 기획하여 선보인 4인조 여자 아이돌이다. 2009년에 데뷔한 이들은 섹시미나 귀여움을 강조하는 여느 걸그룹과는 다르게 도발적이고 당당한 콘셉트로 한국에서뿐만 아니라 해외에서도 큰 사랑을 받았다. 특히 2011년부터는 일본 활동을 시작해 오리콘차트 1위를 차지했고, 2014년 발표한 두 번째 정규 앨범 ≪Crush(크러쉬)≫는 빌보드 앨범차트 'Billboard 200'에서 61위를 차지해 한국 가수로는 처음으로 100위권 내에 진입함과 동시에 가장 높은 데뷔 순위를 기록하기도 했다. 그런데 이들 노래 중에는 한국 전통의 정서가 드러나는 곡이 있어 주목할 만하다.

〈Come Back Home〉은 2NE1의 2집 ≪Crush≫의 타이틀곡으로, 이별 후 떠나간 상대를 그리워하며 눈물 흘리는 화자의 슬픈 심정을 그리고 있다. "차가운 세상 끝"에서 "빨간 눈물"을 흘리고 있을 만큼 처절한 슬픔에 빠져 있는 화자이지만, 여전히 "너"와의 좋았던 시절을 잊지 못하고 "내 곁으로" 다시 돌아오기를 바란다. 강한 그리움으로 인해 부재중인 "너의 숨소리"마저 들리는 것이다.

곡에서 상대가 자신에게 돌아오기를 바라는 마음은 '집으로 돌아오라'는 말로 빗대어 표현된다. 떠나간 상대를 직접 찾아 나서지 않고 기다리

기만 하는 화자의 모습은 수동적이라고 할 수 있다. 이때 '집'은 수동성을 나타내는 중요한 요소이면서 여성성의 상징이기도 하다. 흔히 문학에서 집은 '근원적 대지'나 '근원적 향수'의 이미지로 여성성을 드러내는 상징으로 사용되는데,[2] 이 작품에서도 떠나간 대상을 다시 품으려는 여성적 이미지를 드러내고 있는 것이다. 또한 '동경과 그리움의 정서'는 전통시가에서도 빈번하게 나타나고, 이들 노래는 '임의 부재성(不在性)', '과거 지향성', '수동성(受動性)'을 지닌다고 봤을 때,[3] 이 곡 역시 민요에서 트로트로 이어지는 한국 전통의 정서를 계승했다고 볼 수 있다.

사실, 주제가 사랑과 이별에 국한된다는 점에서 K-pop은 많은 비난을 받기도 한다. 똑같은 내용을 똑같은 방식으로 되풀이한다는 것이다. 하지만 화자가 처한 상황과 대응 방식에 따라서 이야기는 매우 다양하게 나올 수 있다. 예컨대, 사랑은 각 진행 단계에 있어 갖가지 상황을 만들어낸다.[4] 여기에 화자의 다양한 캐릭터까지 더해지면 무수한 이야기가 생겨난다. K-pop은 사랑에 대해 마냥 좋다거나 그립다거나 아프다거나 하지 않고 다양한 설정으로 최대한 다채롭게 감정을 표현했다.

> 어둠 속에 네 얼굴 보다가
> 나도 몰래 눈물이 흘렀어

---

2) 김창수, 「한국 근대시에 나타난 집 이미지 연구」, 고려대학교 대학원 박사학위논문, 2001, 20~21쪽.
3) 김대행, 앞의 책, 159~164쪽 ; 장유정, 앞의 논문, 82~84쪽에서 재인용.
4) "썸→사랑의 시작→절정→이별의 예감→이별의 순간→이별 직후→이별 후 시간 경과→아련한 미련→완전한 극복"(김이나, 『김이나의 작사법』, 문학동네, 2015, 224쪽. 김이나는 2015년 한국음악저작권협회가 선정한 대중 작사가 부문 대상 수상자이며, 2015년 저작권료 수입 1위의 작사가이다. 2003년부터 작사가로 활동하여 총 300여 곡을 만들었다. 책에서는 사랑과 이별을 다루는 다양한 방식과 그에 해당되는 여러 작품 사례를 들고 있다).

소리 없이 날 따라오며 비춘 건

Finally 날 알고 감싸 준거니

처음 내 사랑 비춰 주던 넌 나의 이별까지 본거야

You're still my No.1

날 찾지 말아줘 나의 슬픔 가려줘

저 구름 뒤에 너를 숨겨 빛을 닫아줘

그를 아는 이 길이 내 눈물 모르게

변한 그를 욕하진 말아줘 네 얼굴도 조금씩 변하니까

But I miss you 널 잊을 수 있을까

(I want you back in my life I want you back in my life)

나의 사랑도 지난 추억도 모두 다 사라져 가지만

You're still my No.1

보름이 지나면 작아지는 슬픈 빛

날 대신해서 그의 길을 배웅해줄래

못 다 전한 내 사랑 나처럼 비춰줘

— 보아 〈No.1〉(2002) 부분, 작사: 김영아 / 작곡: Ziggy / 편곡: 안익수, 김호현

SM엔터테인먼트의 체계적인 기획과 훈련을 거친 후 2000년 중학생의 나이로 데뷔한 보아는 이후 한국과 일본을 오가며 큰 활약을 펼쳤다. 특히 일본에서의 활동이 두드러졌는데, 일본 첫 정규 앨범인 《Listen to My Heart(리슨 투 마이 하트)》(2002)는 100만 장이 팔려 한국인 가수 최

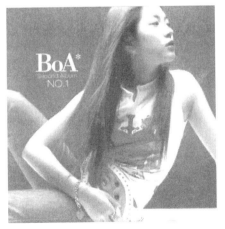

보아 2집 《No.1》의 재킷 사진.

85

초로 오리콘차트 1위에 올랐으며, 두 번째 정규 앨범 ≪Valenti(발렌티)≫(2004)와 베스트 앨범 ≪Best Of Soul(베스트 오브 소울)≫(2005) 역시 100만 장의 판매고를 올렸다. 2009년에는 미국 첫 정규 앨범 ≪BoA(보아)≫를 발매하기도 했다.

2002년 발표된 2집 타이틀곡 〈No.1(넘버 원)〉은 이별을 당한 화자의 심정을 달이라는 객관적 상관물을 이용해 표현했다. 흥미로운 점은 처음에는 달과 '그'의 이미지가 중첩되다가 나중에는 화자의 감정이 달에게 이입된다는 것이다. 이는 달이 지닌 '빛'의 속성과 관련이 있다. 표면적으로 달은 "처음 내 사랑 비춰 주던", 이제는 그 빛을 닫아 "날 찾지 말"고 "나의 슬픔 가려"주었으면 하는 대상이다. 그러나 사실 내 사랑을 환하게 비춰주었고, 이제는 날 찾지 말았으면 하는 것은 그이다. "But I miss you 널 잊을 수 있을까"에서처럼 잊고 싶지만 너무도 그리운 것은 달이 아니라 그이기 때문이다. 이때 빛은 그의 빛이다. 그런데 이것이 이후에는 나의 빛이 된다. 화자는 "보름이 지나" 슬픔의 빛이 작아지면 그를 위해 길을 밝혀주고 배웅해주길 바란다. "못 다 전한 내 사랑"과 그와 함께하고픈 마음이 달빛을 통해 전해지길 바라는 것이다. 그래서 아직도 화자에게 그는 'No.1'이다. 곡에서 달은 절대성과 영원성을 지닌 대상으로서 나와 그를 이어주는 매개체이다. 〈No.1〉은 이별 순간의 격한 감정을 직접 표출하는 것보다 이렇게 간접적으로 드러냄으로써 당혹스러움, 슬픔, 분노, 그리움 등의 복합적인 감정을 효과적으로 표현할 수 있었다.

K-pop에서의 사랑과 이별의 주제는 소비층의 수요와 성격에 따라 그 내용과 성패가 결정되기도 한다.

> 왜 내게 말을 못해
> 이미 지나간 일들 진부한 옛 사랑 얘기
> (I love you Tell me baby)

솔직히 말을 해줘
그렇지만 너에겐 오직 나뿐인 거야
(oh yeah)
두려워하지마 내 곁에 있는 걸
그대와 내 인생 저 끝까지
나를 믿어 주길 바래 함께 있어
Cause I'm your girl Hold me baby
너를 닮아 가는 내 모습 지켜 봐줘
Stay with me last forever yeah

— S.E.S. 〈I'm Your Girl〉(1997) 부분, 작사 · 작곡 · 편곡: 유영진

1997년 SM엔터테인먼트는 H.O.T. 성공의 여세를 몰아 이번에는 여자
아이돌을 만들어 데뷔시켰다. 3명의 고교생으로 구성된 S.E.S.는 세련되
고 신비로운 이미지와 예쁜 외모로 1997년 한 해에만 60만장의 음반 판매
고를 올리며 당시 남학생들로부터 큰 인기를 얻었다. 또 1년 뒤인 1998년
부터는 일본 활동을 시작했다.

S.E.S.는 〈I'm Your Girl(아임 유어 걸)〉에서처럼 횡키한 리듬에 역동적
인 춤을 추면서도 달콤한 노래를 불렀다. 이 노래의 화자는 새로운 사랑
을 시작하는 순정적인 소녀이고, 현재의 설레는 마음과 상대와 영원하고
싶은 소망을 솔직하게 표현했다. 이는 작사가가 당시 남학생들의 심리를
잘 파악하고 있었기 때문이다.

S.E.S.가 나오기 전까지 남학생을 상대로 한 여고생 아이돌 그룹은 없
었다. 현진영, 서태지와 아이들, 듀스, H.O.T.가 여학생들을 공략하는 동
안에도 남학생들은 이들을 함께 좋아하는 것에 만족해야 했다. 그러나
귀여운 외모와 사랑스러운 이미지를 앞세운 S.E.S.는 금세 남학생들의
많은 사랑을 받았다. 또 이를 잘 이용해 노랫말을 만든 것은 성공적인

전략이었다.5)

> 바람은 병이야 죽어야만 고쳐
> 그런 줄도 모르고 너를 사랑했어
> 둘도 없는 바람둥이 하필이면 나야
> 잊을거야 지울거야 기억에서 모두
> 우연히 만난 너 다른 여자 함께
> 무심하게 스치면서 웃어 넘긴거야
> 헤어져줘 고마웠어 Yo'story
> Ma'story 이젠 내겐 History
> 축하할게 남자 생겼다며
> 비밀이야 민주한테 뺏길라
> 민주주의 반드시 성공해줘
> 명심할게 널 위해서야 민주 조심해
> 세상 모든 남자들에게 고하노라
> 여자를 울리는 자
> 여자에게 버림받으리니
> 여자가 한을 품으면
> 오뉴월에도 서리가 내린다는 말
> 그건 전설이 아니었다
> 그만 마셔 정말 취하겠어
> 다시 안 와 다 끝난 일이잖아

---

5) "3명의 여고생들로 결성된 댄스그룹「SES」는 데뷔와 함께 남자 중고등학생들의 귀여움을 독차지 하면서 새로운 아이돌 그룹으로 떠오르고 있다."(오광수, "'여성판 HOT' 돌풍 여고 3인조 댄스그룹 SES",『경향신문』, 1997년12월22일자). "신세대 여성트리오 S.E.S의 인기가 하늘을 찌를 듯하다. 리듬앤드블루스 풍의 노래를 부르는 이들은 지난해 말 데뷔한 이래 빼어난 미모와 깜찍한 몸짓으로 젊은이들의 눈길을 사로잡고 있다."(정용관, "여성트리오 S.E.S 예뻐서 좋아",『동아일보』, 1998년03월10일자).

내버려둬 오늘만 울고 잊을 거야
민주주의 그 풀 수 없는 숙제만

> – 베이비복스 〈남자에게(민주주의)〉(1997) 부분,
> 작사: 한경혜 / 작곡 · 편곡: 원상우

If you wanna be my love I wanna be your star
하루에도 몇 번 씩 네가 보고 싶어
사랑한다고 하나뿐이라고 예쁘게 안아준다면 야야야
모든 것이 달라질 거야 야 야 oh
넌 항상 나에게 말했었지 친구일 뿐이라고
하지만 언제부턴가 넌 조금씩 내게 달라지는 걸 느껴
너의 손길에 들어있는 또 다른 느낌들을
네가 알고 싶은 나의 모든 것들을 다 네게 보여줄게

> – 베이비복스 〈야야야〉(1998) 부분, 작사 · 작곡 · 편곡: 김형석

어딜 가면 볼 수 있는지 알고 있어도 나 갈 수 없는 건
아마 몰라보게 수척해진 내 모습 보고 놀란 가슴으로 걱정할까봐
날 두고 떠나갈 때 마지막 내게 했던
그대 기억으로 울지 말라는 약속 지킬 수 없을까봐
네 맘에 없던 그 모진 말도 조금도 그댈 지울 수 없는 걸
난 알고 있어 언제나 그대 내 곁에 와 잠드는 걸

> – 핑클 〈Blue Rain〉(1998) 부분, 작사: 이승호 / 작곡: 신인수 / 편곡: 전준규

베이비복스는 1집 〈남자에게(민주주의)〉, 〈머리하는 날〉을 통해 강인한 '힙합 전사'의 이미지를 선보였다. 이는 H.O.T.의 콘셉트와 유사했지만 당시 한국 사회는 여성에게 보다 엄격한 잣대를 적용하고 있었고, 이를 부정적으로 보았다. 남학생들도 아직은 날카롭고 강인한 이미지보다 귀엽고 예쁜 이미지를 선호했다. 결국 베이비복스 1집은 실패했고, 1998

년 2집 타이틀곡 〈야야야〉를 통해 귀엽고 여성스러운 이미지를 내세운 끝에 성공할 수 있었다. 이는 DSP미디어가 기획한 핑클도 마찬가지여서 1998년 1집 ≪Fine Killing Liberty(파인 킬링 리버티)≫를 발표했을 때 특유의 청순함과 깨끗한 이미지로 남학생들에게 큰 사랑을 받았다.

베이비복스 2집 앨범 재킷과 핑클 1집 앨범 재킷 사진.

K-pop에서는 불륜이나 간통, 대상의 죽음으로 인한 이별, 잔인한 복수 등의 소재나 이야기가 잘 그려지지 않는다. 노골적이고 적나라한 상황 묘사와 표현은 가급적 하지 않고, 주로 도덕적이고 일반적인 상황을 기반으로 한다. 이는 청소년 소비층과 밀접한 관계가 있다. 즉, 〈청소년 보호법〉으로 인해 그것이 허용되기도 쉽지 않을뿐더러, 수용자의 입장에서도 그리 선호되지 않는다는 것이다.

1.1.2 저항과 비판의식의 가변성
K-pop에는 저항과 비판의 메시지를 담은 작품들도 더러 있다. 이는

〈교실이데아〉(1994), 〈Come Back Home〉(1995), 〈시대유감〉(1995) 등의 사회 비판적 노래를 선보인 서태지와 아이들의 성공 전략을 차용한 결과였다. 그러나 본질적으로는 기성 사회가 지닌 권위와 억압에 대한 저항의 발로라고 봐야 할 것이다. 주목할 점은 청소년 중심의 담당층으로 인해 저항의 대상이나 주제가 한정적일 수밖에 없다는 점이다. 이는 주로 입시 문제나 학교폭력, 기성세대와의 갈등을 다룬 초기 작품들에서 잘 나타난다. 그러나 이후에는 이마저도 찾기 힘든데, 이는 2000년대 중후반 이후 한류가 전 세계적으로 확산되면서 K-pop의 성향이 보다 보편적이 된 것에서 원인을 찾을 수 있다.

저항과 비판의식이 바탕이 된 풍자 혹은 해학의 노래는 시대마다 그 대상과 정도를 달리해왔다. 그도 그럴 것이 이들 노래가 가장 일반적이고 평범한 사람들의 노래였던 만큼 이들이 처한 현실이 어떠냐에 따라 표출되는 문제의식은 다를 수밖에 없는 것이다. 예컨대, 조선조에는 폐쇄적인 사회질서와 부조리한 계급제도 등에 항거했다. 그러나 폐쇄성 강한 사회에서 피지배층의 저항은 일정 부분 한계를 지닐 수밖에 없어 구체적인 사회 변혁의 계기로까지 이어지지는 못했다. 한편, 일제강점기에는 만요(漫謠)를 통해 근대문화에 대한 당대인의 모순적 세태를 풍자하고, 서민들의 욕망과 욕구를 솔직하게 묘사하여 해학적 웃음을 유발하였다.[6]

아 네가 네가 네가 뭔데
도대체 나를 때려
왜 그래 네가 뭔데
힘이 없는 자의 목을 조르는
너를 나는 이제 벗어나고

6) 장유정, 「일제강점기 만요(漫謠)를 통해 본 서민들의 삶과 문화」, 『한국민요학』제39집, 한국민요학회, 2013, 293쪽.

싫어 싫어 싫어
그들은 날 짓밟았어
하나 남은 꿈도 빼앗아갔어
그들은 날 짓밟았어
하나 남은 꿈도 다 가져 갔어
Say ya
아침까지 고개 들지 못했지
맞은 흔적들 들켜 버릴까봐
어제 학교에는 갔다 왔냐?
아무 일도 없이 왔냐?
어쩌면 나를 찾고 있을
검은 구름 앞에
낱낱이 일러 일러봤자
안돼 안돼리 안돼
아무것도 내겐 도움이 안돼
시계추처럼 매일 같은 곳에
같은 시간 틀림없이 난 있겠지
그래 있겠지 거기 있겠지만
나 갇혀버린 건 내 원한바가 아니요
절대적인 힘 절대 지배함
내 의견은 또 물거품

– H.O.T. 〈전사의 후예(폭력시대)〉(1996) 부분, 작사 · 작곡 · 편곡: 유영진

1996년 서태지와 아이들 은퇴 이후 SM엔터테인먼트는 H.O.T.를 발 빠르게 데뷔시켰다. 1996년 발표한 1집 타이틀곡 〈전사의 후예〉는 학원폭력문제를 다루고 있다. 피해학생의 고통과 심경을 사실적으로 드러내고, 가해학생과 방관하는 어른들을 비판적으로 표현했다. 주목할 점은 역시 '방관하는 어른들'이다.

어른들은 "학교에는 갔다 왔냐?", "아무 일도 없이 왔냐?"고 안부를 묻
지만 화자의 입장에서는 의례적인 인사일 뿐이다. 무자비한 폭력을 당하
는 절망적인 상황 속에서 무관심한 부모와 선생님, 그리고 사회는 아무
도움이 안 된다. 이러한 자각 앞에 화자는 더욱더 깊은 절망감에 빠지게
된다. "내 의견"은 모두 "물거품"이 되는 세상에 자신을 맹목적으로 가둬
버린 어른들을 가해학생보다 더 많이 원망할 수밖에 없는 이유가 여기에
있다. 즉, 화자에게 가해지는 폭력은 결국 어른들과 사회가 가하는 "힘"과
"지배"에 의해서인 것이다.

> 이제는 모든 세상의 틀을 바꿔 버릴 거야
> 내가 이제 주인이 된 거야
> 어른들의 세상은 이미 갔다
> 낡아빠진 것 말도 안 되는 소린 집어 치워
> The future is mine
>
> 아직까지 우린 어른들의 그늘 아래 있어 자유롭지 않은데
> 이런 저런 간섭들로 하루를 지새우니 피곤할 수밖에
> 언제까지 우릴 자신들의 틀에 맞춰야만 직성이 풀리는지
> 하루 이틀 날이 갈수록 우린 지쳐 쓰러질 것 같아
> 난 내 세상은 내가 스스로 만들 거야 똑같은 삶을 강요하지마
> 내 안에서 꿈틀대는 새로운 세계 난 키워가겠어
> We are the future

　　　　– H.O.T. 〈We Are The Future〉(1997) 부분, 작사 · 작곡 · 편곡: 유영진

1997년 발표된 H.O.T.의 2집 수록곡 〈We Are The Future〉는 기성세대
로부터의 독립과 탈출 의지를 표명하는 곡이다. 제목에서부터 선언적이
다. '우리가 미래'라는 언명에는 단순히 "어른들의 그늘"에서 벗어나고픈

93

치기 어린 청소년의 반항 심리를 넘어 담론을 사회적 수준으로 확장시키려는 의도가 숨어있다. 다시 말해, 기존의 방식으로는 더 이상 긍정적인 미래를 보장할 수 없다는 것이다. 이들에게 있어 "세상의 모든 틀"과 "어른들의 세상", "낡아빠진 것", "똑같은 삶"은 모두 깨부숴야 하는 대상이다. 세상의 새로운 주인으로서 보다 나은 내일을 맞이하기 위해서는 무언가 다른 잣대와 가치관이 필요하다는 논리이다.

"말도 안 되는 소린" 집어 치우라는 파격적인 표현과 자신만의 "새로운 세계"를 키워가자는 선동적인 메시지는 당시 청소년들의 많은 호응을 이끌어냈다. 그러나 이 곡에는 그 이상의 날카로운 비판의식이나 세태풍자가 존재하지 않는다. 즉, 어른들의 간섭으로 인해 "피곤"하거나 "지쳐 쓰러질 것" 같을 뿐, 현재 야기된 사회문제에 대한 진지한 성찰이 없는 것이다. 또 이러한 상황이 지속되면 사회가 어떤 방향으로 나아갈 것인지도 관심 밖이다. 이들이 주장하는 "새로운 세계"의 실체가 모호한 것도 바로 이 때문이다. 상업적 테두리 안에서 다소 추상적일 수밖에 없었던 K-pop의 저항의식과 메시지는 청소년의 직접적인 실천을 이끌어 내거나 지배구조를 송두리째 바꾸기에는 한계가 있었던 것도 사실이다.

> Ah rise up
> Do not mess around the time is up
> Gotto scream now who can mess with six
> not with this mix Booh watch this
> Ah rise up
> Do not mess around the time is up
> Gotto scream now who can mess with six
> not with this mix Booh watch this
> 아리 아리 아리요 스리 스리 스리예
> 아주 아주 아주 먼 길을 왔네

아리 아리 아리 공부 고개를
오늘도 넘어 간다
음악 미술은 저리 미뤄두고
국영수를 우선으로 해야
아리 아리 아리 인정받고
일류 대학으로 간다
소리가 나지 않는 전화처럼
난 아무 표현 없이
세상을 살아가고 있다
학교종이 땡 하고 울리면서
우리들의 전쟁은 다시 시작 된다
모두의 친구는 모두의 적
모두가 서로 모두 밟으려고
발버둥을 친다
이렇게 싸우다가 누가 살아남나
가엾게 뒤로 처진 자는 이젠 뭔가?
어디서 무얼 하다 이제 돌아와
아직도 숙제 안하고
나중에 넌 뭐할래?
어기적거리다가 남들 다 갈 때
너 혼자 인생 망치고
낙오자 돼 뭐할래?

　－ 젝스키스 〈학원별곡學園別曲〉(1997) 부분, 작사: 박기영 / 작곡 · 편곡: 이윤상

　1997년 DSP미디어(당시 대성기획)는 한 해 전 성공적으로 데뷔한 H.O.T.를 벤치마킹하여 젝스키스를 데뷔시켰다. 젝스키스는 1집 타이틀 곡 〈학원별곡〉을 통해 H.O.T.와 같은 저항적인 이미지를 선보였다. 강렬 하고 무거운 영어 랩으로 시작하는 〈학원별곡〉은 바로 다음 〈아리랑〉의 노랫말을 차용해 분위기를 재미있게 반전시킨다. 이 부분은 창법이나 멜

젝스키스 1집 《학원별곡》의 재킷 사진.

로디도 민요풍이다. 그리고는 곡 전반에 걸쳐 랩으로 입시와 교육 문제에 대해 노래한다.

H.O.T.가 〈전사의 후예〉를 통해 학원폭력을 다뤘다면, 젝스키스는 입시지옥의 현실을 다뤘다. 모두 청소년 소비자를 목표로 한 전략이었다. 이들은 기존 질서에 통제받는 청소년이 대리만족할 수 있는 우월한 대상으로 자리매김하고자 했다. 이것은 하고 싶은 말을 솔직하게 하는 노래에서뿐만 아니라 댄스와 의상에서도 드러난다. 이들은 마음껏 발산하는 육체 에너지, 교복이 아닌 헐렁한 힙합 패션, 귀걸이, 목걸이, 팔찌, 두건, 복면 같은 액세서리를 통해 청소년의 억압된 욕망을 자극했다. 성공적이었다. 20대의 입장에서 10대를 대변했던 서태지와 아이들과는 달리 H.O.T.와 젝스키스는 진정한 10대의 대변자로서 한동안 절대적인 인기를 누렸다.

절대 절명 그대들의 논쟁엔 논리가 없어
누구도 듣지 못하면 열지 못하면
절대 해답을 찾을 수 없어

난 가야 돼 가야 돼 나의 반이 정 바로 정 바로 잡을 때까지
정반합의 노력이 언젠가 이 땅에 꿈을 피워 낼 거야

— 동방신기 〈O-正.反.合.〉(2006) 부분, 작사 · 작곡 · 편곡: 유영진

2004년 데뷔한 동방신기는 한국과 일본을 오가며 최고 인기가수로 활약했다. 2004년 데뷔 년에는 '제15회 서울가요대상'에서 서태지와 아이들 이후 최초로 신인상과 본상을 동시 수상했고, 2년 뒤인 2006년에는 3집 앨범 ≪O-正.反.合.(오-정반합)≫이 (사)한국음반산업협회가 집계한 한 해 음반판매량 순위에서 약 35만장을 기록하며 1위를 차지함과 동시에, '제16회 서울가요대상', '제21회 골든디스크', 'SBS 가요대상'에서 대상을 수상했다.

일본에서는 일본 최대 음반 기획사인 에이벡스 트랙스(Avex Trax)에 소속되어, 2008년 아시아 그룹 및 남성 가수 최초로 오리콘위클리 차트 1위에 오른 것을 시작으로 2013년에는 해외 아티스트 역대 최다 1위(12회) 기록을 경신했으며, 일본 5대 돔 투어와 닛산스타디움

동방신기 3집 ≪O-正.反.合.≫의 재킷 사진.

공연으로 85만 명의 관객을 동원하여 한국 가수 역대 최다 기록을 세웠다. 2014년에는 한일 통산 음반판매량 1천4백만 장을 기록했다.

동방신기는 2001년 해체한 H.O.T.의 계보를 이은 SM엔터테인먼트의 남성 그룹으로, H.O.T.가 사용했던 성공 전략을 차용했다. 그중 하나가 3집 타이틀곡 〈O-正.反.合.〉과 같은 곡에서 보이는 사회 비판적인 메시지이다. 다른 점이 있다면 주제의 확장이다. H.O.T.에서는 주로 청소년의 삶에 한정된 이야기를 다뤘다면, 이 곡에서는 '정반합의 원리로 발전을 위한 사회적 합일을 이루자'라는 보다 포괄적인 이야기를 다루고 있

다. 매니지먼트사의 보도자료 등에서는 헤겔의 변증법까지 언급되는데, 이는 양자 간 동일 작자인 유영진의 사유의 변화에서 일차적 원인을 찾아야 할 듯하다. 즉, 깊이의 문제는 차치하더라도, 10년이라는 시간적 간극이 세상을 바라보는 사고와 시각의 확장을 가져왔다고 봐야한다는 것이다. 1971년생인 유영진이 이 시기 이미 30대 중반을 지나고 있었음을 감안한다면, 학교폭력과 같은 주제를 계속해서 다루기에도 쉽지 않았을 것으로 보인다. 그런데 이 곡 자체가 청소년을 포함한 대중적 인기를 얻었다고 보기는 힘들다. 물론, 앨범은 그 해 최고의 판매량을 기록했지만, 당시에도 언론을 통해 노랫말의 난해함과 대중성 문제가 많이 지적됐었고, 1980년대 그룹 다섯손가락이 불렀던 곡을 리메이크한 〈풍선〉이 같은 앨범에서 실제 더 큰 사랑을 받았기 때문이다. 그럼에도 불구하고 이 곡이 주목을 받거나 인기가 있었던 이유는 당시 동방신기의 팬덤이 워낙 컸기도 했거니와, 소위 'SMP(SM Music Performance, 에스엠 뮤직 퍼포먼스)'라 불리는 역동적이고 화려한 무대 퍼포먼스가 청소년의 마음을 사로잡았기 때문이다. 이는 SM엔터테인먼트 특유의 퍼포먼스 형식으로 그간 H.O.T., 신화, 블랙비트로 이어지며 발전된 것인데, 잘 생긴 외모의 남자 아이돌 5명이 무대 위나 뮤직비디오에서 보여주는 현란한 춤동작과 일사불란한 군무가 핵심적인 성공 요인이었던 것이다. 즉, 동방신기의 청소년 팬들은 〈O-正.反.合.〉의 노랫말이 주는 메시지에 공감했다기보다는 이들의 퍼포먼스에 더 열광했다고 봐야할 것이다.

이상을 정리하면, K-pop에 드러나는 비판의식은 기성 사회의 억압과 강압적인 규범에 대한 청소년 세대의 저항과 밀접한 관련이 있으며, 그 사회는 바로 당대 한국 사회라는 것이다.

1.1.3 향락과 자기과시 욕구의 새로운 조류

K-pop에서 사랑 다음으로 많은 비중을 차지하는 주제가 향락이나 쾌락의 추구 혹은 자기애나 자기과시이다. 분명히 다른 범주인 이 두 가지 주제는 상당 수 함께 드러나는 독특한 양상을 보인다. 향락, 즉 '인생을 즐기며 신명나게 놀아보자'는 식의 주제는 한국 고전시가에서도 흔히 찾을 수 있다. 그러나 자기애나 자기자랑, 자기과시는 그렇지 않다. 그럼에도 K-pop에 이러한 모습이 보이는 것은 서구의 힙합과 클럽 문화의 영향 때문이다.[7] 클럽 놀이 문화의 핵심은 누구보다 '멋'있게 노는 것이다. 이러한 의식이 K-pop에 투영되어 '누구보다 멋있는 내가 주인공이 되어 미친 듯 논다'는 식으로 표현되는 것이다. 우선 고전시가에 드러나는 향락에 대해 살펴보자.

노세노세
쉬지말고 놀아보세
낮에도 놀고 밤에도 노세.
바람벽에 그려진 누렁 수탉이
뒷날개 탁탁 치며
긴 목 느리우고
홰홰쳐 울도록 놀아나 보세.
인생은 아침이슬
아니놀고 무엇하리?

– 만횡청류 〈516〉 전문[8]

---

7) 양우석(「한국 랩의 형성과 케이팝의 발전」, 『음악학』제23집, 한국음악학학회, 2012)은 힙합의 랩을 차용해서 한국에 부합하는 새로운 장르를 만들어낸 것이 현재의 K-pop이라 하고, 한국 대중음악이 랩을 수용하는 과정에서 K-pop이 형성되었다고 보고 있다.
8) 조규익, 앞의 책, 2009, 298쪽. 조규익 교수의 현대어 풀이를 그대로 인용하되 원문

한 잔 먹세그려 또 한 잔 먹세그려
꽃 꺾어 산 놓고 무진무진 먹세그려
이 몸 죽은 후면
지게위에 거적 덮여 졸라매어 메여가나
유소보장에 만인이 울어 예나
억새 속새 떡갈나무 백양나무 숲에 가기만 하면
누른 해, 흰 달, 가는 비, 굵은 눈, 소소리 바람 불 때
뉘 한 잔 먹자할꼬
하물며
무덤 위에 잔나비 휘파람 불 제 뉘우친들 무엇 하리

– 정철 〈장진주사〉 전문9)

"방탕한 내용의 가사를 치렁치렁 늘어지는 곡조로 부르는 노래의 부류"
를 일컫는 《만횡청류》는 조선조 후기에 유행한 노래 장르이다. 김천택
이 편찬한 진본 『청구영언』(1728) 말미에 총 116수의 작품이 실려 있다.
중인을 포함하는 광범한 위항인의 노래, 혹은 평민의 노래였던 이들 작품
에는 당시 사람들의 생활상과 솔직한 감정이 고스란히 드러난다. 그중
〈516〉은 무한정 먹고 마시는 향락이 내용의 중심이 되고, 이는 송강 정철
의 〈장진주사〉에서도 마찬가지이다.

비록 두 화자 모두 현실에서의 쾌락을 추구하고 있지만, 그 바탕에는
인생의 짧고 덧없음에 대한 깨달음이 자리하고 있다. 즉, 후회 없이 마음
껏 노는 행위의 이유가 인간은 유한한 존재라는 피할 수 없는 진실에
대한 각성 때문인 것이다.10) 이때 '논다는 것', 그리고 이 노래 자체가

은 옮기지 않는다. 번호는 『청구영언』에 표기된 실제 개별 작품 번호.
9) 조규익, 앞의 책, 2007, 186쪽. 조규익 교수의 현대어 풀이를 그대로 인용하되 원문
은 옮기지 않는다.
10) 조규익, 앞의 책, 2009, 78~81쪽.

상당한 가치와 의미를 지니게 되는 것은 바로 이것이 죽음이라는 슬픔과 절망감을 극복하고 생에 대한 욕구를 고양시킨다는 점 때문이다.

이렇게 본다면, K-pop의 향락 역시 본질적으로는 고전시가의 그것과 같다고 봐야 할 것이다. 스트레스 해소라는 측면은 말할 것도 없거니와 '놀이'가 가진 재창조의 기능, 사회적 제약과 억압에 대한 극복의 목적은 모두 생에 대한 활력이나 욕구 충족으로 귀결되기 때문이다. 다른 점이 있다면 자기과시 욕구의 표출이다. 여기에는 2NE1의 노래가 대표적이다.

> 갈만큼 가겠지 오늘밤도 길겠지
> 분위기 타겠지 졸졸 따라 올 테지
> 난 참 바쁜 Girl
> I welcome you to my world 2NE1
> 아름다운 Seoul city 시끄러운 음악소리
> 까만 눈 갈색머리 따라 하긴 Too slow
> 태도는 확실하게 자신감 하늘 향해
> 뻔뻔 당당하게 원한다 해도
> Can't touch this
> 눈빛은 찌릿찌릿 심장을 Beat it Beat it
> 콧노래 Ladidadi 춤추는 Body Body
> 흥분은 No No 자 Here we go go
> 세상을 거꾸로 뒤집어 놓을
> Show Show
> Can't nobody hold us down
> 날 멈추려 하지 마
> 모두 미칠 때까지 다 지칠 때까지
> Tonight Can't nobody hold us down
>
> – 2NE1 〈Can't Nobody〉(2010) 부분, 작사 · 작곡 · 편곡: Teddy

누가 봐도 내가 좀 죽여주잖아
둘째가라면 이 몸이 서럽잖아
넌 뒤를 따라오지만
난 앞만 보고 질주해
네가 앉은 테이블 위를
뛰어다녀 I don't care
건드리면 감당 못해
I'm hot hot hot hot fire
뒤집어지기 전에 제발 누가 날 좀 말려
옷장을 열어 가장 상큼한 옷을 걸치고
거울에 비친 내 얼굴을 꼼꼼히 살피고
지금은 여덟 시 약속시간은 여덟 시 반
도도한 걸음으로 나선 이 밤

내가 제일 잘 나가
내가 제일 잘 나가
내가 제일 잘 나가
내가 제일 잘 나가

— 2NE1 〈내가 제일 잘 나가〉(2011) 부분, 작사 · 작곡 · 편곡: Teddy

2NE1이 2010년 발표한 〈Can't Nobody(캔트 노바디)〉는 "오늘밤도" 클럽으로 향하는 화자의 신나는 마음을 노래했다. 이 곡은 전체적으로 한 마디씩 각운을 맞춘 라임(Rhyme, 압운押韻)이 감각적이다. 아울러 노랫말의 호흡을 짧게 가져가 경쾌한 느낌을 줌으로써 한껏 들뜬 화자의 심정도 잘 표현했다. 화자는 "아름다운 Seoul city"에서 "시끄러운 음악소리"를 들으며 멈춤 없이 춤추고 놀고자 한다. 누구보다 "자신감"있고, "뻔뻔 당당하게" 밤을 즐기려는 것이다. 그 어떤 것에게도 구속받지 않고 향락과 쾌락을 추구하는 모습은 2NE1이라는 팀의 '멋진' 이미지를 강화시킨다.

2011년 발표한 〈내가 제일 잘 나가〉는 "내가 제일 잘 나가"라는 노랫말처럼 이들의 콘셉트를 가장 잘 나타내는 곡이다. "예쁜 가수보다 멋있는 가수를 더 좋아한다"는 양현석의 언급처럼 2NE1은 예뻐 보이려하기보다는 남들보다 멋있어 보이려 한다. 이는 힙합식 자기 자랑 언술과 관

2NE1 〈내가 제일 잘 나가〉의 재킷 사진.

련이 있다. 그러나 전통적인 흑인 힙합이 인종차별이나 사회 부조리에 의한 피해의식, 열등감의 방어기제로 이러한 방식을 사용한 것[11]과는 다

---

11) 미국 흑인힙합의 경우, 1990년대 이후 씬이나 크루 간, 혹은 개인 간 대결구도가 형성되면서부터 소위 '디스(diss)'나 '스웨거(swagger)'로 대변되는 자기 자랑 실천이 본격적으로 나타나기 시작했다. 전체 힙합씬의 긍정적인 발전을 위한 경쟁과정에서 각자의 삶과 철학, 성공한 인생스토리 등을 랩으로 풀어냈고, 그 속에 자신의 음악적 실력이나 부와 명성이 자연스레 과시되었던 것이다. 그러나 이것의 본질은 결국 힙합의 근원적 이념, 즉 인종주의적 차별에 대한 저항, 부조리한 사회에 대한 비판의식에 있다고 봐야할 것이다. 이들이 직접 경험하고 들려주는 성공스토리라는 것도 결국 백인 중심 사회의 온갖 차별과 억압을 이겨내고 이룬 성취가 중심이 되기 때문이다. 즉 흑인 힙합의 자기자랑 언술은 핍박받는 삶 가운데서도 반드시 지키고자했던 자기정체성과 자긍심의 발로라고 할 수 있다. 덧붙여, 패션에서도 이러한 모습이 잘 나타나는데, "미국 빈민가의 흑인들이 미국 내에서의 사회적 열등함을 만회하기 위해 상류층 백인들의 외관을 차용"(김서연・박길숙・정현숙, 「힙합의 문화적 성격과 관련한 힙합 패션의 특성 연구」, 『복식문화연구』제98권 제5호, 복식문화학회, 2001, 66쪽)해 금 장신구, 고가의 브랜드 옷 등을 과시하듯 입었다는 것이다. 이러한 논리는 흑인 특유의 거들먹거리는 말투와 과장된 행동 등에도 동일하게 적용할 수 있다.

르게 여기서는 주로 일상적 혹은 향락적 삶 속에서의 자신감을 표현하는 데 사용된다. 곡의 화자나 담당층이 처한 사회적 환경이 다르기 때문이다. 그런데 오히려 이렇게 본질은 사라지고 흔적만 남은 자기 자랑이 동양권 여자 가수에게서는 좀처럼 보기 힘든 개성적인 매력으로 작용했다. 도도함과 당당함으로 무장한 이들은 여자 청소년에게 선망의 대상임과 동시에 따라가고픈 롤모델로서도 부족함이 없었다.

이상과 같이 K-pop 노랫말의 주제는 대부분 사랑과 관련이 있지만 다양한 상황과 캐릭터 설정으로 최대한 다채롭게 이야기를 풀어낸다. 학교폭력이나 입시문제에 대한 사회 저항의식을 드러내기도 하는데, 이는 청소년으로 한정된 소비층과 관련이 있다. 힙합 클럽 문화의 영향으로 향락의 추구와 자기과시가 복합적으로 표현되는 양상을 보이며, 이는 멋지고 '쿨(Cool)'한 이미지로 부각되어 청소년의 소비를 이끌어낸다.

1.2 표현적 측면의 관습성과 시대적 변주

대부분 K-pop 작품의 표현 형식은 수사적이지 않고 쉽고 단순하지만, 비유나 상징의 수사적 표현이 발견되기도 한다. 주목할 점은 라임의 발달이다. 물론 라임이나 운을 맞추는 것은 지극히 일반적인 대중음악 작법이기는 하나 K-pop만큼 뚜렷하고 집요한 모습을 보이는 사례도 없을 듯하다. 이는 힙합의 영향 때문이다. 전통적으로 힙합에서는 멜로디는 거세되고 샘플링 된 비트에 맞춰 언어 감각만을 최대한 발휘할 수밖에 없었던 이유로 라임이 더욱 중요하게 부각되었다. 여기에 〈청소년 보호법〉도 일조했다. 청소년 보호라는 미명 아래 작동된 새로운 정치적 규제가 K-pop으로 하여금 심오한 의미나 메시지 전달보다는 언어유희만 천착하게 만든 것이다.

　무엇보다도 K-pop 노랫말은 한국어와 영어가 혼용되는 주된 특성을 지닌다. 이는 영어 노랫말이 더 세련되었다고 여기는 사람들의 심리에 기인한다.[12] 아울러 세계화 시대를 맞아 국제적 소비를 염두에 둔 매니지먼트사의 경영 전략과도 연관이 있다. 영미를 중심으로 한 외국 대중음악의 최신 흐름을 좇아 그대로 구현하고자 하는 한국 대중음악 생산자 집단의 욕망은 K-pop 시대에 접어들며 더욱 극심해졌다. 이러한 경향은 흑인 댄스음악을 표방하는 K-pop의 음악적 특성에서도 확인할 수 있다. 중요한 것은 K-pop 제작 과정에서 음악양식 뿐 아니라 영어 노랫말까지 차용하기 시작했다는 것이다. 이는 새로움을 추구하는 청소년 소비자에게 유효하게 작용해 점차 그 비중이 늘어갔다. 영어 노랫말은 이전까지 한국 대중음악 노래들과는 확연히 차별화되는 특징이었기 때문이다.[13] 자연스레 각 매니지먼트사에서는 교포 출신의 가수들을 선발해 데뷔시켰는데, 이들은 영어 랩을 전담하며 세련미와 정통성을 보여주고자 했다. 또 이들의 외국어 구사 능력은 해외활동을 할 때에도 유용하게 사용되었고, 이때 영어 노랫말은 해외소비자를 향한 의미전달의 기능도 충실히 담당했다.

1.2.1 라임과 언어유희, 비유의 지속성

　　고개 위에 우뚝 선 소나무 바람 불 때마다 흐느적 흐느적.
　　개울에 서 있는 버드나무 무엇때문인지 흔들흔들.
　　임 그려 우는 눈물은 말할 것도 없거니와
　　입과 코는 어이 무슨 일로 후루룩 비쭉 하느냐.

　　　　　　　　　　　　　　　　　　　　　　- 만횡청류 〈511〉 전문[14]

---

12) 천재윤, 「한국 대중가요에 나타난 영·한 혼용 가사에 대한 사회언어학적 연구」,
　　전북대학교 대학원 석사학위논문, 2003, 29쪽 ; 한성일, 앞의 논문, 480쪽에서 재인용.
13) 박준언, 앞의 논문, 96쪽 참고.

찰랑 찰랑 찰랑대네 잔에 담긴 위스키처럼
그 모습이 찰랑대네 사랑이란 한잔 술이던가
그대는 나를 취하게 하는 사랑이었고
가까이에서 이 마음을 자꾸 흔들었어
촉촉이 젖은 눈빛 하나로 이 마음을 적셔 주었어

— 이자연 〈찰랑찰랑〉(1995) 부분

울렁울렁 울렁대는 나의 가슴이 콩닥콩닥 콩콩닥 콩닥
펄럭펄럭 펄럭대는 너의 옷깃이 섹시섹시 섹섹시 섹시
비가오나 눈이오나 바람부나 낙엽지나 사랑하는 님을 찾아 헤매고
기다리는 나의 님이 어디선가 불러줄까 내 가슴 벌렁거리네
내 사랑 흔들흔들 흔들거리네

— 크레용팝 〈헤이 미스터〉(2014) 부분

이 세 작품은 대상에 대한 그리움 혹은 사랑의 설렘을 노래했다. 시간과 장르상의 간극에도 불구하고 이들 모두 '흔들', '찰랑', '울렁', '펄럭'과 같은 의성·의태어를 반복적으로 사용하고 라임을 맞춤으로써 화자의 심정을 효과적으로 드러냈다. 특히 만횡청류 〈511〉은 화자의 심리상태가 나무에 투영되어 "흐느적 흐느적(원문: 흔덕흔덕)", "흔들흔들", "후루룩 비쭉"이 동일한 상태를 지시하게 되고, 이로 인해 작품의 정서가 슬픔에서 웃음으로 바뀌게 되는데, 이러한 화자/사물 간 합일의 과정은 트로트 〈찰랑찰랑〉에서도 잘 나타난다.

화자의 "자꾸 흔들"리고 설레는 마음은 "잔에 담긴 위스키처럼" "찰랑찰랑"댄다. 술과 화자가 동일시되고 있는 것이다. 이는 "그대 잔속에서 찰랑찰랑대는 술이 되리라"는 다짐을 통해 또 한 번 확인된다. 사실, 사랑

---

14) 조규익, 앞의 책, 2009, 339쪽.

으로 인해 설레는 화자의 마음을 '찰랑찰랑댄다'고 표현하는 것은 이전까지 흔치 않았다. 결과적으로 이러한 생동감 넘치는 표현으로 인해 노래는 대중적 인기를 얻을 수 있었는데, 이렇게 재미난 발상과 유머코드는 대중성을 확보하는 좋은 조건이 된다. 이는 K-pop인 〈헤이 미스터〉에서도 확인된다.

크레용팝의 〈헤이 미스터〉는 2014년 방영된 KBS 2TV 월화드라마 〈트로트의 연인〉의 OST로 발표되어 드라마의 인기와 함께 많은 사랑을 받았다. 드라마의 중심 소재가 트로트였던 만큼 노래 역시 멜로디, 추임새 등에서 트로트의 여러 작법을 차용했다. 이중 주목할 것은 여러 의성·의태어의 사용이다. "울렁울렁", "콩닥콩닥", "펄럭펄럭", "흔들흔들" 등 사실적인 단어를 반복 사용함으로써 화자의 감정을 보다 생동감 있게 드러내는 동시에 정한의 진지함보다는 상황의 해학성을 더욱 부각시켰다. 이는 사람들의 많은 공감을 이끌어내는 역할을 했다.

Sorry Sorry Sorry Sorry
내가 내가 내가 먼저
네게 네게 네게 빠져
빠져 빠져 버려 Baby
Shawty Shawty Shawty Shawty
눈이 부셔 부셔 부셔
숨이 막혀 막혀 막혀
내가 미쳐 미쳐 Baby
바라보는 눈빛 속에
눈빛 속에 나는 마치
나는 마치 뭐에 홀린 놈
이젠 벗어나지도 못해
걸어오는 너의 모습

너의 모습 너는 마치
내 심장을 밟고 왔나봐
이젠 벗어나지도 못해

- 슈퍼주니어 〈쏘리 쏘리(SORRY, SORRY)〉(2009) 부분,
작사: 유영진 / 작곡: 유영진

K-pop의 영어 노랫말은 여러 기능을 지닌다. 그중 대표적인 것이 라임 맞추기와 의미 강조이다. 앞서 분석했던 〈No.1〉의 경우, "Finally(파이널 리)"는 "소리 없이"와 각운을 맞춘 것이다. 또 "But I miss you"(난 네가 그리워)는 "널 잊을 수 있을까"와 연결되어 노래의 주제를 강조한다. "I want you back in my life"(네가 돌아오길 바라)와 "You're still my No.1"(여전히 너밖에 없어)도 이와 동일하다. K-pop에서는 이러한 쓰임새를 가진 영어 노랫말이 흔히 발견된다.

슈퍼주니어 3집 ≪쏘리 (SORRY, SORRY)≫의 타이틀곡 〈쏘리 쏘리〉는 국내외에서 많은 인기를 얻었는데, 국내에서는 25만 장의 음반 판매량을 기록하며 2009년 최고 순위를 차지했고, 특히 대만 최대 온라인 음악 사이트 KKBOX의 주간차트에서는 36주간 1위를 차지했다.

이 곡이 보여주는 언어유희는 대단히 흥미롭다. 주문처럼 단조롭게 읊조리는 노랫말은 반복과 연쇄를 통해 중독성 있는 율동감을 만들어낸다. 발음이 유사한 단어를 반복적으로 사용하면서 대구를 맞춰 의미까지 통하게 하는 것은 매우 어렵다. 자칫 작위적으로 보일 수 있기 때문이다. 더군다나 작곡가가 영어나 영어 느낌이 나는 발음으로 가이드[15]해 놓은 것을 참고하여 작사하는 K-pop의 제작 환경에서는 그럴 가능성이 훨씬 더 크

---

15) "보컬의 멜로디가 이러이러하게 진행될 것이라고 누군가가 시범으로 먼저 불러놓은 것이다. 아무 뜻이 없는 외국어(혹은 외계어)로 녹음돼 있는 경우가 많은데, 이 안에 발음 디자인의 힌트가 많이 숨어 있다."(김이나, 앞의 책, 99쪽).

108

다. 의미 없이 불러놓은 가이드 노랫말에서 인상적이고 좋은 부분은 작사가가 살리는 경우가 많은데, 이때 나머지 노랫말은 그와 별 상관없는 내용이 되기 쉽기 때문이다. 그런 점에서 〈쏘리 쏘리〉의 작법은 주목할 만하다. 물론 전체적인 상황과 "Sorry Sorry Sorry Sorry"(쏘리 쏘리 쏘리 쏘리)라는 표현은 그리 연관성 있어 보이지는 않지만, 그것만 제외한다면 "Sorry"(쏘리), "Shawty"(쏘리)의 대구, "내가", "네게"의 대구, "눈이", "숨이"의 대구, "먼저", "빠져", "버려", "부셔", "막혀", "미쳐", "Baby"(베이베)의 대구는 사랑하는 상대에게 마약처럼 빠져 들어간다는 의미와 잘 어울려 독특한 이미지를 자아낸다. 이것이 가능했던 것은 작사가와 작곡가가 같기 때문일 것이다. 이 경우 작곡가는 자신이 만든 곡에 가장 잘 어울리는 노랫말을 보다 수월하게 붙일 수 있다. 이는 곡 콘셉트에 맞춰 안무를 짜기에도 유리해 전체적으로 통일성 있는 콘텐츠를 제작하기에 용이하다.

어디보자 읽어보자 네 맘을 털어보자
에메랄드 훔쳐 박은 눈동자 스륵스륵
머리부터 발끝까지 스캔해 징징윙윙
칼날보다 차갑게 그 껍질 벗겨내
난 지금 Danger 한 겹 두 겹
페스츄리처럼 얇게요 Danger
스며들어 틈 사이 꿀처럼 너는 피노키오
너밖에 모르는 내가 됐어
아슬아슬 위태위태 시작되는 쇼
따랏따랏 땃따따 짜릿짜릿 할 거다
궁금 투성이의 너 꼼짝 마라 너
조각조각 땃따따 꺼내보고 땃따따
맘에 들게 널 다시 조립할거야
I'm in Da Danger 피노키오

Re-mem-mem-mem-ber me 피노키오

Remember me

나는 의사 선생님은 아냐

그냥 널 알고 싶어

너란 미지의 대륙의 발견자 콜럼버스

심장이 막 뛰어 뛰어 내 맘을 어떻게 해

어릴 적 아빠랑 샀던 인형처럼

— f(x) 〈피노키오(Danger)〉(2011) 부분, 작사: Misfit, Kenzie / 작곡 · 편곡:
히치하이커, Alex Cantrall, Jeff Hoeppner, Dwight Watson

전 전 전류들이 몸을 타고 흘러 다녀

기 기 기절할 듯 아슬아슬 찌릿찌릿

충 충 충분해 네 사랑이 과분해

격 격 격하게 날 아끼는 거 다 알아

블랙홀처럼 (Yeah) 빨려 들어가 (Haha)

끝이 안보여 (Yeah) 떨어져 쿵 (Oh)

여기는 어디? (Yeah) 열심히 딩동딩동

도대체 난 누구? (A-Ha)

머릿속이 빙그르르르르

점점 빨라지는 Beat

점점 더 크게 뛰는데

이미 한계를 넘어선

I'm in shock E-Electric Shock

Nananananananana Electric

Nananananananana Electric

Nananananananana E-E-E-Electric

Shock

Nananananananana Electric

Nananananananana Electric

Nananananananana E-E-E-Electric

Shock

— f(x) 〈Electric Shock〉(2012) 부분, 작사: 서지음 / 작곡 · 편곡: Joachim
Vermeulen Windsant, Maarten Ten Hove, Willem Laseroms

　SM엔터테인먼트가 2009년에 데뷔시킨 f(x)는 한국 · 미국 · 중국의 다양한 국적으로 이루어진 5인조 여자 아이돌이다. 팀에는 중성적인 매력을 가진 멤버도 속해 있는데, 이는 f(x)라는 팀명과 함께 무언가로 확정되지 않은 정체성과 이미지를 드러낸다. 10대 소녀 감성과 톡톡 튀는 매력으로 또래의 공감을 이끌어내기 위한 노력은 말장난 같은 노랫말에 잘 나타난다.

　2011년 발표된 1집 타이틀곡 〈피노키오(Danger)〉는 좋아하는 대상을 알고 싶고 자기만의 것으로 만들고 싶은 화자의 심정을 참신한 발상으로 노래했다. 화자는 "너"를 나무 인형인 피노키오로 상정해 "페스츄리처럼 얇게", "칼날보다 차갑게 그 껍질 벗겨"낸다거나 "조

f(x)의 1집 《피노키오》의 재킷 사진.

각조각 꺼내보고 맘에 들게 널 다시 조립"하고자 한다. 영화 〈미저리〉를 연상시키는 화자의 이러한 집착은 "아슬아슬 위태위태" 위험해 보이지만 10대 소녀의 귀여운 상상에만 머문다. 너로 인한 설렘은 "어릴 적 아빠랑 샀던 인형처럼" 순수하기 때문이다. 물론 "털어보자", "훔쳐 박은", "스캔

해 징징윙윙", "칼날보다 차갑게" 같은 표현에서 대담함과 섬뜩함이 느껴지는 것도 사실이지만 덕분에 어디로 튈지 모르는 소녀 이미지가 잘 형상화되었다.

2012년 발표된 두 번째 미니앨범의 타이틀곡 〈Electric Shock(일렉트릭 쇼크)〉은 사랑에 빠진 화자의 "찌릿찌릿"한 감정을 소녀들의 언어로 재미있게 묘사했다. "전", "기", "충", "격"을 맨 앞에 넣어 노랫말을 만든 것도 기발하지만, 무엇보다 전기충격의 느낌을 최대한 살리려 짧게 끊어지며 진행되는 멜로디에 노랫말을 절묘하게 맞춘 점이 감각적이다. 이러한 기법은 "E-E-E-Electric Shock"(이-이-이-일렉트릭 쇼크)에서도 보인다.

"아슬아슬", "찌릿찌릿", "딩동딩동", "빙그르르르르"와 같은 의성·의태어는 노래에 재미와 생동감을 더하고, "여기는 어디?", "도대체 난 누구?"와 같은 일상적 발화와 함께 쓰여 단조로움의 여지를 없앤다. 이와 함께 "전류", "기절", "블랙홀", "한계"와 같은 그간 대중음악 노랫말로는 잘 쓰이지 않았던 노랫말이 많이 보이는데, 이는 익숙하고 관습적인 것을 거부하고 언어의 새로운 쓰임과 해석을 추구하는 청소년의 언어습관과 관련이 있다. 이들은 상황에 어울리는 표현만 해야 된다는 고정관념에서 벗어나 끊임없이 자신들만의 언어를 만들어내기 때문이다.

이러한 경향은 인터넷과 모바일이 발달함에 따라 더욱 심해졌다. IT의 발달은 기존 언어 질서를 급속도로 해체시켰다. 이는 대중음악에도 곧바로 반영되었는데, K-pop 노랫말에 보이는 비현실적이고 비문법적인 표현들, 또 많은 부분 축약되고 문맥에 맞지 않는 표현들은 오히려 IT환경에 익숙한 청소년에게는 지극히 일반적이고 일상적인 표현이었던 것이다.

들입다 바드득 안으니
가는 허리 자늑자늑

빨간 치마 걷어올리니
눈 같은 살결이 풍만하고
다리를 들고 걸터 앉으니
반쯤 핀 홍모란이
봄바람에 활짝 피었구나.
나아가고 물러가길 반복하니
숲이 우거진 산 속에
물방아 찧는 소리로구나.

- 만횡청류 〈519〉 전문[16]

백화산 산머리에
낙락장송 휘어진 가지 위에
부엉이 방귀 뀐
수상한 옹도라지
길쭉넙쭉, 우둘투둘,
뭉글뭉글하거나 말거나
임의 연장이 그렇기만 하면
참으로, 그렇기만 하면
벗고 굶을진들
무슨 성가신 일이 있을까?

- 만횡청류 〈545〉 전문[17]

성적 쾌감에 관한 이야기를 육감적인 몸짓과 음성으로 노래한 블루스 시대 많은 가수들로부터 현재에 이르기까지 대중음악 역사에서 여성 가수의 섹스어필은 사람들의 이목을 집중시키는 가장 효과적인 방법 중 하나였다. 아울러 성에 대한 탐닉은 인간의 가장 원초적인 부분과 맞닿아

---

16) 조규익, 앞의 책, 2009, 308쪽.
17) 위의 책, 314쪽.

있어서 대중음악에서뿐만 아니라 범위를 넓혀보더라도 이와 관련된 노래
는 적지 않게 발견된다. 그중 대표적인 것이 ≪만횡청류≫이다. 이들 작
품에서는 당시 사람들의 성적 욕망을 엿볼 수 있다. 자연스러운 감정 표
출을 위해 노골적인 표현을 서슴지 않으면서도 당시의 사회적 제약 때문
에 은유 등의 수사법 역시 다양하게 사용되었다.

〈519〉는 성행위 순간을 사실감 있게 묘사했고, 〈545〉는 "임의 연장"(남
성 성기)이 "길쭉넙쭉, 우둘투둘, 뭉글뭉글"한 "옹도라지"(나무 그루터기)
같기를 바라는 심정을 발칙하게 표현했다. 두 작품 모두 솔직한 감정을
은유적으로 드러냈다. 〈519〉에서는 여성 성기를 "반쯤 핀 홍모란"으로,
"나아가고 물러가길 반복"할 때 나는 성행위 소리를 "물방아 찧는 소리"로
비유했다. 원관념이 표면적으로 드러나지 않아 상징으로도 볼 수 있으나
이 작품에서는 보조관념이 의미하는 바가 워낙 명확하다. 〈545〉에서는
남성 성기를 상징하는 "연장"을 "옹도라지"로 비유했다. 이러한 표현 기법
은 노래에 재미를 더하면서 사회 규범을 비껴가는 데 효과적으로 작용한
다. 이는 K-pop에서도 흔히 볼 수 있다.

> 왜 자꾸 열이 나는 거죠
> 온몸이 자꾸 자꾸만
> 다 달아오르지요 자꾸만
> 왜 자꾸 아찔아찔하지요
> 정신이 없어 자꾸만
> 저 죽을 것 같지요 자꾸만
> 사랑 사랑 지금껏 말로만 했던 건지
> 그댈 만나고 난 느껴요 난
> 진짜 사랑이 뭔지
> 그댄 나를 기쁘게 해요
> 그댄 나를 느끼게 해요

처 처음처럼 처 처음처럼
그댄 나를 미치게 해요
자꾸 자꾸 원하게 해요
처 처음처럼 처 처음처럼
처 처음처럼 처럼 처럼
처 처음처럼 처럼 처럼
처 처음처럼 처럼 처 처 처 처럼 처럼

         – 티아라 〈처음처럼〉(2009) 부분, 작사·작곡: 방시혁 / 편곡: 원더키드

한국과 일본을 오가며 활발히 활동한 여성 6인조 그룹 티아라의 〈처음처럼〉은 "그대"를 만나 마치 "처음처럼" 느끼는 사랑의 감정을 노래했다. 겉으로 드러나는 것은 화자의 설레고 두근대는 '감정'이지만 실제 의미하는 바는 '육체적 관계'일 수 있다. "온몸이 자꾸 달아오르"고 "아찔아찔" "정신이 없어 자꾸만 죽을 것" 같은 상태는 성행위에 기인한 것일 가능성이 크기 때문이다.

난 몰라 순진한 척 하는 네 동공
날 네 맘대로 들었다가는 놓고
Then I feel loco oh oh
날 미치게 만들어 강제 탑승한 Roller
Co Coaster Yo Su Such a monster
Hey baby boy
빙글 빙글 빙글 돌리지 말고 넌
Hey baby boy
아슬아슬하게 스치지 말고 넌
그만 좀 건드려 건드려
애매하게 건드려 넌 위아래 위 위아래
자꾸 위아래로 흔들리는 나

Why don't you know
don't you know don't you know
확실하게 내게 맘을 보여줘
Why don't you know
don't you know
don't you know
yeah
위아래 위 위아래 위아래 위 위아래
위아래 위 위아래
up up up down down

- EXID 〈위아래〉(2014) 부분, 작사 · 작곡: 신사동 호랭이, 범이, 낭이,
LE / 편곡: 신사동 호랭이, 범이, 낭이

[그림 3-1] EXID의 <위아래> 댄스

2014년 발표된 여성 5인조 그룹 EXID의 〈위아래〉 역시 마찬가지이다. 노래의 화자는 "너"로 인해 마음이 흔들리지만 불안하다. 상대가 마음을 확실하게 보여주지 않기 때문이다. 화자는 상대가 "빙글 빙글 빙글 돌리지 말고", "아슬아슬하게 스치지 말고", "애매하게 건드"리지도 말고, "확실하게 내게 맘을 보여"주길 원한다. 이 노래는 이렇게 겉으로는 '마음'을 다루는 것처럼 보이지만 사실은 '몸'을 다루고 있다. '괴물 같은 롤러코스터'에 탄 듯 "자꾸 위아래로 흔들리는" 상황은 "나아가고 물러가길 반복"하는 것처럼 남녀 간의 성행위를 환기시키기 때문이다. 여기에 골반을 앞뒤로 움직이는 뇌쇄적인 춤동작까지 더해져 성적 이미지가 강화된다.

> 너만을 유혹하는 춤 (우우우우우우우)
> 심장에 매력 발산 중 (우우우우우우우)
> 손끝만 스쳐도 막 쿵쿵쿵쿵 Oh
> 내 맘이 흔들려
> Shake it shake it for me
> Shake it shake it for me
> 나나나 나나나 나나나 (Hey!)
> 나나나 나나나 나나나 (Hey!)
> 짜릿한 이 느낌 날 춤을 추게 해
> 지금 이 순간 Shake it
> Bae bae baby
> Love me love me love me now
> 흔들리는 내 맘 모르겠니
> So let's dance
> Just shake it let's dance
> 좀 더 Hot하게 완전 와일드하게
> Make it louder 우우우
> 더 크게 Make it louder 우우우

날 자꾸 흔들어 흔들어
놀라게 흔들어 (Shake it oh shake it)
밤새 나와 Shake it baby
아주 Fun하고 Smart하게
(흔들 흔들어)
온몸이 찌릿찌릿 우리 둘이
(흔들 흔들어)
심하게 통하니 여기 불났으니
When I move 움직여 자리 잡았으니

– 씨스타 〈SHAKE IT〉(2015) 부분, 작사 · 작곡: 이단옆차기,
핫띠 / 편곡: Glory Face

[그림 3-2] 씨스타의 <SHAKE IT> 댄스

　2015년 발표된 여성 4인조 그룹 씨스타의 〈SHAKE IT(쉐이크 잇)〉에서
도 성적 이미지가 드러난다. 춤을 발생시키고 발달시킨 핵심 동인 중 하
나가 성행위 모방이다. 이는 풍요나 다산의 기원, 그리고 인간의 기본적
욕망과 관련이 있기 때문이다. 이에 대중음악에서도 춤은 성행위의 상징
으로 그간 많이 사용되었다. 〈SHAKE IT〉에서도 "Shake it"이라는 성 상징

의 전형적인 표현과 함께 춤이 곡의 중심이 된다.

"너만을 유혹하는 춤"은 나를 위해 네가 "좀 더 Hot하게 완전 와일드하게" 흔들어주길 바라는 춤이다. 또 내가 좀 더 크게 소리 지르게끔 하는 춤이다. 밤새 "우리 둘이" 흔들어대는 행동은 겉으로는 춤을 의미하지만 사실은 성행위를 의미한다. "심하게 통하니 여기 불났으니 When I move 움직여 자리 잡았으니"라는 노랫말에서도 다분히 성적 이미지를 떠올리게 한다. "여기 불났으니"라며 추는 춤이 [그림 3-2]이기 때문이다.

이렇게 이들 노래에서 보이는 상징적 표현은 〈청소년 보호법〉과 관련이 있다. 〈청소년 보호법〉에 의한 규제는 K-pop 노랫말을 라임 맞추기와 같은 언어유희에 천착하게 하면서 이와 같이 비유의 수사를 적극 활용하게끔 만들었다. 그런데 이러한 검열과 제약은 K-pop으로 하여금 예상치도 못한 긍정적인 결과를 낳게 하였다.

정치적 이유로 비논리적으로 행해졌던 1970년대 유신정권의 대중음악 규제 정책이 1987년 6월 항쟁을 계기로 수그러들고, 가수 정태춘의 주도로 1996년 음반사전심의제도가 폐지된 이후에도 청소년 보호를 목적으로 한 국가 차원의 대중음악 규제와 심의는 계속되었다. 1997년 제정된 〈청소년 보호법〉에 따라 청소년보호위원회가 심의하고 결정하는 '청소년유해매체물'은 대중음악 분야도 예외가 아니어서 청소년유해매체물로 지정된 음반이나 음원, 뮤직비디오는 등급이 매겨져 청소년의 구매 등의 접근이 제한되었다. 무엇보다도 방송사의 심의 또한 반드시 통과해야했는데, 이때 기준이 되는 선정성·음란성·폭력성 등의 요소가 판정의 모호함과 형평성의 문제에도 불구하고 항상 강력하게 작동했다. 이에 K-pop의 노랫말과 음악, 패션, 댄스 퍼포먼스, 뮤직비디오는 청소년 보호를 위한 건전함과 도덕성 유지에 최대한 노력해야했다.

딸이랑 엄마가 같이 즐길 수 있는 가사여야 한다는 겁니다. 엄마가 '내 딸이 좋아하는 곡인데 들어볼까?' 했을 때 실제로 즐길 수 있는 곡이냐 아니냐가, 실제로 히트곡이 되느냐 아니냐의 차이가 되거든요. 같이 들었을 때 조금 민망해질 수 있는 가사는 그래서 피하는 것 같습니다. 예외적으로 약간의 섹시 코드가 들어갈 때도 있지만요. (이성수 SM엔터테인먼트 프로듀싱팀 실장)18)

1997년 H.O.T.가 2집 ≪Wolf And Sheep(울프 앤 쉽)≫을 성공적으로 발표했을 때, KBS는 타이틀곡 〈늑대와 양〉 노랫말에 사용된 비속어와 멤버들의 염색된 머리, 화려한 액세서리, 기괴한 복장 등의 유해성을 문제 삼아 방송활동을 금지시켰다. 이에 H.O.T.는 액세서리를 하지 않거나 두건을 쓰는 등의 조치를 취하고 무대에 서기도 했지만 이내 지나친 규제라 반발하며 방송사와 갈등을 빚었다. 이후 이러한 일이 종종 발생하면서 적지 않은 논란이 불거졌지만, 아이돌과 매니지먼트사는 이를 따를 수밖에 없었다.

시간이 가고 시대가 변함에 따라 심의의 기준이 세분화되고, 그에 따른 규제도 완화되었지만 여전히 K-pop은 표현에 있어 자유롭지 않다. 욕설과 선정적인 표현은 쓰지 못했고, 폭력적이거나 음란한 동작도 하지 못했다. 돈(도박), 섹스, 마약, 술, 담배의 언급은 금기되었다. 반드시 필요한 부분은 상징적이거나 함축적으로 표현했다. 정도의 차이는 있지만 항상 규정된 선을 지켰다. 그런데 이러한 제작 환경은 청소년 시장 공략의 촉매제 역할을 했다. 유해요소가 없는 안전한 콘텐츠로서 기성세대가 K-pop의 소비를 용인했을 뿐만 아니라, 청소년 자신들에게도 K-pop은 혐오스럽지 않고 거부감 들지 않는 '멋있고 예쁜' 콘텐츠였던 것이다. 심

---

18) 김이나, 앞의 책, 73쪽.

지어 K-pop의 이러한 건전하고 대중적이며 보편타당한 가치 추구는 예상치 못한 곳에서도 성공을 거두게 된다.

중국이나 일본, 동남아시아를 비롯하여 중동, 중남미, 유럽, 북미에 이르기까지 K-pop의 성공을 이끈 요인 중 하나는 건전성이다. 프랑스의 사회학자 프레데릭 마르텔(Frederic Martel)[19]은 5년이 넘는 시간 동안 30여 개국을 직접 돌아다니며 세계 대중문화산업을 이끄는 '메인스트림(주류)'에 대해 탐문 조사했다. 특히 한 국가, 한 문화의 콘텐츠가 다른 곳으로 가 주류가 되는 과정에 주목했는데, 그는 1960년대 미국에서 모타운의 흑인음악이 백인을 상대로 성공을 거둘 수 있었던 것은 짧은 노래 속에서 소박한 이야기, 위대한 사랑, 가족의 행복을 노래하고, 중산층 백인들에게 덜 위협적으로 보이도록 흑인 미녀들이나 아이들을 내세웠기 때문이라고 말한다.

또 그에 따르면, 중국에서의 영화 배급은 삼엄한 검열을 통과한 후에야 가능한데, 섹스 · 폭력 · 정치 · 이슬람 · 중국 역사에 대한 왜곡 · 텐안먼 사태에 대한 일체의 암시적 표현 등은 모두 금지된다. 그래서 성공을 거두는 것은 대개 〈쿵푸 팬더〉와 같은 가족 블록버스터이다. 발리우드로 유명한 인도의 영화에서는 절대로 성에 대해 이야기해서는 안 되고, 부모 앞에서 상스러운 말을 해서도 안 되고, 키스하는 장면을 보여줘서도 안 되고, 성적 암시를 주는 어떤 말도 해서는 안 된다. 동남아시아를 비롯해 중동, 터키, 이집트 등 이슬람 국가에서 큰 인기를 얻고 있는 한국의 드라마는 유교주의 정신이 중심 가치이다. 결국 어디에서나 통할 수 있는 콘텐츠의 건전하고 안전한 성향이 성공의 열쇠라는 것인데, 심지어 그는 전 세계의 모든 멀티플렉스가 성공을 거둔 결정적 요인이 가족과 젊은이

---

19) 프레데릭 마르텔, 『메인스트림』, 권오룡 옮김, 문학과지성사, 2013.

들에게 안전한 장소이기 때문이라고 말할 정도이다.

　다양한 생각과 상이한 문화를 가진 세계인을 상대하기 위해서는 보편적 가치관이 바탕이 되어야 한다. 정치적이든 문화적이든 검열과 규제가 심한 곳에서는 더욱 그렇다. 기본적으로 엄숙한 문화적 배경을 가지고 일탈을 제재할 강력한 법적 장치도 가졌던 K-pop이 한국이 아닌 곳에서 유통되지 못할 근거는 없었다. K-pop은 표현이 자유로운 영미권의 댄스 음악이 가지 못하는 곳까지 예리하게 침투했다.

　유럽 청소년의 K-pop 팬덤 현상에 대해 다룬 연구[20]에서 유럽 청소년이 영미권의 대중음악에 대해 선정성과 물질주의 같은 도덕성에 집중하여 비판의식을 나타내는 것을 확인할 수 있다. 이에 대해 연구자는 통상 청소년들은 세대적 특성으로 도덕성이나 사회 질서에 저항하고 새로운 것을 지향하여 비도덕적이고 무질서한 존재로 질타를 받기도 하는데, 이는 특이한 현상이라고 말한다. 연구에서 더 이상 논의가 발전되지 않아 아쉽지만 파악된 현상 자체는 유의미하다. 비교적 개방적인 문화를 가진 유럽의 청소년 역시 대중음악에서의 노골적인 성 표현과 마약, 물질 찬양에 대해 불편함과 혐오감을 느끼는 것이다.[21]

　청소년은 스트레스 해소 및 기분전환(25.1%)의 이유로 대중음악을 가장 많이 듣고, 그 다음이 평온과 위안(21.8%)이다.[22] 이때 청소년이 벗어

---

20) 윤선희, 「케이 팝의 유럽적 수용과 문화 확산의 청소년 수용전략」, 『한국언론학보』 제57권, 제3호, 한국언론학회, 2013.
21) 장규수·김태룡은 「케이팝의 선정성과 흥행효과에 관한 연구」에서 "설문자 중 선정성 논란이 되었던 〈내일은 없어〉와 〈마리오네트〉의 음원을 유료 다운로드를 통해 감상했다는 비율은 고작 6%에 그쳤으며, 특히 71%의 조사대상자는 걸그룹의 인기나 이미지에 오히려 부정적인 인식을 가지고 있는 것으로 밝혀졌다. 따라서 케이팝의 선정적 콘텐츠가 결코 이미지 구축과 인기 상승에 도움이 되지 않는 것으로 나타났다"(『글로벌문화콘텐츠』제18집, 글로벌문화콘텐츠학회, 2015, 212~213쪽)고 지적한다.

나고자 하는 불안·불만 요소는 대부분 학업에 대한 압박에서 온다. 청소년이 원하는 것은 과도한 학업 스트레스로 인해 단절된 관계 회복과 소통, 억눌린 성장 에너지의 분출, 작아진 존재감의 확인이다. 도시화된 현대 사회에서 각종 제도와 규범을 꾸준히 학습하며 성장한 청소년이 문란하고 향락적인, 마약과 폭력이 만연한 사회를 꿈꾼다고 볼 수는 없다. 청소년이 대리만족하고자 한 것은 단지 스타의 우월한 존재감이고 자유롭게 발산되는 에너지이다. 그리고 무엇보다 원한 것은 공통된 관심사를 매개로 한 공감과 소통이다. 이렇듯, K-pop은 주 소비층인 청소년과 관련된 보편적 건전성으로 국내를 넘어 세계 시장 공략에도 성공할 수 있었다.

1.2.2 한국어와 외국어의 혼용을 통한 노랫말의 새로운 조류

K-pop 노랫말에는 한국어와 영어가 혼용된다. 이때 영어 노랫말은 단순한 외래어 수준이 아닌 구나 절, 나아가 완전한 문장이나 문단에까지 이른다. 이는 1990년대 세계화 등 시대적 배경에 따른 사람들의 심리가 작용한 결과이다. 즉, 영어 노랫말이 더 세련되었다고 여기는 심리가 음악 제작 과정에 직접 반영된 것이다.

사실 예전보다 노랫말에 영어가 더 많이 사용되고, 반말체와 축약이 많아지는 등 가벼운 주제를 일상어 형식으로 표현하게 된 것은 청소년이라는 소비층과 깊은 관련이 있다. 이념 갈등이나 민주화 투쟁은 사라지고 물질적 풍요 속에서 사회 문제에 대한 깊은 성찰 없이 상당한 소비력까지 지니게 된 1990년대 이후 청소년에게 대중음악은 학업 스트레스를 푸는 좋은 해방구이자 놀이거리였다. 이들에게 삶과 죽음, 인류와 평화, 자연

---

22) 서승미, 「청소년의 음악 감상 행동에 관한 연구」, 『인간행동과 음악연구』제2권, 제2호, 한국음악치료교육학회, 2005, 11쪽.

과 환경 등의 주제는 관심 밖이었다. 업계는 이를 적극 이용했다.[23]

> 우리 그룹의 전략은 언어를 중심으로 짜여 있습니다. 우리는 캐스팅을 통해 여러 나라 말을 하는 소년들을 선발해서 보이 밴드를 만듭니다. 국적이 서로 다른 슈퍼주니어의 멤버들처럼 말입니다. 경우에 따라서는 그들에게 외국어를 배우게 합니다. 보아가 그런 경우죠. 우리는 보아를 열한 살 때 발탁해서 일본어, 영어, 중국어를 배우게 했습니다. 더 많은 걸 배우게 할 때도 있고요. 이어서 치밀한 마케팅 작전을 세우는데, 그 특성은 철저하게 현지화한다는 겁니다.(SM엔터테인먼트 이수만 인터뷰)[24]

1990년대 중반 각 매니지먼트사에서는 국제적 활용이 가능한 가수 지망생들을 선발했다. H.O.T.의 토니안, S.E.S.의 유진과 슈, 신화의 에릭과 앤디, 젝스키스의 은지원, god의 박준형, 유승준 등이 여기에 해당된다. 이들은 모두 교포 출신으로 외국어가 가능했다. 이는 향후 해외 활동에서도 큰 도움이 되었지만, 초창기 이들의 선발은 무엇보다도 영어 노랫말, 특히 영어 랩을 미국의 래퍼들과 최대한 비슷하게 구현해 보이겠다는 전략에서였다. 이들의 랩은 때때로 한 문장 이상씩 큰 비중을 차지한 경우도 있었는데, 그만큼 미국 대중음악과의 유사성을 강조해 한국 청소년에게 노래의 트렌디함과 세련된 느낌을 부각시켰던 것이다. 이는 이후 IMF 등의 여파로 국내 대중음악시장이 급격히 축소되고 이에 대한 자구책으로 매니지먼트사들이 해외 시장으로 눈을 돌리게 됨에 따라 그 역할이

---

23) "최근의 인기가요들이 세련되고 감각적으로 변모해가는 반면 가볍고 즉흥적이며 가치가 없는 의식의 단면을 보이고 있다. 이 같은 현상은 인기가요가 10대 취향으로 흐르고 있고 제작자·가수들이 청소년을 타깃으로 가요작업을 펴온 데도 원인이 큰 것으로 분석되고 있다."(박성수, "대중가요 노랫말 지나치게 감상적", 『경향신문』, 1992년05월28일자).
24) 프레데릭 마르텔, 앞의 책, 330~331쪽.

강화되었다. 영어 노랫말이 해외 소비자에게 곡의 메시지를 강조하고 주제를 함축해서 전달하는 기능을 했던 것이다.

> Take your time
> 왠지 두근대는 밤이야
> (Na Na Na Na Na Na Na Na)
> So tonight
> 달 끝까지 달려 가볼까
> (Yea Yea Yea Yea Yea Yea Yea Yea)
> Just right
> 시동을 걸어 엑셀에 발을 올려
> 모든 것이 특별해 너와는 잘 어울려
> 무엇을 원하던 Imma make it work
> (Yeah)
> Shawty Imma party till the sun down
> 지금 이 신비로운 느낌은 뭘까
> 와줘 내게로 어서 Before the sun rise
> 네가 없는 난 어딜 가도 Nobody (Yeah) oh
> 도로 위에 여긴 Runway
> 날 바라보는 눈 속 Milky way
> Just love me right (Aha)
> Baby love me right (Aha)
> oh 내게로 와 망설이지 마
> 넌 매혹적인 나의 Universe
> Just love me right (Aha)
> 내 우주는 전부 너야

> – EXO ⟨LOVE ME RIGHT⟩(2015) 부분, 작사: 오유원(Jam Factory), 김동현
> / 작곡·편곡: Denzil 'DR' Remedios, Nermin Harambasic, Courtney
> Woolsey, Peter Tambakis, Ryan S.Jhun, Jarah Lafayette Gibson

125

2012년 SM엔터테인먼트는 한국인 8명, 중국인 4명으로 이루어진 새로운 그룹을 데뷔시켰다. 그런데 팀의 형태가 독특했다. 한국인 6명으로 이루어진 팀을 EXO-K라 하여 한국에서 활동시켰고, 중국인 4명에 한국인 2명이 더해진 팀을 EXO-M이라 하여 중국에서 활동시켰다. 이들은 데뷔곡 〈MAMA〉를 한 쪽은 한국어로, 다른 한 쪽은 중국어로 불렀다. 두 가지 버전의 이 노래는 양국에서 각각 큰 사랑을 받았고, 2013년에는 EXO라는 이름으로 첫 번째 정규 앨범 《XOXO》를 발표해 세계적으로 100만 장 이상의 판매고를 올리며 큰 성공을 거두었다.

2015년에 발표한 정규 2집의 리패키지 앨범 수록곡 〈LOVE ME RIGHT〉은 영어 노랫말의 위상을 잘 보여준다. 이 곡에는 영어권 화자에게조차도 낯선 "Imma"(암마, I'm gonna 정도의 뜻)라는 슬랭(Slang)이 사용되었을 뿐만 아니라, 절반가량의 분량으로 영어 노랫말이 한국어와 난삽하게 섞여있다. 초창기 곡들이 영어 랩만 별도로 배치한다거나 코러스나 후렴구에 짧게 사용했던 것에 비하면 눈에 띄는 변화이다. 이는 무엇을 의미하고, 이들 영어 노랫말은 곡에서 어떤 위치를 차지할까.

Take your time
jīn wǎn bō kuài xīn tiào de jié zòu
(Na Na Na Na Na Na Na Na)
So tonight
yào nǐ hé wǒ màn yóu dào yuè qiú
(Yea Yea Yea Yea Yea Yea Yea Yea)
Just right
yóu mén cǎi dào dǐ kuài jiā sù qǐ dòng zhè yǐn qíng
zhè gǎn jué bù kě sī yì dā pèi tè bié pín lù
nǐ xǔ xià de qí jì **Imma make it work (Yeah)**
Shawty Imma party till the sun down

wú fǎ jiě shì xiàn zài gǎn jué dào de shén mì kuài tóu bēn dào wǒ
huái lǐ **Before the sun rise**
méi yǒu nǐ de wǒ zhǐ néng chéng wéi **Nobody (Yeah) oh**
nǐ wǒ bēn chí zài zhè **Runway**
shàng yǎn shén yáng yì shǎn liàng **Milky way**
Just love me right (Aha)
Baby love me right (Aha)
oh xiàng wǒ kào jìn shì fàng yī qiè yóu yù wèi wǒ zhàn fàng mèi
lì **Universe**
Just love me right (Aha)
wǒ de yǔ zhòu quán dōu shì nǐ

— EXO 〈LOVE ME RIGHT漫游宇宙〉(2015) 부분, 작사: 오유원(Jam Factory), 김동현,
Im Heun Yup / 작곡 · 편곡: Denzil 'DR' Remedios, Nermin Harambasic,
Courtney Woolsey, Peter Tambakis, Ryan S.Jhun, Jarah Lafayette Gibson

〈LOVE ME RIGHT〉의 중국어 버전이다. 중국어 노랫말은 영어로 발음을 표기했다. 눈여겨봐야 할 점은 영어 노랫말이다. 두 버전의 영어 노랫말은 정확히 일치한다. 먼저 한국인 작사가가 한국어와 영어가 모두 포함된 한국어 버전의 노랫말을 쓴 뒤, 중국인 작사가에게 넘겨 한국어를 중국어로 바꾸는 작업을 한다. 이때 영어 노랫말은 바뀌지 않는다.

두 버전은 애초부터 동시에 발표될 것을 염두에 두고 제작되었기 때문에 단순 번안이라고 볼 수 없다. 어느 한쪽이 발표되지 않더라도 이상할 게 전혀 없을 정도로 각각 독립적인 가치와 의미를 지녔다. 그런데 두 버전에서 모두 똑같은 영어 노랫말을 사용했다. 이는 영어 노랫말이 구색을 맞추기 위해, 불필요하나 멋있어 보이기 위해 억지로 삽입한 것이 아님을 의미한다. 오히려 그 반대이다. 작사 과정에서 영어 노랫말을 먼저 만든 후 한국어와 중국어 노랫말을 그에 맞춰 제작한 것이다.

K-pop에서 영어 노랫말은 그것이 더 세련됐다고 여기는 사람들의 심리 때문에 사용이 확대되었고, 그간 곡의 메시지를 강조하고 라임을 효과적으로 맞추는 등의 역할을 성공적으로 수행했다. 또 K-pop에서 영어 사용의 경우, "일반 구어 영어뿐 아니라, 미국 흑인 영어, 한국식 영어 등 영어 변이형들을 활용하여 차별화된 로컬적 정체성들을 공유하고자 하였다. 즉, 상이한 영어 변이형들을 로컬적 정체성 수행의 도구로 활용하고 있는 것이다."[25] 남은 것은 영어 노랫말(내지는 외국어 노랫말)로만 이루어진 노래에 대한 처리 문제이다. 즉, 완전한 모국어 체계가 존재함에도 불구하고 외국어만을 사용한 노래를 그 역시 한국인의 삶과 정서가 담긴 K-pop으로, 나아가 한국 대중음악으로 볼 수 있느냐는 것이다. 이는 여러 가지 문제와 연결되어 있어 결코 쉽게 볼 수만은 없다. 그런데 어쩌면 한국 대중음악에서의 영어 사용은 일상에서 높아진 사용 빈도만큼이나 당연한 것이 되었는지도 모른다.

노래라는 본질적 속성을 지닌 대중음악에서 노랫말은 음악과 함께 중요한 구성 요소이다. 그런데 이 노랫말에서의 언어 사용이 주된 향유층의 정서와 밀접한 관련이 있다는 점은 의미하는 바가 크다. 물론 대중음악은 경제적인 측면도 중요하기 때문에 목표로 한 소비층이 어떠한 언어를 사용하느냐에 따라 노랫말이 결정되기도 한다. 가령, 한국 가수가 중국이나 일본, 미국 등에서 활동할 때에는 전적으로 해당 국가의 언어로 노래한다. 그러나 이 경우에도 진부하지 않은 참신한 표현이 필수적이다. 이와 같은 사실들로 미루어 볼 때, K-pop의 노랫말은 향후 다음과 같이 변화할 가능성이 크다. 즉, 한국어와 영어, 제3언어의 혼용이다. 이때, 제3언어는 시장 진출을 목표로 한 국가의 언어이다.

---

25) 박준언, 앞의 논문, 122쪽.

　지금까지 K-pop에서의 영어 노랫말 사용이 미국 중심의 세계 주류 대중음악에 대한 모방 심리에 기인한 측면이 컸다면, 앞으로는 세계 보편 공용어의 차원에서 영어가 사용될 것이다. 다시 말해, 의미 전달의 목적이 좀 더 커진다는 의미이다. 그러나 보다 완전하고 정확한 영어식 표현보다는 오히려 상황과 조건에 맞는 단순하면서도 다양하게 변이된 형태의 표현일 것이다. 왜냐하면 언어라는 것 자체가 변화의 속성을 가지고 있을 뿐 아니라, 특히 노래가 생명력을 지니기 위해서는 기존과 다른 새로움과 참신함이 필수이기 때문이다. 중요한 것은 이때 제3언어가 함께 혼용된다는 점이다. 예컨대, 향후 중국 시장에서 소비되는 K-pop은 중국어와 한국어, 영어가 복잡한 형태로 혼재될 것이다. 그러나 이는 혼란스럽다기보다는 오히려 수용자로 하여금 기발하고 참신한 느낌을 줄 수 있다. 이러한 형식은 2011년 발매된 소녀시대의 〈Mr. Taxi(Japanese Ver.)〉에서 얼마간 확인할 수 있다. 이 곡의 노랫말 중에는 "Mr. Taxi Taxi Taxi そうとう(소우토우) 즉시 즉시 즉시"라는 후크가 있다. 이를 해석하면, '미스터 택시 택시 택시 상당히 즉시 즉시 즉시'가 된다. 라임을 맞추기 위한 방편으로, 또 의미를 강조하기 위한 방편으로 영어·일본어·한국어 세 가지 언어가 동시에 사용되었다. 이 외에도 곡에서는 "I'm so fast", "U take me", "다시 보자" 등이 주가 되는 일본어 노랫말과 복잡하게 혼용된다. 이것은 일관되고 정확한 표현이 아니기 때문에 곡의 메시지를 선명하게 드러내는 데에는 다소 방해가 될지 모른다. 하지만 노래에 새로운 이미지를 부여할 가능성은 크다. 아울러 K-pop의 노랫말에 여러 가지 종류의 언어가 혼용될 때, 한국어가 완전히 배제되지 않는 이유는 자존심이나 자부심의 문제라기보다는 참신함의 차원일 수 있다. 이제, 보다 실험적이고 이색적인 언어 사용을 통해 K-pop은 지속적으로 변모해 갈 것이다.

2011년 12월 일본 후지TV '2011 FNS가요제'에 출연한 소녀시대의 방송 장면.

2. 음악적 성향의 지속과 변이

K-pop은 대체로 댄스음악의 특성을 지닌다. 이때 댄스음악은 '가수가 춤을 추면서 노래하는 대중음악[26]'을 지칭한다. 대중음악이 시작된 이래 다양한 장르의 댄스음악이 나타나고 없어졌다. 이들은 서로 많은 영향을 주고받으며, 또 타 장르나 사회에 영향을 받으며 오늘날에 이르렀다. 그 만큼 현재 K-pop의 음악적 특성은 복합적이고 혼종적이다. 그러나 그 와중에서도 댄스음악으로서의 보편적이고 핵심적인 요소는 분명 존재한 다. 이는 한국 전통음악에서 그 기원을 찾을 수 있다. 제의와 관련된 고대 의 노래들로부터 민요에 이르기까지 댄스음악의 핵심인 반복과 리듬감,

---

26) 장유정, 「보는 음악, 몸의 음악: 댄스음악」, 김창남 엮음, 『대중음악의 이해』, 한울, 2012, 335쪽.

율동성은 꾸준히 발현되어왔기 때문이다.[27]

아울러 한국 대중음악은 미국을 중심으로 한 외국 대중음악에 많은 영향을 받았는데, K-pop 역시 리듬 앤 블루스 · 재즈 · 훵크 · 디스코 · 힙합 · 하우스 · 테크노 · 일렉트로니카 등 각 시대에 유행한 댄스음악 장르들의 주요 특징을 고루 가지고 있다. 말하자면 전통의 것이 외래의 것을 만나 새로운 모습을 띠게 된 셈이다. 여기에 뮤직비디오라는 시각매체의 출현과 발달로 그 지위는 보다 공고해졌고, 트로트 · 발라드 · 록과 같은 동시대의 타 장르와의 교섭으로 인한 변이를 겪기도 했다. 이에 이 절에서는 K-pop 음악적 성향의 지속과 변이 양상을 전통음악, 외국 댄스음악과의 비교를 통해 알아보고, 또 뮤직비디오가 K-pop에 끼친 영향, 동시대 타 장르와의 관계에 대해서도 자세히 살펴본다.

2.1 전통음악의 지속적 성향

K-pop에 지속되는 전통음악의 음악적 특징과 요소들을 알아보기 위해 먼저 전통음악과 대비되는 개념인 대중음악에 대해 살펴볼 필요가 있을 것 같다. 대중음악의 정의에 대한 기존 논의들 중, 이영미는 "근대 이후 대중매체에 의해 전달되면서 나름의 작품적 관행을 가진 서민의 노래"[28]라 하여 '근대적 산물', '대중매체', '오리지널리티', '새로운 작품 관행', '서민문화' 등의 특징적 요소들을 지적하였다. 장유정은 "애초부터 작사자와 작곡자가 자신의 이름을 내걸고 음반 등의 대중매체를 통해 유통시킬 목적으로 창작한 작품이자 상품"[29]이라 하였다. 물론 이때 노래의 주된 향

---

27) "반복은 민요에서뿐만 아니라 고려가요, 더 나아가 고대가요에서도 빈번하게 사용되는 수사법이라고 할 수 있다."(장유정, 앞의 논문, 2003, 80쪽).
28) 이영미, 『한국대중가요사』, 민속원, 2009, 24쪽.
29) 장유정, 『오빠는 풍각쟁이야-대중가요로 본 근대의 풍경』, 민음in, 2006, 22쪽.

유층은 대중[30]이다. 이외에도 연구자에 따라 조금씩 다른 정의를 내리고 있으나 대중음악을 규정짓는 공통적인 요소는 '근대', '대중', '대중매체', '상업성(상품)', '도시문화' 등이며, 이를 종합하면 '근대 이후 대중매체를 통해 대중이 향유하는 상품으로서의 노래'로 정리할 수 있다.

대중음악을 대중음악이 아닌 것과 구별 짓는 핵심 요소가 '창작성'과 '상품성'이라면,[31] 그것은 민속음악의 '적층성', 클래식(예술)음악의 '계급성'과의 다름을 강조하고, 아울러 음반·악보·신문·잡지·라디오·영화 등 대중매체의 역할과 영향을 강조하는 의미일 것이다. 노래가 근대 대중매체의 출현과 발달, 상업문화·도시문화의 성장 등과 관련해 양식상 많은 변화를 겪은 것은 사실이기에 이러한 견해에 이견은 없어 보인다. 그렇다면 근대 이전의 사람들이 즐겨 불렀던 노래 장르는 무엇인가?

어느 시대이든 민요가 있어, 고전시가의 연속성을 담보할 수 있는 기반으로서의 역할을 수행하였다. 그와 함께 진정한 대중예술의 담당층이었던 기층 민중들의 표현 욕구를 충족시켜주기도 하였다. 그리고 그것은 상층민들의 격식을 갖춘 노래들과 상호 교섭을 통하여 그것들에 변화의 단서를 제공하였으며, 노래 장르 전승의 바탕을 이루기도 하였다. …중략… 민요 역시 시대에 따라 내용이나 형식의 면에서 변화를 보인 것은 사실이겠으나 그것은 오히려 시가문학의 지속적 측면을 대표하며, 각 시대마다 다른 모습으로 표면화된 다양한 장르의 시가들은 변화(혹은 변이)의 측면을 대표한다.[32]

---

30) "사전적인 정의에 따르면, 대중은 '수많은 사람의 무리'를 뜻한다. 그리고 사회적 의미로는 '대량 생산과 대량 소비를 특징으로 하는 현대 사회를 구성하는 대다수의 사람'이라고 정의할 수 있다. 이들은 대체로 지위, 계급, 학력, 재산 등의 사회적 속성을 초월한 불특정 다수의 사람들로 이루어진 집합체인데, 이들의 특성은 크게 포괄성, 익명성, 고립성, 비조직성으로 정리되곤 한다."(장유정·서병기, 앞의 책, 37~38쪽).

31) 장유정, 「한국 대중음악사 기술을 위한 기초 작업-몇 가지 쟁점을 중심으로」, 『대중음악』제1호, 한국대중음악학회, 2008년, 84쪽.

근대 이전의 사람들이 폭넓게 향유했던 노래 중 하나가 바로 민요이다. 물론 민요 역시 계급성과 무관할 수 없다. 또 궁중음악을 비롯한 지배층 음악도 민간의 음악과 끊임없이 영향을 주고받으며 대중음악 형성에 중요한 역할을 했다. 그러나 사람들의 삶과 가장 가까운 곳에서 그들의 사상과 모습을 가장 자연스레 형상화한 것이 민요이고, 특히나 민요(향토민요)는 19세기 말에서 20세기 초반 통속민요, 신민요를 거쳐 대중음악에 직접적으로 녹아들었기 때문에 K-pop에 앞선 전통음악 장르로서 주목할 필요가 있는 것이다.[33]

민요는 '단순성', '지역성', '비고정성', '반복과 변화'라는 음악적 특징을 지닌다. 단순성은 일상생활 속에서 노동·의식·유희 등을 위해 불린 인위가 최대한 배제된 자연성과 관계되고, 지역성은 한 마을, 한 지역을 기반으로 향유되던 향토성과 관계되고, 비고정성은 박의 길이나 박자, 장단, 음정, 선율의 자유로운 변화와 관계된다. 민요 음악의 가장 중요한 특징인 반복과 변화는 각각 통일성, 다양성과 관계된다. 반복은 여러 음악적 요소의 끊임없는 반복을 통해 노래 전체의 통일감을 주고 이는 다시 안정감을 주어 조화미를 만들어낸다. 이는 단순 노동의 반복 동작에 기인해 '메기고 받는' 형식 중 받는 소리의 가락과 사설의 반복으로 잘 나타난다. 변화는 원 가락을 기반으로 여러 가지 변화를 줌으로써 불안감과 긴장을 낳고 이는 다시 흥미를 유발하여 생동감을 자아낸다. 이 역시 노동 동작을 바탕으로 한 음악 속도의 변화, 사설에 따른 선율과 리듬의 변화, 분위기 반전을 위한 '청'의 변화로 잘 드러난다.[34] 즉 민요 음악에서는

---

32) 조규익, 앞의 책, 2006, 32~33쪽.
33) 근대 이후 혹은 일제강점기, 민요의 대중음악화 과정에 대해서는 장유정·서병기, 앞의 책, 3장 '대중음악의 출현과 갈래의 형성(1907~1944)' 중 '신민요의 형성과 전개(106~111쪽)' 부분을 참고할 수 있다.
34) 최헌, 「韓國民謠 音樂的特徵의 哲學的意味 硏究」, 『한국민요학』제27집, 한국민요

단순함의 반복과 리듬감, 이를 기본으로 한 다채로운 변화와 생동감이
그 핵심이다.

> 민요는 본디 악기의 수반을 전제로 하지 않으며, 악기를 사용한다 해도
> 대부분 타악기 정도가 고작이다. 타악기 반주, 또는 무반주로 노래할 때는
> 선율보다는 리듬이 중시되지만, 현악기와 함께 노래하기 위해서는 리듬은
> 물론 선율의 미세한 부분까지 관심을 두어야 했다. 그러므로 전자의 경우에
> 는 집단적인 노래에 알맞다면, 후자의 경우는 개인적인 노래에 알맞다. 그
> 결과 현악기는 선율을 발달시키고, 아울러 개인적 서정의 노래를 촉발시켰
> 다.[35]

현악기의 섬세함과 잘 어울렸던 지배층 음악과 달리 민요는 단순하고
투박했다. 전문 음악인이 아닌 일반 민중에게 악기 연주는 그저 두드리고
치는 행위가 전부였다. 그마저도 북과 같은 타악기가 있는 경우는 드물었
고, 박수치기나 발 구르기 혹은 작업 도구를 이용한 '장단 맞추기'가 주를
이뤘다. 이는 민요가 노동 현장과 같은 일상생활 속에서 주로 연행되었던
것과 관련이 있는데, 이렇게 일정한 패턴으로 반복되는 과정을 통해 노래
의 리듬감이 살아나고, 또 이 리듬감은 반대로 작업의 효율을 높이는 데
중요한 기능을 했던 것이다. 그리고 이러한 신체 움직임은 자연스레 흥을
돋우는 춤동작으로 이어졌다.

어여라 당겨라	어야디야
잘못 당기면	어야디야
춘풍세월	어야디야

학회, 2009, 274~277쪽 참고.
35) 강등학 외, 『한국 구비문학의 이해』, 도서출판 월인, 2005, 230쪽.

바람때밀려	어야디야
이조기를	어야디야
다놓친다네	어야디야

어야디야소리-그물당기는소리, 민요대전-충남 : 204[36]

상도리깨가 휘졌거든	에헤루 마뎅이여
곱도리깨는 후레치라	에헤루 마뎅이여
- 중략 -	
마뎅이소리 한마디에	에헤루 마뎅이여
수복이 들어옵니다	에헤루 마뎅이여

마뎅이소리-도리깨질하는소리, 민요대전-강원 : 220[37]

〈어야디야소리-그물당기는소리〉는 조기를 잡을 때 부르던 수산노동요이다. 선후창 형식으로 소리를 메길 때에는 한 사람이, 받을 때에는 여러 사람이 제창을 한다. 반복 노동에 맞춰 불렀기 때문에 작업이 이루어지는 동안에 이 같은 형식으로 계속해서 노래가 반복

전라남도 무형문화재 제1호 거문도뱃노래.

된다. 〈마뎅이소리-도리깨질하는소리〉 역시 노동요로 규칙적인 반복을 통해 일꾼들의 동작을 일치시켰다. 일사분란한 동작은 작업을 효과적이

---

36) 위의 책, 244쪽.
37) 위의 책, 268쪽.

고 성공적으로 수행하기 위한 필수요건이었기 때문이다. 이때 핵심은 작업 동작에 맞춘 반복과 리듬감이고, 일의 진행 템포에 따라 노래 역시 빨라졌다 느려졌다를 반복하면서 흥을 돋우고 능률을 높였다.

K-pop의 음악 형식과 관련해 '후크송'에 주목한 다수의 연구에 의하면, K-pop은 '120bpm 이상의 빠른 빠르기', '짝수 박', '반복', '단순 순환 패턴'의 특징을 가지고 있다. 이 모두 춤, 그리고 흥과 관련이 있다. 흥겨운 춤을 위해서는 빠른 템포에 최대한 쉬운 음악 구조를 가지고 있어야 한다. K-pop의 주요 특징인 집단 군무를 위해서는 더욱 그렇다. 여러 인원이 무대 위에서 일체감 있고 통일된 모습을 보여 줘야하기 때문이다. 즉, K-pop은 리듬이 강조되는 단순한 음악 구조의 반복과 생동성이라는 민요의 음악적 특성을 계승했다.

흑인 노동요가 서양 전통의 클래식음악, 백인의 포크나 컨트리송 등과 만나 이후 다양한 대중음악 장르로 변모했듯이, 민요(향토민요) 역시 통속민요, 신민요를 거치며 외부의 다양한 음악 장르와 서로 많은 영향을 주고받았으며, 이 과정에서 민요의 핵심적인 음악 특징인 반복과 리듬감이 재즈송[38], 트로트, 록, 그리고 여러 댄스음악에 이어지며 오늘날 K-pop에까지 이른 것이다. 그런데 이 반복과 변화, 단순성, 리듬감, 선후창 내지는 교환창 등의 음악 특징은 흑인 노동요를 근간으로 한 외국 댄스음악에도 나타나는 주요 특징인 바, 이것은 그간 K-pop의 시원 찾기나 고유성 찾기를 어렵게 한 주요 원인이기도 했다.

---

38) 이 명칭은 장유정, 「20세기 전반기 서양 대중음악의 수용과 양상 고찰 : 재즈송을 중심으로」, 『우리춤과 과학기술』제13집, 우리춤연구소, 2010에서 사용된 용어이다. 그에 의하면 '재즈송'은 일제강점기 한국에서 발매된 대중음악의 갈래, 즉 당시 음반 가사지와 음반에 '재즈송', '댄스뮤직', '룸바', '블루스' 등으로 표기된 것들을 모두 지칭한다.

현재 K-pop이 외국 댄스음악과 상당히 유사한 모습을 띠고 있다하더라도 그 속에 지속되고 있는 전통음악의 요소를 잘 판별할 수 있어야한다. 이것은 K-pop이 지니는 역사적 의미와 본질을 규명함에 있어 대단히 중요한 일이기 때문이다. 이를 위해서는 K-pop과 전통음악, K-pop과외국 댄스음악의 면밀한 비교 분석, 즉 무엇이 어떻게 같고 다른지를 밝히는 작업이 필수적으로 수행되어야 한다.

[악보 3-1] Stacey Q <Two Of Hearts>(1986) 부분

작사 · 작곡: John Mitchell, Tim Greene, Sue Gatlin / 채보: 이상욱

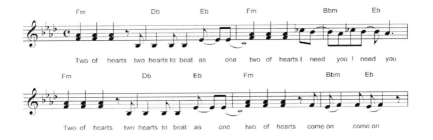

[악보 3-2] 원더걸스 <Tell Me (Sampling From "Two Of Hearts")>(2007) 부분

작사: 박진영 / 작곡: 박진영 / 편곡: 박진영, 이우석 / 채보: 이상욱

137

2007년 발표된 원더걸스의 〈Tell Me〉는 여러 연구자들에 의해 후크송의 원조이자 대표 격으로 많은 주목을 받았다. "tell me"로 반복되는 후렴구가 사람들의 귀를 사로잡아 큰 사랑을 받을 수 있었고, 이 후크적 요소나 후크송은 이후 K-pop의 주요 특징이 되었다는 것이다. 그런데 이 노래는 제목에서도 알 수 있듯이, 1980년대 발표되었던 미국 가수 스테이시 큐(Stacey Q)의 〈Two Of Hearts(투 오브 하츠)〉를 샘플링했다. 원래 샘플링이란 기존 곡의 음원을 그대로 가져와 자신의 곡에 반주 등으로 사용하는 방식을 일컫는데, 이 노래의 경우 그보다는 주로 원곡의 멜로디나 이미지, 반주 스타일을 차용하거나 창작에 참고했다고 보는 게 맞을 것이다.[39] 주목할 점은 음조직이다.

이 노래의 창작자는 복고풍 느낌을 내고자 1980년대 유행했던 디스코리듬을 가져왔지만 음조직만큼은 원곡을 따르지 않았다. 〈Two Of Hearts〉에서는 3도가 반음 낮아진 블루노트와 블루스 음계가 사용되었다. 이는 말 그대로 블루스에서부터 사용되기 시작한 흑인 댄스음악의 전형적인 특징이다. 반면 〈Tell Me〉는 단조의 '라-시-도-레-미-솔' 음이 사용되었다. 비록 순차진행의 영향으로 지나가는 음으로 '시'가 추가되었지만 근간은 '라-도-레-미-솔' 음이며, 이는 전 세계 각국 민요에서 두루 보이는 5음 음계(Pentatonic Scale), 그중에서도 특히 경기 통속민요의 정격라선법-반경토리[40]의 특성을 잇고 있다. 이러한 음조직은 〈Tell Me〉에서

---

39) "'텔미'는 '테테테테 텔미'라는 후렴구 부분에서 미국 팝가수 스테이시 큐의 'Two of hearts'를 샘플링했다."(김지연, "박진영 "내가 원하면 언제든 '텔미' 대선로고송 가능"", 『머니투데이』, 2007년 11월 30일자).

40) 경제·문화의 중심지로서 서울·경기 지역이 차지하고 있는 비중은 매우 크다. 이는 대중음악이 형성되던 근대에도 마찬가지여서 이 시기 경기지역 민요의 특징을 살펴본다는 것은 대중음악으로 이어진 전통음악의 요소를 파악할 수 있다는 점에서 상당한 의미가 있다. 김영운은 경기지역 향토민요의 음악적 특징에 대해

뿐만 아니라, 구피 〈많이많이〉(1996), 언타이틀 〈날개〉(1997), H.O.T. 〈We Are The Future〉(1997), 유승준 〈열정〉(1999), 이정현 〈와〉(1999), 이효리 〈10 Minutes(텐 미닛)〉(2003), 동방신기 〈The Way U Are(더 웨이 유 아)〉(2004), 소녀시대 〈소녀시대〉(2007), 브라운아이드걸스 〈어쩌다〉(2008), 동방신기 〈주문-MIROTIC(미로틱)〉(2008), 원더걸스 〈So Hot〉(2008), 2PM 〈Again & Again(어게인 & 어게인)〉(2009), 티아라 〈Roly-Poly〉(2011), 비스트 〈Fiction(픽션)〉(2011), 씨스타 〈나혼자〉(2012), 2NE1 〈I Love You(아이 러브 유)〉(2012), 걸스데이 〈Something(썸 띵)〉(2014), AOA 〈심쿵해〉(2015) 등 다른 K-pop 곡들에서도 보이는데, 물론 이것이 서양 조성음악에서 영향을 받은 것일 수도 있고, 대중음악 타 장르와 교섭과정에서 변이를 일으킨 것일 수도 있지만 분명한 것은 흑인 댄스음악을 분명하게 표방하고 있으면서도 그 특유의 멜로디와 음 구성만큼은 배제하고 있다는 사실이다.

가령, 2011년 가온디지털차트 연간 종합 순위 1위를 차지하며, 제21회 하이원 서울가요대상에서 디지털 음원상을 수상한 〈Roly-Poly〉는 전래동 요 〈어디까지 왔니〉의 멜로디와 노랫말을 차용했음을 알 수 있다. [악보

"대부분이 노동요인 향토민요의 가장 보편적인 리듬은 3소박 4박형의 구조이며, 한배가 빨라지면 2소박 4박형의 리듬도 활용된다. 그러나 한배가 매우 느린 노래 는 불규칙한 리듬형을 보이기도 한다."고 하였고, 또 "경토리(특히 진경토리)만 존재하는 지역은 거의 없이 수심가토리나 메나리토리와 병존하는 바, 그 병존지역 조차 그리 넓지 않은 경기 북서부지역에 국한된다. 반면에 흔히 '경상도나 강원도 의 토리'라 하는 메나리토리의 분포지역은 매우 넓다"고 하고, "바로 이 점이 경기 지역을 대표하는 음악적 특징을 향토민요에서 찾기 어렵게 하는 점"이라 하여 통 속민요에서 경기 지역의 대표적인 음악적 특징을 찾고자 했다. 이에 첫 번째로 "5음음계를 사용하며, 전통적으로 진경토리와 반경토리가 활용되었다. 이 중 진경 토리는 『악학궤범』의 평조(平調)와 같고, 반경토리는 계면조(界面調)와 같다."(김 영운, 「경기 통속민요의 전승양상과 음악적 특징」, 『우리춤연구』제10집, 한양대학 교 우리춤연구소, 2009)고 정리하였다.

3-3]은 한국콘텐츠진흥원의 '문화콘텐츠닷컴-문화원형라이브러리'에 올라있는 자료이며, 채보자가 직접 채록한 각 지역의 각편들[41]을 바탕으로 한 노래인데, 〈Roly-Poly〉 도입부인 [악보 3-4]와 비교해보면 노랫말, 음조직, 리듬 면에서 유사함이 확인된다.

[악보 3-3] 전래동요 <어디까지 왔니>

작사 · 작곡: 미상 / 편곡: 신동일 / 채보: 편해문

[악보 3-4] 티아라 <Roly-Poly>(2011) 도입부

작사 · 작곡: 신사동 호랭이, 최규성 / 편곡: 신사동 호랭이 / 채보: 이상욱

---

41)

		어데ㄲ정 왔-노
어디까지 갔노		안중안중 멀었다
서울꺼지 갔다	어디까정 가노	어데ㄲ정 왔-노
어디까지 갔노	차례차례 멀었다	동산건너 왔네
영천꺼지 갔다	천리만리 갈래	어데ㄲ정 왔-노
어디까지 갔노	차례차례 멀었다	삽짝거리 왔네
부산꺼지 갔다	어디까정 가노	어데ㄲ정 왔-노
- 편해문 채록 / 2001.05.09.	- 편해문 채록 / 2001.05.30.	축담밑에 왔네
- 경북 칠곡군 왜관 2동 송죽경로당 / 이우숙 (성주 홈실, 여, 67세)	- 경북 포항시 구룡포읍 눌태2동 여성노인회관 / 안향 (눌태, 여, 77세)	어데ㄲ정 왔-노 구둘목에 왔네 - 김소운, 『조선구전민요집』, 제일서방, 1933, 2259.

[악보 3-5] <Roly-Poly> 후렴부

작사·작곡: 신사동 호랭이, 최규성 / 편곡: 신사동 호랭이 / 채보: 이상욱

중요한 점은 〈Roly-Poly〉의 경우, 곡 전개에 있어서 "어디까지 왔나" 노랫말의 해당 음악 형식이 주요 모티프가 되었을 가능성이 크다는 것이다. 이는 [악보 3-5]를 통해 확인할 수 있다. 특히 "Roly Poly Roly Roly Poly"(롤리 폴리 롤리 롤리 폴리)는 곡에서 '후크'로서의 역할과 기능을 하고 있는데, 이 부분이 '미-솔-라'로 구성된 음조직과 '♪♪♪♪♩♩'의 리듬 구조로 "어디까지 왔나"와 상당한 유사성을 보인다는 것이다. 일반적으로 악곡에서의 선율은 두 마디로 이루어진 모티프(동기)를 바탕으로, 이것이 발전·변주·대비·변형·반복되면서 전개된다.[42] 미루어 짐작컨대, 〈Roly-Poly〉의 작자는 전래동요에서 차용한 이 짧은 형식을 바탕으로 하여 곡 전체에 변주·반복했을 가능성이 크다. 더욱이 "[미-래]형의 선법 구성은 전래동요의 선율에서 가장 많이 나타나고, 민요의 대표적인 토리인 메나리토리와 육자배기토리의 골격을 이루는, 한국 전통음악의 기본적 선율 토대를 이루는 유형"[43]이라고 할 수 있다. 따라서 ≪존트라 볼타 워너비≫라는 앨범명에서도 알 수 있듯이, 이 곡 역시 〈Tell Me〉와

---

42) 백진현·안영희·김효진, 『음악의 기초이론』, 뮤직디스크, 2009, 263쪽.
43) 강혜인, 「한국 전래동요의 음악문화 연구」, 동아대학교 대학원 박사학위논문, 2006, 94쪽.

마찬가지로 디스코를 표방하고 있으나 블루노트 등의 외국 댄스음악 형식이 아닌 한국 전통음악 형식을 따르고 있음을 알 수 있다.

1997년 발표된 젝스키스의 〈학원별곡〉은 〈아리랑〉의 노랫말과 모티프를 차용했다. "원래의 민요들에서 주요 모티프만 따다가 새롭게 조합하여 현실적 생활감정을 표현한 것도 넓은 의미에서 전통노래의 변이에 해당한다"[44]고 보았을 때, 이 노래는 가장 직접적으로 민요를 수용하고 변이시킨 K-pop 작품이라 할 수 있겠다.

[악보 3-6] 젝스키스 <학원별곡(學園別曲)>(1997) 부분

작사: 박기영 / 작곡 · 편곡: 이윤상 / 채보: 이상욱

입시지옥의 현실을 고발 · 비판하는 이 노래는 그만큼 풍자적인 성격을 띤다. 따라서 이 곡이 〈아리랑〉을 차용한 주된 목적은 웃음을 유발하기 위해서다. [악보 3-6]은 곡이 전체적으로 무겁고 어둡게 전개되는 가운데 삽입되어 앞뒤와 전혀 어울리지 않고 오히려 코믹하다. '떠는 소리'를 많

---

44) 조규익, 「구소련 고려인 민요의 전통노래 수용 양상」, 『동방학』제14호, 한서대학교 동양고전연구소, 2008, 25쪽.

이 사용하는 보컬의 창법도 이러한 코믹한 이미지를 강화시킨다. 이때 웃음은 유쾌한 웃음이 아니다. 청자로 하여금 쓴웃음을 짓게 한다. 즉, 이 작품은 익숙한 설정과 모티프를 가져와 새롭게 패러디해, 냉소 속에서 강한 메시지를 전달하고 있는 것이다. 아울러 이 곡에서도 주목할 점은 역시 음조직이다.

이 곡에서는 내림마단조의 '라-시-도-미-파' 음계가 사용되었다. 즉, 7음계 중 4음과 7음이 빠진 단음계인 '라-시-도-미-파' 단음계는 1930년대 신민요와 트로트에 많이 사용되었다.[45] 즉 이 곡은 1990년대 미국에서 유행한 갱스터 랩 스타일의 흑인 힙합을 표방하고 있으면서도 가창 부분에서는 신민요로부터 이어진 전통 음악 형식을 따르고 있는 것이다.

[악보 3-7] 빅뱅 <BAE BAE>(2015) 부분

작사 · 작곡: G-Dragon, Teddy, T.O.P / 편곡: Teddy / 채보: 이상욱

2015년 발표 당시 '빌보드월드디지털송차트'에서 2위를 차지한 빅뱅의 <BAE BAE>는 곡의 후반부에 한국 전통의 선율을 차용한 듯 보이는 곳이

---

45) 이소영, 「일제강점기 신민요의 혼종성 연구」, 한국학중앙연구원 한국학대학원 박사학위논문, 2007, 113~116쪽 참고.

있어 주목할 만하다.

[악보 3-7]에서 확인할 수 있듯이, 화자는 사랑하는 대상과의 좋은 관계가 오래 지속되기를 바라는 마음을 '찹쌀떡 같은 궁합'으로 표현했다. 앞선 노랫말 중에는 "너와 몸이 완전 착착 감기네"와 같은 표현이 있는데, 이와 찹쌀떡이 환기시키는 '찐득찐득'한 속성이 잘 어우러져 곡 전체적으로 성적 이미지를 강하게 드러낸다. 선정성 때문에 뮤직비디오가 '19금' 판정을 받기는 했지만, 노래 자체는 이러한 비유적인 표현 덕분에 많은 이의 사랑을 받을 수 있었다. 흥미로운 점은 이 부분이 한국에서 구전되는 전통 선율, 다시 말해 '물건 파는 소리'를 차용하고 있다는 점이다. 언뜻, '찹쌀떡 메밀묵 장사'의 소리를 흉내 내는 것처럼 들리는데, 이에 대해 좀 더 자세히 살펴볼 필요가 있을 것 같다.

한국고음반연구회가 발간한 ≪명인명창선집(9)-경기명창 박춘재≫(지구레코드, 1996, JCDS0542) 음반에 수록된 명창 박춘재(朴春載, 1883- 1950)의 재담소리 중 〈각색 장사치 흉내〉는 음반이 취입된 1910년대 초 서울 지역의 '물건 파는 소리'를 알려준다는 데에 중요한 의미가 있다. 뿐만 아니라 실제 그의 활동 시기를 감안한다면 이는 조선시대의 소리로 보아도 무리가 없다.[46] 3분 36초의 〈각색 장사치 흉내〉는 총 17가지의 '물건 파는 소리'로 구성되어 있다. 당시의 서울 왕십리, 남대문, 애오개 굴레방다리, 이태원 등에서 무, 배추, 게, 엿, 빨래줄, 갓양태, 사기, 두부, 군밤, 후칼, 풍매, 망건, 된장, 무쇠, 고추 장사를 하던 이들의 사실적인 소리를 확인할 수 있다. 이중 17번째 '고추 장수 소리'를 채보하면 다음과 같다.

---

46) 이진원, 「박춘재 〈각색 장사치 흉내〉의 음악적 특징 및 공연예술적 성격-'물건파는 소리'의 관점으로」, 『한국음반학』제22권, 한국고음반연구회, 2012, 155~156쪽.

[악보 3-8] 박춘재 <각색 장사치 흉내> 고추 장사 소리

채보: 이상욱

고추를 팔며 내는 소리였으니 노랫말은 '고추를 들여 놓아라' 정도로 해석할 수 있겠다. 중요한 것은 곡조이다. 이 소리는 '레-미-시'의 3음계로 구성되어있고, "고추드"는 짧게 발음하고 "령"에서 길게 끌다가 단3도 아래 "세"에서 종지한다. 이러한 진행은 〈BAE BAE〉의 "찹쌀떡" 노랫말과 리듬과 선율 면에서 매우 유사하다. 구성음의 경우에도 〈BAE BAE〉는 '파-솔-레'가 쓰여 음고의 차이만 있을 뿐 '고추 장사 소리'와 동일하다. 현재 한국 사람들이 익숙하게 알고 있는 '찹쌀떡 메밀묵 장사 소리'도 이와 유사한데, '고추 장사 소리'가 남대문 밖 이태원에서 연행되던 것이라는 박춘재의 설명을 감안한다면, 당시 장사꾼들에게서 흔히 사용되던 이 선율이 일제강점기[47]를 거쳐 한국전쟁 이후까지 서울을 중심으로 구전되다가 현재의 빅뱅에 의해 차용된 것이라 추정할 수 있다. [그림 3-3]은 이 노랫말에 해당하는 뮤직비디오 장면이다. 빅뱅의 다섯 멤버와 외국 여성 모델 여러 명이 한국 전통 풍의 의상을 입고 강강술래를 하는 모습이다. 이는 분명 이들이 의식적으로 한국적 정체성을 드러내고자 했음을 의미한다. 즉 전통의 소리를 계승하는 목적으로 이를 차용했다는 것이다.

---

47) 『동아일보』, 1939년01월08일자 기사 중 "入選兒童作品(二其)當選作文(乙)밤"이라는 제목으로 "龍仁公小高一", "李庚熙"란 분의 시 작품이 실려 있다. 시구 중, "메밀묵 사려 하는 소리가 멀리서 들리더니 점점 크게 들려온다"라는 부분이 있는 점으로 보아 이 시기에 이미 밤에 돌아다니며 메밀묵 등을 팔던 장사꾼이 있었던 것으로 판단된다.

[그림 3-3] 빅뱅 <BAE BAE> 뮤직비디오

K-pop 댄스음악의 '반복과 변화, 단순성, 리듬감, 율동성' 등의 음악적 특성은 민요로부터 계승되었다. K-pop이 표현하는 멜로디와 그것이 자아내는 정조의 경우 더욱 그렇다. K-pop의 고유성은 바로 여기에서 나온다. 대중음악이 형성되던 근대 한국이 역사적으로 일제강점기 등의 특수한 상황 속에 있었다 하여 전통음악은 완전히 단절되고 현재는 외래의 요소만이 남아 있다고 보는 견해[48]는 타당치 않다. 흑인음악을 동경해 자신의 디스코그래피 내내 흑인음악에만 천착하고 있는 작곡가 박진영이, 심지어 '샘플링'했다고 솔직하게 밝히면서까지 발표한 노래에 흑인음악 특유의 음계는 배제하고 국악의 계면조에 가까운 음계를 사용한 것이 하나의 증거이고, 〈아리랑〉의 노랫말과 모티프를 차용해 새로운 댄스음악을 만들면서 정통 힙합 스타일을 완전히 따르기보다는 음조직과 창법까지 모두 민요에서 가져와 풍자성을 극대화시킨 〈학원별곡〉의 사례가

---

48) 이영미, 앞의 책, 49~69쪽.

또 하나의 증거이다. 이는 흑인음악에서는 느낄 수 없는 한국 사람들이 좋아하고, 한국 사람들에게 익숙한 멜로디가 분명 존재한다는 의미이기도 하다. 최근에는 빅뱅 등과 같이 직접 곡을 쓰고 프로듀싱하는 아이돌을 중심으로, 자신의 음악을 통해 한국적 정체성을 드러내려는 모습이 확인되는데, 이는 K-pop에 지속된 전통의 양상을 확인할 수 있는 또 하나의 좋은 사례라 할 수 있다.

2.2 외국 댄스음악의 도입과 새로운 조류

대중음악의 역사는 20세기 초 대중매체의 발달과 함께 노래가 산업의 영역에 들어오면서부터 본격적으로 시작되었다. 이 시기 미국 중심의 외국 대중음악의 주류는 블루스나 재즈로 대표되는 흑인음악으로, 이는 16세기 이래 아프리카 흑인문화와 음악이 서구사회에 유입되어 서양의 전통음악과 혼합되면서 끊임없이 변모해온 결과이다. 이후 변화를 거듭하며 현재에 이르렀는데, 이 과정에서 한국 대중음악은 이들 노래들을 도입하여 다양한 상호작용을 거치며 여러 변이형을 만들었고, 그 결과물 중 하나가 현재의 K-pop인 것이다. 이에 먼저 댄스음악을 중심으로 한 외국 대중음악의 전개 양상을 통시적으로 살펴보고, 이것이 한국 대중음악에 도입되어 어떻게 K-pop으로 표출되고 새롭게 변모했는지 살펴보기로 한다.

2.2.1 외국 댄스음악의 특징

아메리카 대륙에 노예로 팔려온 아프리카 흑인들은 목화농장 등에서 죽음과 맞먹는 고통스런 일을 해야 했다. 뿐만 아니라 사회의 최하층 계급으로 존엄이나 자유와 관련된 모든 권리는 박탈당했다. 자신들의 언어, 풍습, 종교, 문화는 모두 사용이 금지되었고, 가족이나 친지와도 강제로

떨어져 지내야 했다. 이들에게 허용된 유일한 자유는 일하면서 부르는
노동요가 전부였다.

　　노예들은 노동에서 생기는 피로와 고통을 잊기 위해서 노동요를 불렀다.
노동요는 선율보다는 리듬이 중심이 되는 음악으로, 반복적인 리듬 패턴을
연주하는 타악기가 강조된다. 무엇보다도 노동요는 사회적이고 집단적인
음악이었다. 한명이 선창을 하면, 여러 사람으로 구성된 코러스가 답창을
하면서, 서로 주거니 받거니(call and response)하는 교창交唱형식이었다.
주고 받기 쉽도록, 짧고 단순한 선율을 여러 번 부르되 똑같이 부르지 않고
템포에 변화를 주고 리듬을 복잡하게 만드는 음악이다. 이런 반복적 패턴에
서 대중음악의 반복 악절인 '리프riff'가 형성되었다.[49]

대농장에서 일을 하는 흑인 노예들. 흑인 노예
의 노동요에는 이들의 비극적인 삶이 녹아있다.

노동요는 노동의 능률을
올리고 생산성을 향상시킨
다. 이 때문에 백인 농장주
들은 흑인들에게 노동요만
큼은 자유롭게 허락했다. 노
동요를 부를 때는 화성이나
멜로디보다는 리듬이나 박
자가 중요했다. 규칙적으로
이루어지는 단순 노동의 호
흡과 흐름에 잘 맞아야했기
때문이다. 이로 인해 북과
같은 타악기가 강조되었

49) 이수완, 『대중음악 입문 : 문화연구와 만나는 대중음악』, 경성대학교 출판부,
　　2014, 53~54쪽.

다.50) 그런데 실제 현장에서는 손뼉 치기나 발 구르기가 박자를 맞추는 데 주로 이용되었고, 이러한 움직임은 자연스럽게 춤으로도 연결되었다.

노동요는 선후창의 콜 앤 리스폰스(Call and Response) 형식을 지녔다. 이때 중요한 것은 서로 주고받기 쉽도록 짧고 단순한 멜로디를 반복적으로 부른다는 점이다. 이러한 연행의 특징은 대중음악에도 그대로 이어져 악곡 전개의 핵심 모티프 역할을 하는 리프(Riff)51)를 형성시켰다.

흑인 노예의 노동요에는 이들의 비극적인 삶이 녹아있다. 고향을 떠나 인간으로서 기본적인 대우도 받지 못한 채 가족과 떨어져 힘든 일을 해야만 하는 분노와 한이 서려있다. 부르짖음(Call), 울부짖음(Cry), 외침(Holler)의 창법은 여기에서 나왔다. 이는 정제되기보다는 거칠고 자유로웠다. 이들은 대농장의 들판에서 마음껏 소리침으로써 고통과 슬픔을 해소하고자 했다. 서양의 전통음악과 달리 감정을 여과 없이 표출하는 이러한 창법은 이후 블루스, 록을 비롯한 여러 대중음악 장르의 핵심이 되었다. 한편, 지독한 현실에서 벗어나고자 하는 간절함은 신앙으로까지 이어졌는데, 이들은 현세에서는 불가능한 자유와 해방을 신앙을 통해 내세에서 이루고자 했다. 이 과정에서 흑인 영가(Negro Spirituals)가 생겨났다.

흑인들은 교회를 통해 찬송가 등 서양 전통음악을 접했다. 그러나 처음부터 흑인 노예에게 예배가 허락된 것은 아니었다. 자발적으로 교회를 간 것도 아니다. 어쩔 수 없이 가야했던 교회 언저리에서 이들은 성경

---

50) 북은 원래 아프리카 토속 음악에 있어서 중요한 역할을 했다. 북을 치는 행위로 병을 치유하거나 언어를 모방해 재판이나 의사를 전달하는 기능까지 수행했다.(황영순, 「미국 흑인음악의 역사적 배경과 발전 과정」, 『미국사연구』제34집, 한국미국사학회, 2011, 118~119쪽 참고).

51) "두 소절 또는 네 소절의 짧은 구절을 몇 번이고 되풀이하는 재즈 연주법. 또는 그렇게 되풀이하는 멜로디."(『표준국어대사전』). 리프는 사람들에게 곡의 이미지를 각인시킨다는 점에서 후크(Hook)와 개념이 유사하다.

말씀과 찬송가를 우연히 듣게 되었다. 성경의 이야기와 가르침은 절망적인 현실에 처한 이들에게 절실하게 다가왔다. 신앙은 자신을 구원할 유일한 방법이었다.

유럽에서 넘어온 청교도가 대부분이었던 아메리카 대륙의 백인 농장주들은 흑인들에게 이내 예배를 허락했다. 교회에는 물론 흑인들뿐이었다. 음악 교육을 제대로 받지 못한 이들은 악기도 없이 본인들만의 방식으로 찬송가를 불렀다. 기억을 더듬어 불렀기 때문에 당연히 멜로디나 음높이, 박자는 원곡과 맞지 않았고, 끝음처리도 제각각이었다. 정해진 순서도 없어서 노래는 끝도 없이 반복됐다. 그러한 와중에 저마다 즉흥적으로 원곡을 조금씩 변주하기 시작했고, 그러면서 곡은 보다 다채롭고 풍부해졌다. 감정을 절제시켜 가장 아름답고 정제된 소리를 내는 서양 전통음악의 법칙은 알지도 못했고, 그러한 훈련을 받지도 않았기에 이들의 노래에는 안타까움이나 한탄, 절망과 같은 솔직한 감정이 그대로 드러났다. 노래에는 항상 박수와 함께 춤이 동반되었으며, 불안정하고 불분명한 삶의 현실은 장조도 단조도 아닌 모호한 음악 정서를 표출했다. 흑인 음악 특유의 블루노트(Blue Note)[52], 싱커페이션(Syncopation)[53], 애드리브(Ad-lib)[54], 비브라토(Vibrato)[55], 벤딩(Bending)[56]의 기타 연주법, 미끄

---

52) "블루스 음계의 특징이 된 음이 블루 노트로 각각 반음씩 낮아진 3도와 7도, 그리고 마찬가지로 반음 낮아진 5도가 여기에 해당된다."(『파퓰러음악용어사전』, 삼호뮤직, 2002).
53) "같은 높이의 센 부분과 여린 부분이 이어져서, 여린 부분이 센 부분으로 되거나, 센 부분이 여린 부분으로 되어 셈여림의 위치가 바뀌는 것, 당김음."(『파퓰러음악용어사전』, 삼호뮤직, 2002).
54) "라틴어 ad libitum에서 유래한 용어로, '자유롭게', '즉흥적으로'라는 의미지만 코드 진행이나 모드를 기본으로 자유롭게 즉흥 연주하는 것을 말한다."(『파퓰러음악용어사전』, 삼호뮤직, 2002).
55) "음악 연주에서 목소리나 악기의 소리를 떨리게 하는 기교."(『두산백과』, 두산잡

러지듯 오르락내리락하는 음정 표
현 등은 모두 이러한 것들에서 비
롯되었다.

노동요와 흑인 영가의 특징을
이어받은 것은 블루스(Blues)이
다. 블루스는 단순한 화성과 멜로
디에 리프가 강조되었다. 또 삶의
애환을 솔직하게 표출하고 진솔
하게 노래했다. 다른 점이 있다면
노동요·흑인 영가가 공동체적이
고 추상적인 주제를 다뤘다면, 블
루스는 지극히 개인적이고 현실
적인 주제를 다뤘다는 점이다. 잘
알려진 것처럼, 대중음악의 본격

블루스의 대표적인 뮤지션 중 하나인
로버트 존슨(Robert Johnson).

적인 시작은 블루스부터이다.[57] 대중음악은 '근대 이후 대중매체를 통해
대중이 향유하는 상품으로서의 노래'로 정의할 수 있는데, 집단적·종교
적인 성격의 노동요·흑인 영가와 달리 블루스는 개인적이고 세속적인
성격을 지니고 있었기 때문에 1920년대 산업의 영역에서 라디오, 음반
등의 대중매체를 통해 사람들에게 많은 사랑을 받을 수 있었던 것이다.
이후 블루스는 리듬이 점차 빨라져 1950년대 이르러 리듬 앤 블루스
(Rhythm and Blues, R&B)로 파생되었다.

지, 1997).
56) "피킹 후에 누르고 있는 줄을 밀어 올리거나, 아래로 당겨서 음정을 변화시키는
것이다."(『파퓰러음악용어사전』, 삼호뮤직, 2002).
57) 이수완, 앞의 책, 56~61쪽.

1930년대를 지나면서 댄스는 이미 대중화되었다. 제1차 세계대전이 끝난 뒤, 미국의 경제가 살아나고 향락을 추구하는 문화가 만연해지면서 사람들은 댄스홀에 모여 춤을 췄다. 이때의 댄스음악은 스윙재즈였다. 스윙재즈는 빠르고 역동적이었다. 사람들은 음악과 춤에 열광했다.

재즈가 블루스에 근간을 둔 변이형이라고 보는 것이 정설이지만 사실 둘 사이의 경계는 명확하지 않다. 물론 재즈가 서양 전통음악에 보다 더 많은 영향을 받고 즉흥성과 세련미를 지니긴 했지만, 블루스와 재즈의 음악적 차이는 거의 없다. 쌍둥이처럼 같은 뿌리를 두고 태어나 서로 영향을 끼치며 변해갔을 뿐이다. 어찌됐든 대중음악의 흐름이 점차 대중적이고 상업적이고 쾌락적으로 바뀌어감에 따라 블루스 기반의 흑인음악도 재즈처럼 보다 경쾌해졌다. 리듬 앤 블루스는 이러한 양상을 잘 보여준다.

리듬 앤 블루스는 느리고 지루하기까지 하던 기존의 블루스를 부기우기(Boogie Woogie), 셔플리듬(Shuffle Rhythm) 등을 이용하여 비트(beat)감 있는 음악으로 만들어 놓았다. 대체적으로 리듬 앤 블루스는 블루스에 비해 비트가 강하고 리듬과 멜로디가 더욱 대중적이며 가사 역시 흑인들의 고단한 삶이 주제였던 것과는 달리 보다 낭만적이거나 쾌락적인 요소를 갖는다. 당시 리듬 앤 블루스는 재즈의 영향을 받아 관능적이며 낭만적인 브라스밴드(Brass Band)를 많이 사용하는 것이 특징이었다.

리듬 앤 블루스는 그 당시 미국의 녹음기술의 발달이라는 좋은 문화적 환경에 의해서 쉽고 자연스럽게 대중들에게 받아들여지게 되었다. 고함지르듯 울부짖는 샤우트 창법, 블루스 느낌이 짙은 색소폰 그리고 흥을 한껏 돋우는 리듬은 리듬 앤 블루스가 지닌 음악적 특징들이 녹음기술의 발전으로 인하여 최대한 부각이 되었다. 흥겨운 리듬과 젊은 감각 때문에 그 당시 젊은이들로부터 절대적인 지지와 사랑을 받게 되었다.[58]

---

58) 이에스더, 『대중음악과 문화』, 계명대학교 출판부, 2012, 44쪽.

3장 종합문화적 산물로서의 K-pop, 그 존재와 당위 ▌

리듬 앤 블루스는 블루스에서 리듬이 강조된 음악이다. 템포가 빨라지고 리듬감이 강화되어 사람들의 흥을 돋우고 몸을 움직이게 한다. 사람들은 단순한 패턴의 리듬을 반복하고 그것에 맞춰 춤을 추는 과정에서 아프리카 전통의 이미지를 환기시켰다. 그만큼 베이스나 드럼 같은 리듬악기의 역할이 중요했다.

리듬 앤 블루스는 노동요의 리듬 특징을 많이 이어받았다. 다른 것이 있다면 리듬 앤 블루스는 시대상이나 상업성과 연관되어 지극히 세속적이고 쾌락적인 목적으로 향유되었다는 점이다. 신세 한탄이나 서러움을 토로하기보다는 성적 욕망 등을 노골적으로 드러내었는데, 이때도 흑인 음악 특유의 솔직하고 거침없는 표현법은 유효하게 사용되었다. 격한 감정의 솔직한 표현을 위해서 비명이나 신음소리에 가까운 창법을 구사하기도 했다. 노랫말도 흑인들의 일상어나 속어를 그대로 사용했다. 이러한 것들은 기성세대의 가치관으로는 절대 용인될 수 없는 것이었으나 젊은 세대에게는 크게 환영받았다.

리듬 앤 블루스는 이후 두 갈래로 나뉘었다. 1950년대 중반에 접어들면서 일렉트릭 악기의 발달과 백인 컨트리음악의 영향을 받아 로큰롤(Rock & Roll)로 변화한 것이 하나이고, 흑인음악 본래의 진정성, 신실함을 강조하는 소울(Soul)로 변화한 것이 다른 하나이다.

처음에 로큰롤은 댄스음악이었다. 그러나 1960년대 이후부터 백인 중심의 록(Rock)이 되어 음악정신의 순수성과 예술성, 저항성을 강조하며 차차 변모했으며, 고고를 제외하고 댄스음악으로서의 성격은 옅어졌다. 반면, 로큰롤에서 흑인 정신을 계승한 것은 소울이었다. 사회 부조리와 차별의 철폐, 평등과 사랑의 메시지를 강력하게 전달하던 소울은 1960년대 들어서는 훵크(Funk)[59] 리듬과 결합했다.

훵크는 멜로디 변화는 거의 없고, 리듬이 중심이었다. 그래서 화성도 단순하다. 드럼과 같은 타악기와 베이스 라인의 리듬 진행을 기본으로, 기타나 건반과 같은 다른 악기가 화성이나 리듬을 간간이 꾸며준다. 횡크는 댄스음악의 계보를 이으며 이후 디스코, 힙합이 생겨나는 데에 큰 기여를 했다.

1970년대 댄스음악은 디스코(Disco)가 주도했다. 디스코는 리듬 앤 블루스나 횡크보다 훨씬 더 춤추기 쉽게 변했다. 박자는 짝수 박으로 고정되었고, 신시사이저(Synthe-sizer)[60]와 드럼머신(Drum Mach-ine)[61]을 이용하여 크게 쿵쿵거리는 단순한 사운드를 만들었다. 록이나 재즈 연주자가 보이는 화려한 기교는 사라지고, 듣는 사람의 춤을 이끌어내는 원초적이고 육감적인 사운드만이 남게 되었다.

당시 디스코텍에 울려 퍼지던 디스코는 밴드의 연주자를 통해 연주되는 생음악이 아니라 DJ에 의해 음반으로 재생되는 음악이었다. 테크놀로지의 발달은 전자

1978년 개봉된 존 트라볼타 주연의 영화. ≪토요일 밤의 열기≫는 당시 전 세계적 열풍이던 디스코의 인기를 잘 보여준다.

---

59) 1970년대 중반 생겨난 장르인 펑크(Punk)와의 구분을 위해 '펑크'가 아닌 '횡크'로 표기함.
60) "소리를 전자적으로 발생·변경시키는 기계장치. 흔히 디지털 컴퓨터를 사용하며 전자음악 작곡과 라이브 연주(즉흥적 성격이 강한 생음악 연주)에 쓰인다."(『브리태니커 사전』).
61) "타악기의 리듬을 전기적 장치를 통하여 만들어 내는 기계."(『표준국어대사전』).

악기와 음향기기 사용의 확대를 가져왔다. 이제 디스코텍이나 나이트클럽에서의 음악은 연주되지 않고 재생되었다. DJ는 사람들이 춤을 계속 출 수 있도록 복수의 턴테이블을 이용하여 음반을 번갈아가며 재생시켰다. DJ에 의해 재생되는 음악은 레퍼토리가 자유로웠다. 당대 최신 유행곡을 얼마든지 들려주어 다수의 사람을 최대로 만족시킬 수 있었다. 이는 무엇보다 경제적이었다. 이후 디스코텍이나 나이트클럽에서 프로 연주자의 수요는 확연히 줄어들었다. 장인 정신을 추구하는 연주자보다는 세련되고 대중적 감각을 가진 DJ나 프로듀서가 훨씬 더 각광을 받았다. 이러한 양상은 힙합이나 일렉트로니카 등으로도 그대로 이어졌다.

힙합(Hip-Hop)은 1970년대 뉴욕 게토의 흑인과 히스패닉 청소년 사이에서 생겨난 일종의 문화현상이다. 보통 랩과 동의어로 쓰이기도 하는데, 정확히는 기존 음반에서 여러 음악적 샘플을 가져와 섞어 새로운 음악을 만드는 디제잉(DJing), 그것을 반주삼아 일상적 이야기를 자유롭게 말하는 래핑(Rapping) 또는 엠씨잉(MCing), 곡예와 같은 격한 동작의 춤을 추는 비보잉(B-Boying), 거리의 벽에 낙서처럼 그림을 그리는 그라피티(Graffiti), 여기에 패션, 태도, 말투, 행동 등을 모두 아우른다. 힙합은 1980~90년대 전 세계적으로 확산된 주류 대중음악 양식이며, 현대 미국 사회의 주변인으로 살아가는 흑인들의 생활양식 그 자체이다.

> 랩의 선례를 따라가다 보면 토킹 블루스(talking blues), 가스펠의 말하기와 주고받기 등 대중음악의 다양한 말하기 형식(story-telling)을 만나게 된다. 좀 더 직접적인 영향을 준 것은 1960년대 말, 레게의 DJ 토스터(toasters, 토크오버talkover 스타일)와 훵크 음악의 앙상한(stripped down) 스타일이다. 특히 제임스 브라운(James Brown)이 기본적인 훵크 반주를 깔고 구사한 '의식의 흐름' 랩은 지대한 영향을 미쳤다.[62]

흑인음악의 맥을 잇는 힙합은 독특한 음악 작법을 가지고 있다. 힙합의 DJ는 디스코텍의 DJ가 음악을 재생하던 것과 유사하게 음악을 만들었다. 이때 사용된 방식은 기존의 음악을 재료로 하는 '창조적 짜깁기'이다. 이는 전통의 음악 작법과는 완전히 달랐다. 당시 빈곤층 흑인이 음악교육을 받거나 악기를 연주하는 것은 불가능했다. 악보를 그려 작곡하는 것은 상상할 수도 없었다. 그들이 할 수 있는 것이라고는 낡은 턴테이블(Turntable)[63]과 버려진 믹서(Mixer)[64] 등을 이용하여 음악을 재생시키는 일뿐이었다. 하지만 단순한 재생 방식은 아니어서 두 음반을 이어 틀고, 함께 틀고, 여러 번 틀고, 번갈아 틀었다. 그런데 대단히 아마추어적일 수 있는 이러한 '섞는' 행위는 오히려 대중음악의 독창적인 기법으로 발전해갔다. 두 음악을 최대한 자연스레 교차(Cross Fade)시키기 위해, 또 흥을 효과적으로 고조시키기 위해 볼륨 페이더와 이퀄라이저(Equalizer) 등의 필터 계열의 이펙터를 기술적으로 사용하기 시작한 것이다. 물론 이 역시 음반 산업과 테크놀로지가 발달하였기에 가능한 일이었다.

쿨 허크는 디제잉(DJing)의 기틀을 놓은 인물이다. 그는 브레이크 비트(break beat)를 시도한 초창기 인물이다. 한 종류의 레코드 두 장을 턴테이블 두 개에 올려놓고, 한 장을 플레이 하는 중간에 다른 한 장의 드럼비트(리듬악기 반주부분, 브레이크)를 따서 집어넣는데 이것이 브레이크 비트였다. 브레이크 비트는 샘플링해서 이미 만들어진 리듬 트랙을 말한다(주로 훵크에서 많이 따서 썼다). 힙합은 댄스음악이기 때문에 이 부분이 매우 중요하다. 비보이(B-Boy 혹은 B-Girl)는 브레이크 비트에 맞춰 자유롭게 고

---

62) 로이 셔커, 앞의 책, 99쪽.
63) "레코드플레이어에서 음반을 올려놓는 회전반을 말한다."(『오디오 용어사전』, 새녘출판사, 2013).
64) "두 가지 이상의 음원을 하나의 음으로 합치는 기계 장치."(『영화사전』, propaganda, 2004).

난이도의 브레이크 댄스를 보여준다. 쿨 허크는 두 개의 노래들의 비트를 섞거나 매치시키기도 하고(커팅cutting과 브랜딩blending) 특별한 악구를 반복하기 위해 디스크를 손으로 회전시키는 백 스피닝(back spinning)도 구사했다. 이렇게 해서 더 긴 댄스곡을 위한 일종의 사운드 꼴라주(sound collage)가 만들어졌다. 여기에 그는 중간 중간 말을 집어넣었다(토스팅 toasting). …중략…

쿨 허크의 뒤를 이어, 그랜드 위저드 시어도어(Grand Wizzard Theodore) 는 음반을 커팅하는 기법에서부터 턴테이블을 리듬 악기로 만드는 스크래 칭(scratching)이라는 테크닉을 발전시켰다. 스크래칭은 손으로 디스크를 앞뒤로 밀면서 바늘로 디스크를 긁어서 소리 내는 디제잉 테크닉이다.[65]

힙합의 디제잉 기술은 흑인음악 고유의 특성을 답습하면서도 새롭게 변화시켰다. 곡의 특정 부분을 샘플링하고 패턴을 반복시켜 춤추기에도 좋고 후킹효과도 있게 만들었다. 주저리주저리 이어지는 랩 형식 때문에 자칫 잃을 수도 있었던 리듬감도 라임(Rhyme, 압운(押韻)[66]을 맞추며 잘 살려냈다. 대중음악에서 라임이 비단 랩에서만 보이는 것은 아니나, 멜로 디는 거세되고 샘플링 된 비트에 맞춰 언어 감각만을 최대한 발휘할 수밖 에 없었던 이유 때문에 랩에서는 라임이 더욱 중요하게 부각되었다.

전통적으로 흑인음악의 음악적 표현은 자연 상태 그대로의 감정을 표 출하거나 모사하는 방식으로 이루어졌는데, 이를 이어 받아 스크래치 (Scratch) 기법의 거칠고, 끊어지고, 불현 듯 치고 들어오고, 기괴하게 울 부짖는 사운드를 통해 불만족스럽고 불안정한 삶의 감정을 드러냈다.[67]

---

65) 이수완, 앞의 책, 150~151쪽.
66) "시(詩)와 같은 운문에서 행의 처음과 행의 끝, 행간 휴지(休止) 등에 비슷한 음 혹은 같은 음을 반복해서 문장을 정비하는 수사법."(『두산백과』, 두산잡지, 1997).
67) 물론 스크래치 기법은 지루함을 없애 흥미를 유발하고, 특정 부분을 반복시켜 메 시지를 강조하고, 볼륨 페이더와 함께 리듬에 맞춰 긁어 드럼의 필인(Fill-in)의 효 과를 내는 데 일차적인 목적이 있다.

또 구조적으로나 음향적으로나 다듬어지지 않은 힙합의 음악은 부조리가 만연한 사회에 대한 불만과 반항을 잘 드러내주었다. 그런 의미에서 마음 껏 투덜대고 지껄일 수 있었던 랩이라는 양식도 이를 표현하는 데 가장 적합했다고 볼 수 있다.

힙합댄스는 이어짐과 멈춤이 반복되는 춤이다. 음악이 그런 특성을 가졌기 때문이다. 거리에서 연행되던 힙합의 음악은 처음부터 불완전했다. 모든 것이 즉흥적으로 이루어졌다. DJ는 분위기에 따라 음악을 순간순간 구성했다. 매끄럽지 않고 거칠었다. 이런 음악과 사운드에 춤을 맞추다보니 자연스레 멈춤(Freeze)이 생겼고, 그 순간의 독창성을 위해 점점 아크로바틱한 동작이 개발되었다.

힙합댄스는 남에게 과시하는 춤이다. 경쟁에서 이기기 위한 춤이다. 그러기 위해서는 남보다 더 개성 있고 인상적이어야 한다. 그만큼 화려하고 격하다. 뉴욕의 할렘가 아무도 보지 않고 관심두지 않는 곳에서 추는 춤은 자기들끼리의 즐김 그 이상이었다. 역설적이게도 그것은 자신들의 목소리와 모습을, 사회가 감추려하는 곳을 있는 그대로 봐달라는 강력한 외침이었다. 이는 몸에도 맞지 않고 어울리지도 않는 옷과 액세서리를 이것저것 걸치는 패션 방식에서도 드러나고, 껄렁대고 과장된 말투와 걸음걸이, 극단적으로 눈에 띄게 그리는 거리의 낙서에서도 드러난다. 그것은 사회의 가장 낮고 먼 데 있으면서도 자신감과 자존감을 잃지 않으려는 자기 과시와 자랑의 방법이었고, 국가와 사회의 관심을 촉구하는 절박한 행동이었다. 또 자신들을 억압하는 지배 질서에 대한 저항의 표시였다. 그런데 재미있는 것은 청소년들이 힙합의 이러한 으스대고 반항적인 이미지에 열광했다는 점이다. 당시 청소년은 큰 구매력을 가지고 있었고, 힙합의 시장성은 대중음악을 새로운 국면으로 접어들게 했다. 성공을 위해 가수가 전문적으로 갈고 닦아야 할 요소에 춤이 새롭게 추가가 된 것이다.

아울러 콘테스트나 페스티벌을 통해 크루(Crew) 대항으로 전문적인 배틀(Battle)이 시작되면서부터 자유로운 스타일이었던 힙합댄스가 점차 형식적으로 변해갔다. 그중에서도 두 사람 이상, 많게는 팀 전체가 모두 행했던 루틴(Routine)댄스는 배틀 전에 미리 합을 맞춰와 보여줌으로써 상대의 기를 죽이고 관중에게 깊은 인상을 남기는 목적을 가지고 있었는데, 이러한 춤 형태는 이후 대중음악에서 화려하고 조직적인 군무로 이어졌다.

일렉트로니카(Electronica)는 1980년대 중반 등장한 댄스음악이다. 이 역시 흑인음악의 특성을 계승했다. 디스코에서 음악을 재생하는 DJ의 역할이 중요했던 것처럼 일렉트로니카 역시 신시사이저, 샘플러(Sampler)[68], 이펙터(Effector)[69], 믹서, 턴테이블, 콘트롤러, 컴퓨터 등 미디(MIDI)[70] 기반의 각종 디지털 장비를 이용하여 음악을 만드는 DJ, 프로듀서, 엔지니어의 역할이 핵심이었다. 이때부터 대중음악의 창작은 전적으로 디지털 미디어에 의존하기 시작했다. 또한 일렉트로니카는 120bpm 이상의 빠른 빠르기, 4분의 4박자, 2비트 드럼의 리듬 패턴, 반복적인 '리프'의 특징을 지녔다. 일상, 자연, 기계 등 세상에 존재하는 모든 소리를 음악적 재료로 사용하는 일렉트로니카는 무한히 반복되는 리듬 패턴으로 사람들의 황홀경 같은 춤을 유도했다. 그러나 다양한 음악적 실험에서

---

68) "미리 기억된 자연음을 음원으로 사용하는(샘플링 음원) 악기를 모두 가리키며, 샘플링 머신이라고도 한다."(『파퓰러음악용어사전』, 삼호뮤직, 2002).
69) "전기 신호화한 음을 가공하여 원음과는 다른 음으로 변화시키는 일반적인 기기를 가리킨다."(『파퓰러음악용어사전』, 삼호뮤직, 2002).
70) "전자 음향 합성 장치나 디지털 피아노 따위의 여러 가지 전자적인 음악 장치들을 연결하여 서로 제어할 수 있도록 하는 표준 인터페이스. 컴퓨터를 이용한 음악의 편집이나 특수한 효과를 내기 위하여 주로 사용된다."(『표준국어대사전』).

오는 난해함, 몽환적이고 퇴폐적인 이미지, 임팩트 없는 지루함, 스타 가
수의 부재 등의 이유로 주류 장르로 자리 잡지는 못했다. 그럼에도 불구
하고 발달된 IT환경을 바탕으로 타 장르와의 활발한 협업을 통해 1990년
대 이후에는 대중음악시장에서 큰 영향력을 발휘했다.

　이렇게 댄스음악은 대중음악의 중심에서 긴 세월동안 조금씩 모습과
이름을 달리하며 변화해왔다. 시대마다의 성격에 맞게 적응을 해온 셈인
데, 종적으로나 횡적으로나 장르 간 영향을 끊임없이 주고받으며 오늘날
에 이르렀기에 각각의 음악적 성격을 딱 잘라 규정할 수는 없다. 그러나
핵심적인 요소는 분명 존재해 한국 대중음악의 전개과정과 K-pop 형성에
중요한 역할을 했다.

2.2.2 외국 댄스음악이 K-pop에 미친 영향

　1980년대 힙합댄스의 세계적인 열풍은 한국에도 큰 영향을 주었다. 물
론 이전 시기인 1960년대 후반에서 1970년대 초반 이금희나 김추자, 김정
미가 독특하고 열정적인 댄스를 보여주며 이슈가 된 적은 있으나 댄스음
악을 주류로 이끌지는 못했다. 하지만 1980년대는 달랐다. 특히 마이클
잭슨과 마돈나의 폭발적인 인기는 한국에서도 댄스음악을 주류로 올려놓
는 결정적인 역할을 하였다. 1970년대 말, 디스코풍의 노래를 불렀던 이
은하, 나미, 인순이 등을 비롯하여 1980년대 김완선, 박남정, 소방차 등은
댄스가수로 큰 인기를 끌었다. 뿐만 아니라 이주노, 양현석, 박철우 등은
전문 댄서로, 김창환, 최진열, 신철 등은 DJ로 활동하며 이름을 떨쳤다.
이들은 댄스음악을 한국 대중음악시장의 주류로 만드는 등 K-pop 발생과
발달에 중요한 역할을 했다.71)

---

71) 장유정, 「보는 음악, 몸의 음악: 댄스음악」, 김창남 엮음, 앞의 책, 338~348쪽 참고.

　　종로와 강남 등을 거쳐 1980년대 중반 이후부터 이태원의 '문나이트'가
이른바 춤꾼들의 아지트로 자리하기 시작했다. 당시 이곳에서 춤을 췄던
사람들로는 강원래, 구준엽, 신철, 박철우, 이주노, 현진영, 유영진 등을 들
수 있다. 춤을 잘 추는 사람들만 온다는 소문이 나서 당시 음반기획자나
매니저도 그들을 보려고 이곳에 오곤 했다. 결국 이들이 대중음악계로 진출
하면서 댄스음악은 새로운 전기를 맞이했다고 볼 수 있다.[72)]

　　SM엔터테인먼트를 설립한 이수만은 1980년대 미국에서 유학생활을
하며 MTV와 마이클 잭슨, 마돈나, 바비 브라운, 뉴 키즈 온 더 블록의
성공을 목격했다. 당시에는 가수의 현란한 춤이 주도하는 댄스음악이 대
유행이었는데, 그는 이를 한국 대중음악에 접목시키고자 하였다. 이미
세계 시장의 주류가 된 댄스음악이 한국의 청소년에게도 큰 호응을 얻을
것이라 확신했기 때문이다.

　　댄스음악 가수가 체계적인 춤을 본격적으로 보여주기 시작한 것은 이
때부터이다. 이전 시기까지 가수 혹은 뮤지션은 본인이 춤추기보다는 청
중이 춤추게 하는 역할에 충실했다. 즉, 이전까지의 음악은 수용자의 춤
을 위한 음악이었다. 재즈가 그랬고, 리듬 앤 블루스가 그랬고, 로큰롤이
그랬다. 그러나 1970년대 이후 훵크와 디스코, 힙합이 유행하고 본격적인
'보는 음악'의 시대를 맞이한 이후부터 댄스음악은 수용자보다는 가수의
춤을 위한 음악이 되었고, 이는 음반 제작 시 필수적으로 고려해야할 요
소가 되었다. 이 때문에 당시 한국에서 댄스음반을 기획하던 SM엔터테인
먼트(당시 SM기획)를 비롯한 여러 음반사나 매니지먼트사에서는 무엇보
다 춤 잘 추는 가수가 필요했던 것이다.

　　이수만은 댄스음반 제작을 위해 이태원 등지의 클럽에서 DJ로 활동하
고 있던 최진열[73)]을 통해 현진영, 강원래, 구준엽을 소개받았다. 이들의

---

72) 위의 책, 346쪽.

가능성을 본 이수만은 현진영과 와와라는 팀을 만들었다. 1990년 ≪New Dance 1≫이라는 음반 발표 후 이들은 큰 성공을 거두었고, 이후 서태지와 아이들(1992), 듀스(1993)가 차례로 나와 댄스음악 열풍을 이끌었다.

1990년 발표된 현진영 1집 타이틀곡 〈슬픈 마네킹〉은 SM엔터테인먼트에서 기획·제작하여 처음 선보인 댄스곡이다. 당시 이태원 등지의 클럽에서 춤에 일가견이 있는 현진영과 구준엽, 강원래를 캐스팅해 팀을 만들고, 춤과 노래를 트레이닝시킨 후 데뷔시켜 10대 청소년에게 큰 인기를 얻었다.

이 노래는 훵크와 힙합, 정확히는 뉴 잭 스윙(New Jack Swing)[74]의 영향을 받았다. 4마디 리듬 패턴이 반복되는 구조를 가지고 있으며, 재즈 시대 이후 대중음악의 전형이 된 32마디 AABA 형식을 가지고 있다. 단선율의 멜로디에 코러스는 들어가지 않는다. 역동적인 춤을 위해 드럼과 베이스를 강조해 힘 있는 비트감을 만들고, 사운드는 실제 악기가 아닌 드럼머신과 신시사이저 등의 전자 악기로 구현되었다. 또 본토에 가까운 랩을 구사하려 노력했다는 점도 눈에 띈다. 창법 역시 흑인음악 특유의 거칠고 굵은 소리를 내려고했다. 무엇보다 미소년 같은 세 사람이 보여주는 조직적이고 유연한 춤이 돋보였다. 당대 유행하는 댄스음악을 비교적 잘 구현한 이 작품은 이후 K-pop시대를 주도하게 되는 SM엔터테인먼트의 첫 작품이라는 점에서 의의가 있다.

---

73) 클럽 DJ 출신으로 SM엔터테인먼트 최초의 매니저. SM엔터테인먼트에서 현진영과 와와의 매니저를 한 뒤 이후 서태지와 아이들 등 여러 가수의 매니저이자 음반기획자로 활동하였다.
74) 뉴 잭 스윙은 1980년대 후반에서 1990년대 초반, 미국 가수 겸 프로듀서 테디 라일리(Teddy Riley)가 주도한 댄스음악. 리듬 앤 블루스에 랩을 더해 감미로운 멜로디의 미디엄 템포 곡에서도 역동적인 리듬감을 느낄 수 있다. 바비 브라운, 베이비페이스, 마이클 잭슨 등이 대표적이다. 한국에서는 주로 랩댄스라는 이름으로 불렸다. 테디 라일리는 이후 소녀시대 〈The Boys〉(2011)를 작곡하고 프로듀싱하며 SM엔터테인먼트와 직접적인 인연을 맺었다.

[악보 3-9] 현진영 <슬픈 마네킹>(1990) 부분

작사: 오선화 / 작곡: 홍종화 / 채보: 이상욱

1992년 발표된 서태지와 아이들 1집은 댄스음악의 전형을 보여준다. 앨범 전반에 걸쳐 리듬 앤 블루스, 훵크, 힙합 등의 요소가 강하게 드러난

다. 우선 타이틀곡 〈난 알아요〉와 〈환상속의 그대〉에서 신시사이저, 드
럼머신, 샘플러를 사용해 컴퓨터음악 시대로의 본격적인 진입을 알렸다.
이들은 속사포 같은 랩을 전면에 내세웠다. 여기에 현진영에서는 보이지
않던 랩 더블링(Doubling)75)도 적절하게 구현했다. 특히 서태지는 강한
비트감이 중요한 댄스음악에서 록그룹 시나위의 베이시스트 출신답게 유
려한 베이스 라인을 만들어 생동감을 더했다. 또 마이클잭슨의 〈Beat It
(비트 잇)〉(1982)이나 〈Black Or White(블랙 오어 화이트)〉(1991)처럼 금
속성의 기타 리프를 이용해 록과의 접목도 시도했다. 여기에 양현석, 이
주노의 화려한 힙합댄스와 패션이 더해져 이들은 단숨에 청소년의 마음
을 사로잡았다.

〈너와 함께한 시간 속에서〉, 〈이 밤이 깊어가지만〉, 〈이제는〉은 색소
폰이 두드러지는 미디엄 템포 곡이다. 음악 형식이나 스타일 면에서는
리듬 앤 블루스의 특징을 가지고 있으나 멜로디와 창법은 그렇지 않다는
것이 특이하다. 멜로디의 음폭은 크지 않고, 오히려 듣기에 편안한 이지
리스닝에 가깝다. 창법은 굵고 거칠기보다 서태지 특유의 미성과 군더더
기 없는 창법으로 독특한 인상을 준다. 이는 당시 사람들에게 너무 낯설
지도, 그렇다고 너무 촌스럽지도 않은 대중적이고 세련된 인상을 주었다.
이러한 서태지의 창작 기법과 전략은 그의 디스코그래피 전반에서 나타
나는 주된 특성이기도 하다.

서태지와 아이들은 이후 2집의 〈수시아(誰是我)〉(1993)에서는 일렉트
로니카 스타일을 선구적으로 선보이기도 하고, 3집의 〈발해를 꿈꾸
며〉(1994), 〈교실 이데아〉(1994)와 4집의 〈Come Back Home〉(1995),
〈시대유감〉(1995)에서는 저항과 비판의식을 바탕으로 사회문제까지 다

---

75) 노래에서의 코러스와 개념이 비슷하다. 말 그대로 해당 노랫말을 배가시켜 라임을
　　강조하고, 플로우를 멋스럽게 해주는 효과가 있다.

루며 한국 대중음악시장에 큰 영향력을 발휘했다. 무엇보다 작사, 작곡, 편곡, 연주, 프로듀싱을 도맡아 하고, 안무, 패션, 팬 관리, 매니지먼트까지 주도함으로써 팀을 성공으로 이끈 서태지의 역량은 이후 수많은 매니지먼트사의 본보기가 되었다.

한국 대중음악에서 랩 형식이 처음 보이는 것은 현진영, 서태지와 아이들보다도 앞선 1989년 8월과 10월에 각각 발표된 박남정의 〈멀리 보이네〉와 홍서범의 〈김삿갓〉에서다. 이들 또한 상당한 의미와 가치를 지닌다. 특히 〈김삿갓〉은 런 디엠씨(Run D.M.C)의 〈Walk This Way(워크 디스 웨이)〉(1986)를 모티프로 삼았다는 점76)에서 분명 의식적으로 힙합을 표방하려했음을 알 수 있다. 그러나 라임에 대한 확실한 인식을 바탕으로 한국어 랩 수준을 현격하게 끌어올리고, 한국 대중음악 힙합 역사에 의미 있는 성취를 거둔 이들은 듀스이다.

그대는 나를 슬퍼하는 나를
지금 기다림의 날을
계속 하고만 있는 나를
WHY 왜 자꾸만 외면하고
멀어져 가는 거야 그대 나에게
두근 두근 두근 두근거리는 내 마음을
그대는 가슴을 닫아 두고
외면을 하고 있지만
언젠가는 넌 알 수 있을 거야
그때 너의 마음 나에게만 보여줘

— 듀스 〈나를 돌아봐〉(1993) 부분, 작사 · 작곡 · 편곡: 이현도

76) 김봉현, 「힙합」, 『대중음악SOUND』제3집, 가슴네트워크, 2011, 202쪽 참고.

현진영과 와와 2기 출신인 김성재와 이현도가 한 팀을 이뤄 듀스를 만들었다. 듀스가 보여준 랩이나 노래는 확실히 정통 흑인음악에 가까웠다. 이들은 흑인음악 특유의 변화무쌍한 멜로디 라인을 보여주었고, 특히 라임 맞추기 등의 언어유희를 통해 한국어 랩의 성공 가능성을 보여주었다.

이전까지의 랩에서는 라임이나 플로우(Flow)[77]의 개념이 확연히 드러나지 않는다. 청자가 억지로 짜 맞춰 들어야 할 정도이다. 그러나 〈나를 돌아봐〉에서 듀스가 구사한 랩은 '-를(을)'의 각운, '왜(외)'의 두운을 자연스레 맞추었고, "두근 두근 두근 두근"을 매우 빠른 속도로 발음해 플로우를 살림으로써 심장이 두근거리는 의미를 상징적으로 잘 표현했다.

K-pop 발생 과정에서 DJ 출신으로 대중음악 프로듀서가 된 김창환이나 신철 등의 존재 역시 빼놓을 수 없다. 특히 김창환은 라인기획을 설립해 김건모(1992), 노이즈(1992), 박미경(1994), 클론(1996) 같은 걸출한 댄스가수를 대거 배출했다. 신철은 후배 DJ 이하늘, 김창렬 등으로 DJ.DOC(1994)라는 반항아 이미지의 팀을 선보였다.

문나이트에서 춤을 추던 유영진(1993)은 댄서로 활동하다 가수로 데뷔해 소울, 리듬 앤 블루스의 정통 흑인음악을 선보였다. 이후 SM엔터테인먼트의 핵심 작곡가이자 프로듀서로 자리 잡았다. 박진영(1994) 역시 대중음악계로 진출해 재즈, 리듬 앤 블루스, 디스코, 훵크 등 다양한 종류의 댄스음악을 기반으로 가수이자 작곡가, 프로듀서로 활발히 활동했다.

---

77) "비트 위에 언어를 어떤 식으로 올리느냐에 따라 생겨나는 흐름", "플로우 형성에 영향을 주는 요소는 글자 수, 읽는 속도, 톤, 숨소리, 음, 쉬는 여백, 멜로디 등 정말 다양하다."(김성훈, 「랩 창작 방법-라임과 플로우를 중심으로」, 숭실대학교 대학원 석사학위논문, 2015, 37쪽).

아 네가 네가 네가 뭔데 도대체 나를 때려 왜 그래 네가 뭔데
힘이 없는 자의 목을 조르는 너를 나는 이제
벗어나고 싶어 싶어 싶어
그들은 날 짓밟았어 하나 남은 꿈도 빼앗아갔어
그들은 날 짓밟았어 하나 남은 꿈도 다 가져 갔어
Say ya 아침까지 고개 들지 못했지 맞은 흔적들 들켜 버릴까봐
어제 학교에는 갔다 왔냐? 아무 일도 없이 왔냐?
어쩌면 나를 찾고 있을 검은 구름 앞에
낱낱이 일러 일러봤자 안돼 안돼리 안돼 아무것도 내겐 도움이 안돼
Here we go here we go it's time to stop
MMM the violence hate and all the mess
It's about time somebody should stand for
what is right that is right bang bang bang
What comes down beat a what comes down
Do you body ready for the beat again
Everybody what's up Are you people ready for it
This is the message from H.O.T.

– H.O.T. 〈전사의 후예(폭력시대)〉(1996) 부분. 작사 · 작곡 · 편곡: 유영진

1996년 발표된 H.O.T. 1집 타이틀곡인 〈전사의 후예〉는 힙합, 그중에서도 갱스터랩[78]을 표방했다. 우선 어두운 계열의 헐렁하고 치렁치렁한 옷차림과 도발적이고 격렬한 댄스가 이를 잘 보여준다. 음악적으로는 미국 갱스터랩 그룹인 사이프러스 힐(Cypress Hill)의 〈I Ain't Going Out Like That(아이 에인트 고잉 아웃 라이크 댓)〉과 베이스 리프와 리듬, 랩 플로우가 유사해 당시 표절시비가 일기도 했지만, 디지털장비를 이용해

---

78) "호전적인 랩의 대명사처럼 쓰이는 갱스터 랩은 도심에 사는 흑인들 중 가장 하류층인 마약 판매상과 갱들의 폭력적 삶과 야만적인 상황을 그린 랩이다."(이수완, 앞의 책, 160쪽).

만든 무겁고 강렬한 느낌의 리듬 패턴이 곡 전체에 규칙적으로 반복되고, 분노에 차 소리치다가도 체념한 듯 금세 수그러드는 창법과 또 그러한 전개를 통해 학교 폭력에 시달리는 청소년 화자의 심정을 효과적으로 표현했다. 여기에 날카로운 보컬 톤도 일조했다.

잘 생기고 개성 강한 H.O.T. 다섯 멤버는 금세 청소년의 우상이 되었다. 서태지와 아이들이 20대의 입장에서 10대를 대변했다면, H.O.T.는 진정한 10대의 대변자로서 한동안 절대적인 인기를 누렸다. H.O.T.는 댄스음악, 영어 노랫말, 매니지먼트사의 기획 아이돌 등의 요소를 가지고 있다. 뿐만 아니라 당대 아이돌 중 가장 먼저 해외에 진출했고, 심지어 1집 ≪We Hate All Kinds Of Violence≫(1996)의 수록곡과 2집 ≪Wolf And Sheep≫(1997)의 수록곡을 모은 컴필레이션 앨범 ≪행복≫(1998)이 중국과 일본에서 공식 발매된 것을 계기로 K-pop이라는 용어가 생겨났다. H.O.T.를 K-pop의 출발점으로 보는 이유가 여기에 있다.

[그림 3-4] ≪We Hate All Kinds Of Violence≫앨범 재킷 이미지

[악보 3-10] 베이비복스 <Get up>(1999) 부분

작사: 서윤정 / 작곡: 김형석 / 편곡: 김형석 / 채보: 이상욱

여성 아이돌 그룹 베이비복스의 3집 ≪Come Come Baby(컴 컴 베이비)≫(1999)에 수록된 타이틀곡 〈Get up(겟 업)〉은 스파이스 걸스(Spice Girls), TLC, 재닛 잭슨(Janet Jackson) 등 당시 세계적으로 인기를 끌던 뉴 질 스윙(New Jill Swing)79)에 많은 영향을 받았다. 24마디 AAB형식을 가졌으며, 사단조의 Gm-Eb-Cm-D로 코드진행이 이어진다. [악보 3-11]과 같이 묵직한 베이스 리프가 끊임없이 반복되며 역동적인 춤을 유도한다. 특히 이 곡은 블루노트(Db)가 사용되어 흑인음악 특유의 우울하고 애절한 느낌이 잘 드러난다.

노래의 실질적인 작사가80)인 박진영은 노랫말에 라임을 잘 맞춰 리듬감을 살렸다. 또 "get up"이라는 노랫말을 반복시켜 사람들에게 깊은 인상을 남겼는데, 이 곡은 후크송81)의 대표격으로 여겨지는 원더걸스의 〈Tell me〉(2007)보다도 훨씬 앞서 발표되어 큰 인기를 얻었다. 이 외에도 클론의 〈꿍따리 샤바라〉(1996), 디바의 〈왜 불러〉(1998), 이정현의 〈바꿔〉(1999), 샤크라의 〈Hey U(헤이 유)〉(2000) 등 초창기 한류를 이끌었던 곡들은 모두 후크송인데, 〈Hey U〉를 제외한 모든 곡이 중국어로 번안되

---

79) 뉴 잭 스윙의 여성 버전. "뉴 잭 스윙은 테디 라일리의 음악이 스윙(swing)처럼 유연한 리듬을 구사하면서 이전에 없던 새로운 스타일이라는 이유로 새로운 것을 뜻하는 속어 '뉴 잭(new jack)'이 붙어 만들어진 것이다. '잭(jack)'은 사내아이를 뜻하는 보편적인 단어이며, 이와 반대로 여자는 '질(jill)'이라는 표현을 쓴다. 이런 이유로 여성들이 구사하는 뉴 잭 스윙을 '뉴 질 스윙(new jill swing)'이라 부르기도 한다."(『두산백과』, 두산잡지, 1997).
80) 공식적으로는 당시 박진영의 부인인 서윤정이 〈Get up〉의 작사가로 되어있다. 그러나 실질적으로는 박진영이 작사를 했다고 밝혔다.(『위키백과』, http://ko.wikipedia.org/wiki/베이비복스).
81) 사람들의 머릿속에 각인시키는 "짧고 매력적인 반복구"(정찬중·최성영·배명진, 앞의 논문, 25쪽)로 후크를 정의한다면, 후크는 짧은 구절을 몇 번이고 반복하는 리프의 개념과 별반 다르지 않다. 이에 본고에서는 후크나 후크송 개념을 따로 언급하지 않는다.

어 불릴 정도였다. 즉, 2000년대 중반 이전에도 이미 K-pop에서의 후크송 형식은 흔히 사용되었던 것이다.

[악보 3-11] <Get up> 베이스 리프

채보: 이상욱

[그림 3-5] <Get up> 뮤직비디오

DR엔터테인먼트(당시 등룡기획)가 기획·제작한 베이비복스는 한국 여성 가수 최초로 랩을 시도했다. 당시만 해도 강렬한 랩은 남자들만의 전유물이라 여겨져 데뷔 초 방송활동에 제재를 당할 정도였다. 하지만 여성 그룹으로서는 보기 힘든 힘 있는 댄스와 군무로 이내 남학생들에게 큰 사랑을 받았다. 해외시장에서도 성공하였는데, 1999년 중국을 시작으로 일본, 태국, 대만 등에 진출하여 괄목할만한 성과를 거두었다.

베이비복스는 H.O.T., 클론, NRG, 구피 등과 함께 2000년대 초반 초창기 한류를 이끌었다. 당시 이들은 미개척 시장에 이렇다 할 노하우도 없이 진출해 불이익도 많이 당했지만, 이후 K-pop 가수들이 안정적으로 해외에 진출할 수 있도록 선구자적인 역할을 했다.

[악보 3-12] 비 <It's Raining>(2004) 부분

작사: 박진영 / 작곡: 박진영 / 편곡: 박진영, 권태은 / 채보: 이상욱

2004년 발표된 비의 3집 ≪It's Raining(잇츠 레이닝)≫은 일본, 중국, 홍콩, 대만, 태국, 인도네시아 등지에서 총 100만 장이 넘게 팔리며 비를 월드스타로 올려놓았다.[82] 〈It's Raining〉은 이 앨범의 동명 타이틀곡이다. 박진영이 설립한 JYP엔터테인먼트가 기획·제작했다.

[악보 3-13] <It's Raining> 싱커페이션 리듬

채보: 이상욱

[그림 3-6] <It's Raining> 뮤직비디오

마이클잭슨, 어셔(Usher) 등의 리듬 앤 블루스 계열 댄스음악에 많은 영향을 받은 이 곡은 104bpm의 빠르지 않은 미디엄 템포를 가졌음에도 불구하고 싱커페이션을 사용해 스윙감 혹은 율동성을 만들어낸다. 이로

---

82) 이은정, "비 아시아권 음반 판매량 100만여 장 기록", 『연합뉴스』, 2005년12월28일자.

인해 비는 본인의 섬세하고 잘 훈련된 몸동작 하나하나를 효과적으로 보여줄 수 있었다.

반주는 드럼과 베이스 사운드를 중심으로 전체적으로 묵직하고 웅장하게 구현되며, 특히 시퀀서(Sequencer)[83]를 이용한 중고음의 리프가 무한 반복되며 이와 균형을 이룬다. 가상악기(Virtual Studio Technology Instrument)를 이용한 음악 제작은 일반적인 수준을 넘어 이 곡에서처럼 이제 핵심을 차지하게 되었다. 창법은 리듬 앤 블루스 창법으로 애드리브가 많이 사용되고, 콜 앤 리스폰스 형식을 사용한다. 특이한 점은 솔로 가수인 본인이 혼자 매기고 받아야 하는 관계로 실제 라이브 무대에서는 선창 부분을 미리 녹음해 사용한다는 것이다. 이는 립싱크나 가창력 논란을 불러 일으켰지만, 격한 댄스로 인해 부족할 수 있는 호흡을 보완하는데에는 큰 역할을 했다. 또 힙합 식의 브레이크 비트를 간주에 삽입해 백댄서들과 고난도의 춤을 보여주는데, 이러한 방식은 K-pop에 흔히 사용되어 가수의 멋진 댄스를 보여주고 곡을 지루하지 않게 해주는 기능을 한다.

2009년 발표된 카라 2집 ≪Revolution(레볼루션)≫에 수록된 〈미스터〉는 소위 '엉덩이춤'을 앞세워 한국과 일본에서 크게 히트했다. 앞서 젝스키스, 핑클, SS501 등을 선보인 DSP미디어(당시 DSP엔터테인먼트)가 기획·제작한 카라는 친근하고 귀여운 이미지를 내세웠는데, 이와 함께 특유의 탄력 있고 파워풀한 댄스가 좋은 반응을 이끌어냈다.

---

83) "신시사이저의 주변 기기로, 자동 연주하는 장치를 가리킨다."(『파퓰러음악용어사전』, 삼호뮤직, 2002).

[악보 3-14] 카라 <미스터>(2009) 부분

작사: 송수윤, 한재호, 김승수 / 작곡 · 편곡: 한재호, 김승수 / 채보: 이상욱

〈미스터〉는 1970~80년대 유행한 디스코에 영향을 받았다. 기본적으로 126bpm 빠르기에 4분의 4박자, 2비트의 베이스 드럼이 부각되는 단순 리듬형을 가지고 있으며, 여기에 슬랩(Slap)[84] 베이스 연주가 더해져 강한 청각 자극을 준다. 코러스는 들어가지 않으며, 단조의 4가지 코드가 곡 전체에 일관되게 반복된다. 또, 디스토션(Distortion) 일렉트릭 사운드를 이용해 사운드의 빈 공간을 채우고 있는데, 이는 디스코에서 흔히 볼 수 있는 기법 중 하나이다. 세부적으로 디스코 시대의 노래들과 비교해 보자면, 우선 보니 엠(Boney M)의 〈Sunny(써니)〉에서처럼 곡 후반부 후렴구에서 전조가 되어 분위기를 고조시킨다. "라라라라라" 노랫말에 맞춰 반복되는 짧은 멜로디 리프는 아바(ABBA)의 〈Gimme Gimme Gimme (김미 김미 김미)〉에서처럼 순차적으로 상승하강이 반복 진행되며, 이럽션(Eruption)의 〈One Way Ticket(원 웨이 티켓)〉, 조이(Joy)의 〈Touch By Touch(터치 바이 터치)〉의 특정 노랫말 패턴처럼 확실한 후킹효과를 낸다.

[그림 3-7]은 왼쪽 상단부터 시계방향으로 카라의 〈미스터〉, 니키 미나즈(Nicki Minaj)의 〈Anaconda(아나콘다)〉, 레이디 가가(Lady Gaga)의 〈Born This Way(본 디스 웨이)〉, 비욘세(Beyonce)의 〈Single Ladies(싱글 레이디스)〉 뮤직비디오에 나오는 춤동작을 비교한 것이다. 다른 것들에 비해 〈미스터〉의 엉덩이춤은 분명 섹슈얼한 이미지를 드러내지만 직접적이거나 노골적이지 않다. 이는 유교 기반의 전통사상, 그리고 엄격한 대중음악 규제와 관련이 있다. K-pop은 상대적으로 표현이 자유롭지 못하지만 이 덕분에 해외소비자, 특히 보수적 성향이 강한 아시아나 이슬람 국가 사람들에게 좋은 반응을 이끌어낼 수 있었다.[85]

---

84) 엄지와 검지를 이용한 베이스 연주법으로 엄지는 줄을 퉁퉁 튕기듯이, 검지는 뜯듯이 연주한다. 강한 어택감과 댐핑감으로 독특한 음색을 내며 그루브 있는 음악에 잘 어울린다.

[그림 3-7] <미스터>, <Anaconda>, <Born This Way>, <Single Ladies> 댄스 비교

이들 국가에서 콘텐츠가 유통되고 소비되기 위해서는 무엇보다 우선 건전해야 한다. 선정적인 콘텐츠는 수입조차 될 수 없다. 이렇게 본다면 K-pop은 성적 본능과 사회적 제약의 접점에서 적합한 표현 양식을 찾아 성공적으로 자리매김한 셈이다.[86]

2011년 소녀시대 3집 ≪The Boys(더 보이즈)≫는 한국을 비롯하여 아시아, 유럽, 미주, 남미 등에서 동시 발매되었다. 특히 미국 유니버셜 뮤직 그룹 산하의 메이저 레이블인 인터스코프 레코드(Interscope Records)와는 전속 계약을 맺고 미국시장에 공식 진출했다. 이로써 소녀시대는 뉴욕 메디슨스퀘어가든에서 공연하고, CBS방송의 유명 토크쇼인 〈레터맨쇼(Late Show with David Letterman)〉, ABC방송의 〈켈리쇼(Live with Kelly)〉, 프랑스 TV CANAL Plus의 〈르 그랑 주르날(Le Grand journal)〉,

---

85) 이에 대해 신현준(앞의 책, 60쪽)도 "한국 주류 사회의 지배적 도덕이 대중음악인에게 내면화"된 것이라 지적하고, 이러한 이유 때문에 K-pop이 "부모가 걱정하지 않아도 되는 안전한 콘텐츠가 되었다"고 주장한다.

86) 그러나 이러한 경향도 최근 들어서는 점차 달라지고 있다. 2014년 발표된 EXID의 〈위아래〉 댄스는 상당히 노골적으로 성행위를 묘사한다. 이는 K-pop의 표현에 대한 제약이 그만큼 약해졌음을 의미한다. K-pop과 외국 댄스음악 간 변별점이 없어질 날도 머지않아 보인다.

MTV 등에 출연하는 등 40만장의 판매고를 올린 한국에서 뿐만 아니라
전 세계적으로도 많은 주목을 받았다.

[악보 3-15] 소녀시대 <The Boys>(2011) 부분

작사: 유영진 / 작곡·편곡: Teddy Riley, DOM, 김태성, Richard Garcia / 채보: 이상욱

[그림 3-8] <The Boys> 뮤직비디오

　동명 타이틀곡 〈The Boys〉는 일렉트로니카 요소가 강한 댄스음악이
다. 115bpm 빠르기에 올림바단조의 조성을 가지고 있다. 구조는 ABC
형식이며, 단순한 코드 진행에 싱커페이션 드럼 비트가 곡 전체에 반복되
어 역동성을 더한다. 리듬 앤 블루스 창법과 랩이 조화를 이루며 흑인
댄스음악 고유의 느낌을 잘 드러낸다.

　무엇보다 1990년대 초반 뉴 잭 스윙의 유행을 주도하며 마이클 잭슨의
프로듀서로도 활약한 테디 라일리가 곡 작업에 직접 참여했다는 점에서
주목할 만하다. SM엔터테인먼트가 20년 전 현진영의 음반을 준비할 때
레퍼런스 삼고 영향을 받았던 음악이 뉴 잭 스윙이다. 그런데 당시 이를
주도한 미국의 프로듀서와 직접적인 협업을 시도했다는 점에서 음반 제
작에 있어 전문성을 강화하려는 SM엔터테인먼트의 의지를 엿볼 수 있다.

　SM엔터테인먼트는 현재 이 곡에서처럼 해외 작곡가들의 음악 라이선
스를 구입해 라이브러리로 만들거나 작업을 세분화시켜 공동으로 작업하
는 방식을 도입해 운영하고 있다. 이러한 국적을 초월한 집단 창작 시스

템은 한두 명의 창작자에게 의존했을 때 발생할 수 있는 위험요소를 없애고 세계적인 트렌드에서도 뒤지지 않으려는 SM엔터테인먼트의 '월드와이드'하고 '글로벌'한 생존 전략이다.

2012년 발표된 싸이의 〈강남스타일〉은 재미있는 구성의 뮤직비디오와 '말춤'을 앞세워 세계적인 성공을 거두었다. 유튜브를 통해 급속도로 퍼져나간 〈강남스타일〉의 뮤직비디오는 수많은 패러디를 양산하며 유튜브 사상 최초로 조회 수 20억 건을 돌파했다.

전통 방식의 프로모션 하나 없이 발매 두 달여 만에 미국에 진출해 한국노래 최초로 미국 빌보드차트 2위에 올랐고, 영국 UK차트, 유럽과 남미 등 30개 국가 아이튠즈 차트 1위에 올랐다. 한국에서는 각종 차트 1위를 휩쓸며 2012년 11월 대한민국 대중문화예술상인 옥관훈장을 수상하기도 했다.

2011년 발표되어 셔플댄스 열풍을 일으킨 미국의 일렉트로니카 그룹 엘엠에프에이오(LMFAO)의 〈Party Rock Anthem(파티 록 앤섬)〉을 연상시키는 〈강남스타일〉은 전형적인 일렉트로니카 계열의 댄스음악이다. 여기에 싸이의 투박하지만 수준 높은 랩과 노래가 더해져 절묘한 조화를 이룬다. 132bpm 빠르기에 2비트의 단순한 리듬패턴과 2마디 리프가 잘 맞물려 반복된다. 나단조의 조성에 코러스는 들어가지 않는다. 가장 주목할 점은 반주 부분이다.

[악보 3-16] 싸이 <강남스타일>(2012) 부분

작사: 싸이 / 작곡: 싸이, 유건형 / 편곡: 유건형 / 채보: 이상욱

[악보 3-17] <강남스타일> 리프

채보: 이상욱

　<강남스타일> 반주는 일렉트로니카의 기법을 그대로 차용해 구현되었다. 일렉트로니카는 컴퓨터를 비롯한 미디 기반의 신시사이저, 드럼머신, 샘플러, 이펙터, 턴테이블, 믹서, 콘트롤러 등 각종 디지털 장비와 가상악기를 이용해 음악을 만든다. 클럽의 라이브 현장에서 DJ는 기기를 조작해 끊임없이 반복·진행되는 비트 위에 여러 사운드 소스를 조금씩 변형한다. <강남스타일>의 경우도 [악보 3-17]의 멜로디 리프가 3~4개의 다른 음색과 질감으로 변주된다.

　악기를 다루고 악보를 그리는 전통적 개념의 작곡가와는 달리 DJ는 디지털 기기를 이용해 음악을 만드는 새로운 형태의 창작자이다. 중요한 것은 '얼마나 효과적으로 사람들의 춤을 이끌어내는가'이다. 여기에 DJ의 모든 음악적 감각과 역량이 발휘된다.

　일렉트로니카의 핵심 기법 중 하나는 이퀄라이저 등의 필터 계열 이펙터의 사용에 있다. 필터 이펙터(Filter Effector)는 전기신호로 바뀐 소리의 주파수 특성을 변화시켜서 음색을 바꾸는 기기이다.[87] 즉 특정 영역의 주파수를 부스트(Boost)하거나 컷오프(Cutoff)해서 사운드를 무겁고 둔탁하거나 가볍고 날카롭게 만드는 것이다. 이는 원래 전기 잡음을 없애거나 레코딩 과정에서 잃어버린 자연음 느낌을 살리는 데 주로 사용했었다. 그런데 이를 극단적으로 사용했을 때 발생하는 독특한 효과 때문에 음악

---

87) 안자이 나오무네, 『(연주자와 엔지니어를 위한) 이펙터 교과서』, SRM, 2014, 47쪽 참고.

제작에 널리 쓰이게 된 것이다.

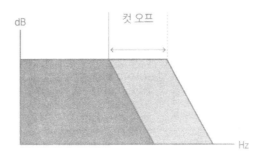

[그림 3-9] 로우패스 필터의 작용[88]

〈강남스타일〉에서처럼 반주의 사운드가 서서히 커진다거나(인트로 부분), 노래가 진행되던 중에 갑자기 사운드가 작아졌다가 서서히 커진다거나(브릿지 부분), 급속도로 사운드가 없어진다거나(후렴 전) 하는 것은 모두 필터 이펙터를 사용한 결과이다. 이때 청자 입장에서 사운드의 레벨 차가 느껴지는 것은 볼륨의 문제라기보다는 가청 주파수의 문제이다. 둥 둥거리는 드럼과 베이스의 저음만 들리는 것은 나가려는(Pass) 고음 부분을 막았기 때문이다. 또 모든 주파수대를 컷오프하면 아무 소리도 안 들린다. 그러다가 서서히 필터를 열어 고음의 영역까지 다 들리게 하면 곡의 분위기를 효과적으로 고조시킬 수 있다. 필터 이펙터는 음의 높낮이 조절에도 유용해 이 곡의 경우, 반주 중에 나오는 사이렌 소리에 사용되었다. 이 곡에서는 아니지만 필터 이펙터를 사용하면 바람소리와 같은 사운드 효과도 낼 수 있어 널리 사용된다.

"지금부터 갈 때까지 가볼까…", "옵옵옵옵", "eh eh eh eh eh eh" 부분

---

88) 위의 책, 58쪽.

역시 필터 이펙터를 사용했다.[89] 여기에는 스텝 시퀀서(Step Sequencer)의 사용이 더해져 특정한 간격으로 규칙적인 소리가 나게 장치했다. 이것은 드럼의 필인(Fill in)과 같은 효과를 내어 곡의 분위기 전환에 큰 역할을 한다. 이러한 것들은 자연스레 청자의 흥을 돋우어 신나는 춤을 이끌어낸다.

이상에서 살펴본 바와 같이 K-pop은 댄스음악의 특성을 가지고 있다. 빠른 템포, 짝수 박, 단순한 패턴 반복, 멜로디나 화성보다는 리듬이 강조되는 K-pop 곡들의 공통된 특징은 모두 이와 관련이 있다. 사실 K-pop을 힙합이나 일렉트로니카 같은 기존 장르 중 하나로 규정지으려 하는 것만큼 무의미한 일이 없다. 대중음악이 오랜 세월동안 변이와 지속의 과정을 거쳐 현재에 이르렀고, 그중 댄스음악의 범주에 속하는 일련의 장르들이 이름을 달리하며 생멸했다면 K-pop은 그와 맥을 같이하는 또 하나의 장르일 수 있기 때문이다. 아프리카 흑인음악이 아메리카 대륙으로 건너가 수많은 대중음악 장르를 만들어 낸 것과 같은 이치이다.[90]

흑인음악은 세계 주류 대중음악시장의 중심에 있었다. K-pop은 이를 적극 따르고자 했다. 그중에서도 댄스음악이 K-pop에 미친 영향은 상당하다. 그러나 단순 모방에만 그친 것은 아니다. 해외 진출보다는 국내에서의 성공이 우선이었기 때문이다. K-pop은 한국의 상황과 조건에 맞게 변화했다. 그리고 이 과정은 지속적으로 이루어졌다.

2010년대에 접어들며 보다 선명하게 감지되는 K-pop 음악 특징의 변화는 세계 대중음악 시장의 새로운 흐름을 예상케 한다. 즉, 각종 디지털

---

89) 컴퓨터 프로그램을 이용한 음악 편집이 자유로워진 지금으로선 이보다 더 쉽게 해당 음절을 단순히 이어붙이는 방법도 가능하다.
90) 이는 북미에만 한정된 것이 아니어서 중남미에서는 살사, 콩가, 볼레로, 맘보, 차차, 삼바, 룸바 등과 같은 장르가 파생되었다.

미디어를 적극 활용하여 만들어 내는 사운드는 전통적 개념에서의 특수성을 점점 사라지게 하고 있는 것이다. 예를 들어, 지금까지는 음 구성의 측면에서 흑인음악과 한국 고유 음악의 구분이 가능했다면, 디지털로 구현된 사운드는 그러한 경계마저 무너뜨린다. K-pop은 이제 5음계, 7음계, 블루스 음계 등을 벗어나 기존에 없던 다양한 음과 음계를 마음껏 취할 수 있다. 이는 타 문화, 타 국가 대중음악의 경우에도 동일하다. 그러나 그렇다하더라도 공간과 지역적 차이에 따른 각 음악의 특수성은 계속될 것이다. 대중음악 텍스트를 둘러싸고 있는 콘텍스트가 각기 다르기 때문이다.

2.3 이종 매체 및 타 장르의 간섭에 의한 변이

2.3.1 뮤직비디오의 출현과 발달

1980년 12월, 컬러 TV 방송이 한국에서 처음 시작되었다. 이 혁명적 수준의 색채 변화는 TV에만 머물지 않고 사람들의 일상에까지 영향을 주었다. TV 프로그램에 등장하는 연예인의 화려한 옷과 액세서리, 진한 메이크업은 시청자의 눈을 사로잡았고, 특히 상업 광고를 중심으로 한 다양한 제품 선전은 사람들의 구매욕을 자극해 소비를 촉진시키고, 전통적인 소비 패턴마저 변화시켰다.

급격히 이룬 경제 성장, 고용의 확대, 탈정치적 문화 정책은 한국 사회를 점차 향락적이고 소비 지향적으로 만들었다. TV에 나오는 상품이 엄청난 판매고를 올리고, 그에 따라 방송사의 광고 단가는 올라갔다. TV 방송은 자본주의 논리 속에 완전히 편입되었고, 보다 많은 수익을 위해 사람들이 좋아할만한 콘텐츠만이 선택되었다. 대중음악 역시 이로부터 자유로울 수 없었다. 음악 순위 프로그램이나 버라이어티쇼 무대에 서는 가수들의 비주얼은 이전보다 훨씬 화려해졌다. 보다 매력적이고 세련된 볼거리를 제공해 사람들의 눈을 사로잡아야 했기 때문이다. 이를 기점으로 대중음악의 패러다임은 '듣는 음악'에서 '보는 음악'으로 바뀌었다. 이제 사람들은 가수의 노래뿐만 아니라 외모와 의상, 퍼포먼스까지 중요하게 인식하기 시작했다. 이러한 흐름을 보여주는 상징적인 사건이 TV와 대중음악의 상업적 결합인 MTV의 개국이다.

> 플레이리스트와 차트, 비제이(VJ) 등을 갖춘 텔레비전 상의 음악 라디오로 간주되는 MTV의 등장 …중략… 비디오 클립은 자체가 하이브리드다. 음반을 홍보하기 위해(그리고 스타 이미지를 채우기 위해) 존재할 뿐이지만 광고물은 아니다. 그것이 제공하는 것은 오히려 새로운 종류의 음반 경험이다. 그러면서도 그 목적은 여전히 사람들로 하여금 음반(비디오 자체가 아니라)을 구입하도록 설득하는 것이다.[91]

24시간 뮤직비디오를 보여주는 뮤직 텔레비전(Music Television)인 MTV는 1981년 8월 미국에서 개국했다. 영상 세대의 욕구와 감성을 정확히 파악한 MTV는 라디오와 음반이 들려주던 대중음악에 이미지를 연결시켜 보다 쉽고 매력적인 방식으로 보여주었다. 경제적 효과가 큰 TV매체에 대중음악을 결합시키는 MTV의 행보는 사실 예견된 것이었다. 문제는 시각적인 부분이었는데, MTV는 지상파방송 프로그램이 하지 못하는 다양한 영상 기법을 활용해 파격적인 이미지의 뮤직비디오들을 선보였다.

4분 남짓의 한정된 시간으로 인해 뮤직비디오에서의 이야기는 압축, 생략, 강조되어 표현될 수밖에 없다. 이때 핵심은 화려하고 빠른 장면

---

91) 사이먼 프리스, 「대중 음악 산업」, 『케임브리지 대중음악의 이해』, 장호연 옮김, 한나래출판사, 2009, 95쪽.

전환이다. 이에 컴퓨터그래픽이나 특수효과, 몽타주기법, 컷 편집 등이 많이 사용된다. 이를 적극적으로 이용한 MTV는 선정성이나 폭력성 논란으로부터는 자유로울 수 없었지만 사람들에게 강한 인상을 심어주는 데에는 성공했다. 이후 뮤직비디오는 음악과는 독립된 지위를 지니며 대중음악산업에 중요한 자리를 차지하였고, 뮤직비디오를 효과적으로 활용한 MTV는 세계적인 성공을 거두며 이후 종합 엔터테인먼트 채널로 발전하게 되었다.

초창기 주로 VJ(비디오자키)를 통해 뮤직비디오를 연속 소개하는 형식이었던 MTV는 새로운 아티스트를 소개하고 스타로 만드는 데 가장 효과적인 방법이었다.[92] 첨단 영상 기술과 대중음악의 창조적 결합인 뮤직비디오가 대중음악의 주 소비층인 청소년의 수요를 충족시키기에 가장 적합했을 뿐만 아니라, MTV 자체도 금세 라디오에서와 같은 게이트키퍼(Gatekeeper) 역할을 수행했기 때문이다. 게이트키퍼는 음악 산업에서 어떤 음반과 곡을 홍보할 것인지를 결정하는 사람, 혹은 그러한 일을 의미한다. 그만큼 많은 시청자가 있었고, 콘텐츠에 대한 조작과 통제가 가능했다는 의미이다.

방송은 상업적이다. 방송이 선택하고 재가공하여 송출하는 콘텐츠는 그렇지 않은 콘텐츠보다 더 많은 소비와 선호도를 이끌어낸다. MTV 역시 뮤직비디오 소개라는 중립적인 목적을 표방했지만 실상은 그렇지 않다. 애초에 뮤직비디오가 대중음악에 대한 홍보 수단이었다는 사실을 감안하더라도 MTV는 여기에 그치지 않고, 방송 리스트 통제와 뮤직비디오 제작 개입을 통해 대중음악 시장에 보다 큰 영향력을 행사하였다.[93] 그만큼

---

92) 로이 셔커, 앞의 책, 217쪽 참고.
93) 실제로 "1980년대 말, MTV는 미국에서 거의 2,000만 가구에 전달되었고, 18~34세 인구의 85%가 정기적으로 MTV를 시청했다."(로이 셔커, 앞의 책, 217쪽) 이와 같

음반사들은 뮤직비디오 제작과 MTV와의 관계에 더 많은 공을 들일 수밖에 없었다. 그러한 과정에서 뮤직비디오는 사람들의 시청각을 효과적으로 자극하며 성공적인 상업콘텐츠로 자리매김해 갔다.[94]

> 1981년의 MTV한테 흑인 음악은 여전히 충분히 크로스오버하지 않고 메인스트림과는 거리가 먼 게토로만 간주되었다. 방송사의 백인 경영진들에게 흑인 음악은 변두리 장르의 하나에 지나지 않았다. 마이클 잭슨조차 거들떠보지 않았다. 어느 날 CBS-마이클 잭슨은 에픽 레이블을 통해 CBS와 계약 관계에 있었다-의 회장이 화를 내며 계속해서 마이클 잭슨을 거부한다면 CBS의 목록 전부를 걸고 MTV를 보이콧하겠다고 협박했다(이후 MTV는 비아콤-CBS에 매입되었다). …중략… 그리고 1983년 12월, MTV가 공포 영화를 리메이크한 「스릴러」의 비디오를 보급할 때는 이 14분짜리 비디오 클립을 한 시간에 두 번이나 방송되도록 편성함으로써, 그때까지만 해도 변두리 영역이었던 케이블 방송이 메인스트림으로 진입하게 만들었다. MTV는 록을 버리고 팝과 R&B를 택했다.[95]

마돈나와 마이클 잭슨으로 대표되는 1980년대 미국 대중음악은 댄스음악이 주류였다. 댄스음악이 록을 제치고 주류가 된 데에는 MTV의 역할이 크다. 비즈니스-정치적이었던 MTV와 CBS의 관계를 차치하더라도, 필연적으로 MTV는 댄스음악을 선택할 수밖에 없었다. 사람들은 보다 현란하고 드라마틱한 볼거리를 원했는데, 악기연주로 한정적이던 록밴드의 몸동작에 비해 댄스가수의 움직임은 한층 더 역동적이었기 때문이다. 이 시기 MTV 뮤직비디오에서 댄스가수의 화려한 의상과 춤, 관능적인 이미

이 탄탄한 지지 기반을 가진 MTV를 통해 뮤직비디오를 방영하는 것은 더 없이 좋은 마케팅 방법이었다.
94) "혁신적인 비디오와 MTV 덕분에 폴라 압둘과 토킹 헤즈 같은 미국 뮤지션의 지위가 공고해졌고, 마이클 잭슨의 앨범의 기록적인 성공-〈스릴러〉(1983)는 4000만 장 이상 팔렸다-이 가능"(위의 책, 217쪽)했던 것이다.
95) 프레데릭 마르텔, 앞의 책, 177~178쪽.

지는 각종 첨단 기술과 촬영·편집 기법으로 보다 세련되고 감각적으로 표현되어 청소년 소비층의 전폭적인 지지를 받았다.

한국의 경우, 〈가요 탑 텐〉이나 〈젊음의 행진〉과 같은 TV 음악 프로그램이 댄스음악의 유행을 주도했다. 오빠부대의 등장과 함께 TV 음악 프로그램은 청소년 취향의 댄스가수들이 득세하기 시작했다. 당시의 방송 제작 관행도 일조했다. 자본주의 논리로는 댄스가수를 방송에 더 많이 출연시키는 것이 당연했다. 라이브 연주를 위해 대규모의 악기 장비와 인원이 필요했던 록과 같은 다른 장르보다 녹음된 음원으로 쉽게 반주를 재생할 수 있었던 댄스음악이 훨씬 경제적이었기 때문이다. 또 한정된 방송 시간 안에 최대한 많은 가수를 출연시켜 사람들의 욕구를 충족시켜야 했기 때문에 회전율도 높아야 했다. 빠른 등퇴장은 시간 단축의 핵심이었고, 출연진의 기동성은 필수였다. 이러한 현상은 이후 심화되어 한 프로그램에 십여 팀의 댄스가수가 빠르게 이어서 출연하는 방식을 낳게 하였다. 이 휴지 없는 생방송 무대 보기는 MTV 뮤직비디오 보기와 다름이 없었다.

MTV 형식의 음악 전문 케이블방송은 1995년 한국에 처음 도입되었다. 그해 3월 종합유선방송(CATV)이 시작되었는데, 이때 Mnet(엠넷)과 KMTV라는 2개의 음악 전문 채널이 함께 개국했다. 이중 Mnet은 MTV의 방송 형식을 표방해 국내에서의 성공을 노렸고, KMTV 역시 한국 대중음악의 활성화·세계화를 목표로 야심차게 시작했지만 초창기 방송콘텐츠의 부족으로 어려움을 겪을 수밖에 없었다. 이때만 해도 한국 대중음악에서의 뮤직비디오 제작은 그리 활발하지 않았다. 1980년대 후반부터 간간히 〈토요일 토요일은 즐거워〉와 같은 TV음악프로그램에서 가수나 음반사 대신 뮤직비디오를 직접 제작해 주었지만 필요성이 크지 않았고, 자본과 기술력 또한 턱없이 부족했기 때문이다. 주로 해외에서 프로그램을 사오거나 뮤직비디오를 공급받아 방송했는데, 이마저도 한계가 있어 1995년 3월부터 8월까지의 재방송 비율은 KMTV가 62~65%, Mnet이 40~46%에 달했다.[96] 이러던 것이 1996년 서태지와 아이들이 〈Come Back Home〉으로 MTV Video Music Awards(비디오 뮤직 어워즈)에서 Asia Viewer's Choice(아시아 뷰어스 초이스)를 수상한 것을 기점으로, 1996년 한 해 동안 200여 편이 제작되는 등 본격적인 뮤직비디오의 시대가 시작되었다. 이후 뮤직비디오 제작기술과 관련 시장은 크게 발달하였고, Mnet과 KMTV는 방송 시장의 확대, 거대 자본의 투자 등으로 성공가도를 달리게 되었다.

1995년부터 2000년까지는 한국 대중음악시장 최대의 호황기였다. 1995년 발표된 김건모 3집 ≪잘못된 만남≫은 280만 장이 팔려 '한국 최다 판매 앨범'으로 기네스북에 올랐다. 서태지와 아이들, 듀스, 김건모, 룰라, 박미경, 박진영, 노이즈, 클론, H.O.T., 젝스키스, S.E.S., god, 유승준 등 이 시기 대중음악을 주도한 것은 댄스가수와 댄스음악이다. 댄스음악은 청소년이 된 에코세대(Echo-boomer Generation)[97]를 타깃으로 화려하고 감각적인 뮤직비디오를 앞세워 맹위를 떨쳤다.

송라이터나 출판업자들이 후렴구, 핵심단어, 노래 제목을 강조함으로써 라디오에 조응했던 것과 마찬가지로, 뮤직비디오 감독과 음반회사는 쉽게 알아볼 수 있는 후크-시각, 가사, 음악의 요소들을 결합한-를 만들고 적용시키는 방법을 발전시켜나갔다. 후크는 반복적인 기호의 파편들로서 비디오 전체를 통해 지속적으로 반복된다.[98]

---

96) 김명혜, 「MTV 한국 진출의 문화적 의미」, 『언론과 정보』제2권 제1호, 부산대학교 언론정보연구소, 1996, 64~67쪽 참고.
97) 한국전쟁 후 태어난 베이비붐세대의 자녀 세대. '디지털세대'라고도 함(정성호, 『20대의 정체성(살림지식총서235)』, 살림, 2006, 45~46쪽 참고).
98) 키스 니거스, 『대중음악이론 : 문화산업론과 반문화론을 넘어서』, 송화숙 · 윤인

뮤직비디오 영상 제작에 주로 활용되는 기법은 댄스음악에 최적화되어있다. 뮤직비디오 영상 제작에는 빠른 속도의 장면 전환, 점프 컷, 무빙 카메라, 몽타주 기법, 그래픽 처리, 사물 움직임의 속도 변형 등이 사용된다.[99] 많은 쇼트(Shot)[100]를 이용한 짧고 복잡한 컷 편집[101]으로 뮤직비디오 속 댄스가수의 움직임을 더욱 역동적이고 화려하게 만든다. 반대로 어떤 동작이나 표정을 부각시키기 위해 화면을 아주 느리게 재생시킨다. 신체의 섹슈얼한 이미지를 드러내기 위해 여러 상징적 기호들을 교차편집하거나 컴퓨터그래픽 작업으로 환상적이고 몽환적인 분위기를 연출하기도 한다. 그리고 이 모든 시각적 요소는 단순한 노랫말·음악과 긴밀히 연결되어 반복 제시됨으로써 사람들을 손쉽게 낚아채는 후크가 된다.

[그림 3-10] 비 <It's Raining> 뮤직비디오 장면 분석

영·이은진·허지연 옮김, 마티, 2012, 159쪽.

99) Gershon R. P, *Music Video and Television Commercials : A Comparison of Production Styles*, Doctorial Dissertation (Indiana Univ), 1991, pp.35~43 ; 김영식·권중문·지현호, 「국내 뮤직비디오의 영상적 특성에 따른 유형분류 연구」, 『AURA』제7권 제1호, 한국사진학회, 2000, 78쪽에서 재인용.

100) "촬영의 기본 단위로서 한 번에 촬영한 장면"(『영화사전』, propaganda, 2004).

101) "컷 편집은 쇼트와 쇼트를 바로 이어붙이는 편집방법"(『영화사전』, propaganda, 2004).

[그림 3-10]은 비의 〈It's Raining〉 뮤직비디오의 한 장면(Scene)이다. 노래(시간)의 흐름에 따라 2초 정도의 아주 잠깐 동안 이루어지는 춤동작을 최대한 부각시키기 위해 다섯 가지 쇼트를 빠르게 이어 붙였다. 이는 하나의 쇼트를 통해 고정된 시선으로 춤동작을 바라보는 것보다 훨씬 현란한 인상을 준다. 또 4와 5는 같은 쇼트인데, 이를 슬로우로 재생시켜 동작과 옆으로 튀기는 물방울을 강조함으로써 가수의 섹시함, 무대 위의 열기와 황홀경을 효과적으로 표현할 수 있었다.

댄스음악을 중심으로 한 한국 대중음악은 MTV를 통해 중화권에 전파되었다. 1998년 H.O.T.의 앨범이 중국과 일본에서 정식 출시되고 대성공을 거두며 본격적으로 해외시장에 진출하기 시작하였는데, 이때도 뮤직비디오가 큰 역할을 했다. 이들 소비자에게는 노래의 내용보다는 뮤직비디오 속 비주얼이 더 유효하고 강력하게 어필되었던 것이다. 이때부터 한국 대중음악의 주류 댄스음악 장르는 K-pop으로 불리기 시작했다.

> 디지털 환경에서 음반을 제작할 때에는 음악 그 자체에만 중심을 둔다기보다는 비쥬얼, 퍼포먼스, 의상 등 음악과 관련된 것들을 종합적으로 고민해요. 음악에 대한 반응이 무척 빨라졌기 때문이에요. 브라운관을 기반으로 하는 MTV에서 온라인을 기반으로 하는 YouTube 시대로 바뀌면서 전 세계 사람들이 같은 시간에 같은 컨텐츠를 접할 수 있게 되었어요. 그렇기 때문에 그 순간의 트렌드를 파악해서 대중들의 기대에 맞는 무언가를 만들어 내야 하는 상황이 된 것이죠. (ZANY BROS 감독 홍원기)[102]

뮤직비디오는 2005년 유튜브의 등장으로 새로운 전기를 맞는다. K-pop 뮤직비디오가 국제적인 네트워크를 가진 동영상 서비스 매체를

---

102) 이은경, 「뉴미디어 환경에서의 대중음악 제작에 관한 연구」, 고려대학교 언론대학원 석사학위논문, 2012, 29쪽.

통해 유통되면서 전 세계적으로 소비되기 시작한 것이다. 유튜브를 통해
전달되는 한국 아이돌의 화려한 군무와 외모, 그리고 이를 잘 표현한 영
상은 해외 소비자들에게 매우 신선하고 매력적인 콘텐츠였다. 이렇듯 뮤
직비디오는 댄스음악을 한국 대중음악의 주류로 만들고, 나아가 K-pop의
주요한 특성이 되게 하였다.

2.3.2 트로트 · 발라드 · 록 장르의 간섭

한국 대중음악에서 K-pop 이전 혹은 동시대를 대표하는 장르로 트로
트, 록, 발라드를 들 수 있다. 이들은 그간 서로 많은 영향을 주고받으며
변화해왔으며 K-pop의 형성에도 큰 영향을 끼쳤다. 경우에 따라서는 이
들 각각의 특성을 명확하게 구분할 수 없을 정도로 장르 간 간섭이 심하
게 이루어진 것이 사실이지만, 그 근간을 이루는 핵심적 특성과 차이점은
분명히 존재한다.

트로트는 '라·시·도·미·파' 다섯 음을 기본으로 하여 특정한 악구를 단순
반복하기보다는 계속 다른 곡조를 붙여 한 절을 이루는 신파조의 진지하
고 심각하고 무게감 있는 정서의 음악이다. 여기서 신파(新派)란 1910년
대 이후 대중문화 전 영역에서 반복적으로 등장하는 독특한 정서로, 다소
과도한 비극성을 환기하는 데에 두드러진 특징이 있다.[103] 발라드는 화
려한 멜로디와 다양한 화성을 구사하여 고급스럽고 우아한 분위기를 자
아내며, 주로 피아노 주도의 반주에 현악기가 애절함을 더하는 서양 근대
백인음악의 특징을 오롯이 드러내는 음악이다.[104] 록은 금속성의 디스토

---

103) 이준희, 「한국 대중음악의 출발: 트로트와 신민요」, 김창남 엮음, 『대중음악의
    이해』, 한울, 2012, 239~259쪽.
104) 이영미, 「한국식 팝의 형성과 변화: 스탠더드 팝과 발라드」, 김창남 엮음, 『대중
    음악의 이해』, 한울, 2012, 262~282쪽.

션 기타가 이끄는 거친 그룹사운드에 강한 백비트 리듬, 공격적인 드럼 연주와 내지르는 창법이 특징인 음악이다.[105]

K-pop은 트로트와 발라드, 그리고 록의 이러한 각기 다른 특성에도 많은 영향을 받았는데, 이를 그 구체적인 사례를 통해 자세히 살펴본다.

[악보 3-18] 유승준 <가위>(1997) 부분

작사: 이승호 / 작곡: 이윤상 / 채보: 이상욱

---

105) 박애경, 「한국 포크와 록의 연대기」, 김창남 엮음, 『대중음악의 이해』, 한울, 2012, 285~310쪽.

1990년대 들어 힙합이 주류적 위치를 차지함에 따라 미국의 흑인 래퍼처럼 랩을 할 수 있는 가수의 수요가 많아졌다. 자연스레 재미교포 출신의 가수가 한국 대중음악계에 속속 데뷔하기 시작했는데, 그중 한 명이 유승준이다.

1997년 발표된 1집 ≪West Side(웨스트 사이드)≫의 타이틀곡 〈가위〉에는 한국에서는 그간 들을 수 없었던 영어 랩이 인상 깊게 들어가 있다. 이는 앨범의 제목에서도 알 수 있듯이 미국 서부 힙합 씬의 랩 스타일을 표방한 것이다. 134bpm의 빠른 템포에 일렉트로니카 요소를 지니고 있어 속도감 있는 댄스음악의 전형을 보여준다. 시원스런 랩과 노래에 인상 깊은 춤까지 더해져 당시 큰 인기를 얻었다. 특이한 점은 본토 성향 강한 랩과는 달리 가창 부분은 그간 한국 대중음악에서 흔히 볼 수 있던 스타일이라는 것이다.

> 힙합, 하우스뮤직, 리듬 앤드 블루스에 이르기까지 다양한 노래를 시도했어요. 제가 하고 싶은 노래 절반과 한국인의 정서에 맞을 만한 노래 절반 정도였죠. 6개월여 간 작업을 하면서 흑인음악에 녹아 있는 애환과 우리네 정서가 비슷하다는 걸 발견했죠. 그 공통분모를 접목한 게 성공요인인 것 같아요.[106]

데뷔 후 다섯 달 만에 정상에 오르고 가진 유승준의 인터뷰 내용이다. 1집 앨범을 작업하는 과정에서 흑인 댄스음악에 바탕을 두고 한국인에게 익숙한 멜로디와 화성 요소를 추가했음을 알 수 있다. 이는 K-pop과 이전 주류 장르 내지는 전통음악을 잇는 특정한 정서와 음악적 스타일이 존재함을 의미한다.

---

106) 오광수, "'가위'로 한여름 가요계 강타 유승준 태평양 건너온 '스무살 반란'", 『경향신문』, 1997년08월25일자.

[악보 3-19] 원더걸스 <Nobody>(2008) 부분

작사: 박진영 / 작곡: 이우석, 박진영 / 편곡: 이우석 / 채보: 이상욱

2008년 JYP엔터테인먼트에서 기획·제작되어 발표된 원더걸스의 〈Nobody〉는 1960년대 미국 모타운 레코드(Motown Records)의 슈프림

즈(The Supremes)를 연상시키는 음악 스타일과 비주얼로 화제를 모았다. 이 곡은 레트로(Retro)한 흑인음악 스타일을 표방했지만 창법이나 멜로디, 화성 등은 다분히 한국적이다. 즉 4분의 4박자, 131bpm의 템포, 내림마단조의 조성에 싱커페이션 리듬을 갖는 등 흑인 댄스음악의 특징을 많이 지니면서도 창법이나 멜로디는 전통적으로 트로트 등 한국 대중음악에서 흔히 보이는 형식을 사용한다. 주로 '라-시-도-미-파' 단조의 5음계가 한 옥타브 이내에서 단순하고 규칙적으로 전개되고, 리듬 앤 블루스의 거칠고 자유로운 창법보다는 오히려 담담하고 깔끔하게 노래한다. 애드리브는 거의 사용하지 않고, 코드 진행도 익숙하게 반복된다. 곡조에서는 눈물, 애원, 호소 등의 애수의 정조[107]마저 표출되는데, 이러한 혼종적인 이미지는 원더걸스의 미국 진출에 일조했다.

〈Nobody〉는 2008년 9월 22일 한국에서 발매된 지 하루도 지나지 않아 미국 최고의 엔터테인먼트 블로그인 '페레즈힐튼닷컴(perezhilton.com)'에 소개되면서 미국시장에 처음 알려졌다.[108] 언론에 따르면, 포스팅 하루만에 8만여 미국 네티즌과 업계 종사자들이 본 것으로 나타났다. 그만큼 영향력 있는 매체에서 큰 반향을 일으켰다는 것인데 〈Nobody〉 뮤직비디오를 올리며 작성한 이 포스트의 제목은 "How The Koreans Do It"(한국인이 하는 방식)이었다. 소개 글 중에는 "There's even rapping!"(심지어 랩도 있다)이라는 표현도 있다. 미국인에게는 익숙한 흑인음악의 레트로 스타일을 한국식으로 풀어내고, 노래 말미에는 영어로 랩을 한

---

107) 임의 부재나 이별 상황에서의 서글픔과 그리움의 정서는 민요에서 트로트로 이어지는 한국 전통의 정서이다. 이때 시적 자아는 수동적이고 과거 지향적인 모습을 보인다.(김대행, 앞의 책, 159~164쪽 ; 장유정, 앞의 논문, 2003, 82~84쪽에서 재인용).

108) 이은정, "원더걸스 '노바디', 美 연예 블로그에 소개", 『연합뉴스』, 2008년09월24일자.

것이 상당히 인상적이었음을 시사한다. 이를 계기로 원더걸스는 미국 활
동을 시작해 〈Nobody〉의 영어 버전의 경우 한국 가수 최초로 빌보드차
트 핫100의 76위에 올랐다. 이 시기부터 유튜브, 블로그와 같은 SNS가
K-pop 전파에 큰 영향을 미치기 시작했고, K-pop은 정통 흑인음악과는
또 다른 음악 스타일을 앞세워 세계시장에 효과적으로 어필했던 것이다.

[그림 3-11] <Nobody> 뮤직비디오

늦은 밤 비가 내려와 널 데려와
젖은 기억 끝에 뒤척여 나
너 없이 잘 살 수 있다고
다짐해 봐도 어쩔 수 없다고
못하는 술도 마시고
속 타는 맘 밤새 채워 봐도
싫어 너 없는 하루는 길어 빌어
제발 잊게 해달라고
너 없는 내겐 웃음이 보이지 않아
눈물조차 고이지 않아
더는 살고 싶지 않아
ye 엿 같애 열 받게

네 생각에 돌아버릴 것 같애
보고 싶은데 볼 수 가 없대
모두 끝났대 I'll be right there
I'm so sorry but I love you
다 거짓말
이야 몰랐어 이제야 알았어
네가 필요해
I'm so sorry but I love you
날카로운 말
홧김에 나도 모르게
널 떠나보냈지만
I'm so sorry but I love you
다 거짓말
I'm so sorry but I love you
I'm so sorry but I love you
나를 떠나
천천히 잊어줄래
내가 아파할 수 있게

– 빅뱅 〈거짓말〉(2007) 부분, 작사 · 작곡: G-Dragon / 편곡: 용감한 형제

서태지와 아이들 출신인 양현석이 1996년 YG엔터테인먼트(당시 현기획, 이후 양군기획을 거쳐 지금에 이르렀다)를 설립하고, 정통 흑인음악 레이블을 표방하며 2006년까지 지누션, 1TYM(원타임), 세븐, 렉시, 휘성, 거미, 빅마마 등의 가수를 제작했다. 이들은 모두 좋은 성과를 거두었지만 YG엔터테인먼트의 탄탄한 기획력과 그간의 노하우, 음악 철학이 가장 잘 녹아있는 팀은 빅뱅이다.

2007년 발표된 빅뱅의 〈거짓말〉은 당시 한국에서 뿐만 아니라 일본, 태국 등에서 큰 인기를 얻었고, 특히 이를 계기로 2008년 미니 앨범 ≪For

The World(포 더 월드)≫가 발표되면서 일본에서의 공식적인 활동이 시작되었다.

빠르기 125bpm의 일렉트로니카 요소를 많이 차용한 이 노래는 4박자 하우스풍의 단순한 드럼&베이스 리듬 패턴을 가지고 있다. 쉬운 멜로디를 리듬 앤 블루스식의 창법으로 노래하고, 코러스와 랩 더블링은 이전보다 훨씬 전문화되고 견고해졌다. 발표 당시 노래를 작사·작곡한 멤버 G-Dragon(지드래곤)의 프로듀싱 능력이 큰 주목을 받았는데, 특히 한국어 랩 라임과 플로우의 형식미를 잘 드러낸 랩 메이킹이 돋보인다. 그렇지만 무엇보다 인상적인 것은 4마디의 피아노 리프이다. 이는 현악기(String), 게이트 패드(Gate Pad)와 잘 어우러져 서정적이면서도 경쾌한 느낌을 준다. 이러한 형식은 발라드에서 흔히 보인다. 이 외에도 K-pop에는 댄스음악임에도 리듬악기보다 피아노와 현악의 반주가 중심이 되어 화성학적으로 화려하고 우아한 분위기를 자아내는 곡들이 많이 있다. 이들은 모두 발라드의 영향 때문이며, 그로인해 사운드가 한층 유려하고 풍부해진다.

[악보 3-20] <거짓말> 피아노 리프

채보: 이상욱

한마디 예고 없이 잘라버리고 내 인생 좀 바꿔주오
그대들 바라는 것이라면 말 잘 듣는 puppet가 되도 좋아
짜놓은 각본대로 그렇게 어디한번 잘되나 지켜봅시다

Uh! Yeah! Here comes the H.O.T.

I'm not not not not I'm not a fool Sock it H.O.T.

날 버리겠죠 그렇죠 몽땅 쓸어버리겠죠
한심한 꼬라지들 구제불능아라고
자기들같이 잘난 사람 되라고
어쩌고 저쩌고 지지고 짜지고 떠들어대는 껍데기들
난 그게 싫어 하나도 보고 배울 것이 없는 그대들 재미없어 없어
자신을 바라봐 모두 똑같은 크기의 젓가락 행진일 뿐이야

공수래공수거 바람처럼 부질없는 것
왜 다들 그렇게 잡지도 못할 걸 쫓고 있나
공수래공수거 거품처럼 사라질 것들
욕심을 버리고 하늘을 봐 그대를 노려보는 눈이 느껴지는가

－ H.O.T. 〈열맞춰!〉(1998) 부분, 작사: 유영진, Groovie. K / 작곡 · 편곡: 유영진

1998년 발표된 H.O.T. 3집 ≪Resurrection(레저렉션)≫의 타이틀곡 〈열맞춰!〉는 빠른 템포의 격한 군무가 돋보이는 전형적인 댄스음악이다. 하지만 반주는 디스토션 걸린 일렉트릭 기타와 강한 비트감의 드럼이 주도하는 하드록 스타일이다. 퀄리티 있는 록 사운드 표현을 위해 기타리스트 Groovie. K(그루비 케이)가 곡 작업에 참여했다. 특히나 영어 노랫말 부분에서는 정통 하드록 장르에서나 보일법한 고함에 가까운 내지르는 창법이 사용된다.

H.O.T.의 경우, 이 곡 말고도 〈아이야!〉(1999) 등에서 이러한 록 사운드를 비중 있게 사용하고 있는데, 이는 허세 가득하고 권위적인 기성세대를 향한 저항과 폭력적이고 무책임한 사회에 대한 비판 등 비교적 무겁고 심각한 주제를 효과적으로 전달하려는 의도에서다. 서태지와 아이들에서부터 시작된 이러한 유형은 K-pop 곡들에서 종종 보인다. 이들

모두 록 사운드와 록 장르 자체가 가진 저항적 이미지를 의도적으로 차용한 경우로, 해당 곡의 비판적인 메시지를 보다 강하게 어필하려는 목적 때문이다.

이상에서 트로트·발라드·록이 K-pop에 어떤 영향을 주었고, 그것이 어떤 효과를 냈는지에 대해 살펴보았다. 이들 장르는 비교적 동시대에 존재했고, 현재도 한국 대중음악을 구성하는 주요 장르인 만큼 앞으로도 이들 사이의 음악적 간섭은 지속될 것으로 보인다.

K-pop 미학의 본질과 지속의 가능성

1. K-pop에 나타나는 미의식과 미적 범주

K-pop에 드러나는 '아름다움'이란 무엇인가? 무엇이 K-pop을 아름답게 하는가? 미학은 기본적으로 '미적인 것'을 다룬다. 예술이 궁극적으로 성취하고자 하는 것도 바로 이 '아름다움'이다. 그러나 아름다운 것을 규정하는 명확한 기준은 없다. 아름다움도 결국 아름답지 않음을 전제로 해야 하는 것이고, 양자 역시 보는 이의 관점에 따라 얼마든지 바뀔 수 있기 때문이다. 하물며 추(醜)의 미(美)까지를 생각한다면 상황은 더욱 복잡해진다. 그런데 미학의 대상을 "순수한 아름다움만이 아니라 우리의 감성을 움직여 즐거움과 감동을 주는 것"[1]까지로 확장시켜 생각해보면 어떠한가? 다시 말해, K-pop은 어떻게 사람의 마음을 움직이는가? K-pop의 어떠한 요소가 사람들에게 즐거움을 주는가?

노래나 문학이 궁극적으로 추구하는 것은 아름다움이다. 그러나 아름다

---

1) 이주영, 『미학특강』, 미술문화, 2011, 16쪽.

움의 정의를 내리기는 쉽지 않다. 보는 사람의 입장이나 견해에 따라 미와 추는 바뀔 수 있기 때문이다. 따라서 미 자체를 설명할만한 기준은 있을 수 없다. 그러나 비록 미가 무엇인지를 설명할 수는 없지만 미가 발현되는 상황이나 미에 대한 생각 정도는 대체로 추론해낼 수 있다. 개인들의 성향과 의식이 천차만별이긴 하나 그들이 집단으로 모여 살 경우 그 가운데는 비슷한 의식을 가진 사람들이 있게 되고 그러한 의식의 성향들은 모여 몇 갈래로 드러나게 된다. 더구나 집단의 성원들을 하나로 묶는 특정 이념이 있을 경우, 미에 대한 생각은 그 이념의 통제를 받기 마련이다. 말하자면 이것이 미의식인 셈이다.[2]

한국 사회는 흔히 권위주의 사회라고 규정된다.[3] 보수적이고 권위적인 한국 사회의 전통적 지배 이데올로기는 청소년이 중심인 K-pop 향유 집단에 큰 영향을 미쳤다. 민주화나 세계화에 따른 개방적인 분위기 속에서도 청소년에게 여전히 기존의 낡은 질서와 규범을 강요했고, 이에 대한 저항과 반발로 이들의 유대관계는 더욱 강화되었다. 이데올로기가 강력하게 작동하면 할수록 불만은 쌓여간다. 1990년대 이후 청소년 세대는 부모로부터 안정적인 지원과 보호를 받으며 정해진 틀 안에서 학업에만 열중하면 됐지만, 그럴수록 무관심, 속박과 강제, 소외, 소통 단절과 같은 사회적 문제에 직면했다. 이들은 K-pop을 통해 이를 해소하고자 했다. 다시 말해 K-pop에는 강압적이고 불합리한 기존 질서에 대한 저항과 비판의식이 표출되고, 부조리한 교육 환경과 폐쇄적인 성 문화 속 공동체 구성원들에 대한 연민과 공감 의식이 드러난다. 뿐만 아니라 K-pop은

---

2) 조규익, 앞의 책, 2009, 93쪽.
3) Hofstede, G., *Cultures and Organizations: Software of the Mind*, London: McGraw Hill, 1991 ; 최재석, 『한국인의 사회적 성격』, 현음사, 1994 ; 김경동, 『한국인의 가치관과 사회의식』, 박영사, 1992 ; 이선미, 「한국 사회는 여전히 권위주의적인가」, 『한국인은 누구인가』, 21세기북스, 2013, 415쪽에서 재인용.

기존 대중음악 노랫말의 언어 체계를 해체함과 동시에 테크놀로지의 발달에 힘입어 오랜 기간 지속된 음악문법마저 해체하였다.

K-pop에는 각종 폭력적인 억압에서 오는 불만, 이상과 현실의 불균형, 그리고 이를 해소하기 위한 "풀어줌의 미학"[4], 즉 맺힌 것을 풀어주어 조화로운 상태에 도달하고자 한 미의식이 잘 녹아있다. 이를 전통적 개념으로는 골계미 혹은 희극미로 정의할 수 있다. 다시 말해 사회문제에 대한 날카로운 비판의식과 분출되지 않은 본능적 욕구가 비유적 표현, 언어유희 등을 통해 웃음과 함께 드러나는 것이다. 이와 더불어 K-pop 미학의 핵심이 되는 것이 바로 '해체'이다. 기존 질서에 대한 비판과 저항으로서 골계미와 해체 미학은 깊은 관련이 있다. 절대적인 진리처럼 굳어진 과거의 이념과 질서는 부조리와 불합리를 많이 내재하고 있을수록 현재와 괴리를 낳고 도전과 저항을 불러일으킬 가능성이 높다. 1990년대 한국 사회, 한국 대중음악도 마찬가지였다. 기성세대가 오랜 기간 지켜온 규범들은 이미 본래의 가치를 잃고 허위와 가식을 드러내고 있었다. 이에 K-pop 향유층은 기존 질서를 최대한 거부함으로써 자신들만의 새로운 세계와 질서를 구축하고자 한 것이다. 소위 '어른들은 이해 못하는 노래, 혹은 문화'는 이 때문에 생겨났다.

1.1 정치적·사회적 억압에 대한 비판 미학으로서의 풍자

풍자와 해학은 대상을 희화화해 웃음을 유발한다는 데 있어서 동일하다. 그러나 해학이 대상에 대한 연민을 바탕으로 포용적이고 부드러운 공감의 웃음을 유발한다면, 풍자는 어떤 대상의 위선과 부조리함을 폭로·비판하고 고발하려는 목적의 날카로운 냉소를 유발한다. K-pop에는

---

4) 조규익, 『가곡창사의 국문학적 본질』, 집문당, 1994, 79~123쪽.

이들 요소가 비중 있게 들어가 있다. 먼저 풍자의 경우를 살펴보자.

> 아리아리아리요 스리스리스리예
> 아주아주 먼 길을 왔네
> 아리아리아리 공부고개를
> 오늘도 넘어간다
> 음악미술은 저리 미뤄두고
> 국영수를 우선으로 해야
> 아리아리아리 인정받고 일류대학으로 간다

– 젝스키스 〈학원별곡(學園別曲)〉(1997) 부분, 작사: 박기영 / 작곡·편곡: 이윤상

1997년 발표된 젝스키스의 〈학원별곡〉은 불합리한 한국의 입시제도와 교육 현실을 민요 〈아리랑〉의 노랫말과 모티프를 차용해 날카롭게 비판한다. 작품에서 작자는 한국 청소년의 고된 입시과정을 "공부고개"로 비유적으로 표현한다. 이는 청자에게 "아리랑고개", 즉 대상에 대한 부정적 이미지를 환기시킨다. 말하자면 익숙한 대상과 그 이미지를 끌어와 전달하고픈 메시지를 효과적으로 드러내고 있는 셈이다. 이때 원관념은 부조리한 교육 현실이고 보조관념은 '공부고개' 혹은 '고개'이다.

〈학원별곡〉에서 한국 청소년들이 "인정받고 일류대학"으로 가는 길은 〈아리랑〉에서 "님"이 "나를 버리고" 가는 길처럼 결코 환영받지 못하는 불행한 길이다. 다양성은 인정되지 않는, 모두가 같은 방식으로 같은 곳만을 향하는 길에는 필연적으로 치열한 경쟁이 기다리고 있기 때문이다. 개인의 능력이나 노력과 상관없이 사회구조적인 문제로 일어나는 비극적인 상황은 불합리와 부조리 그 자체이다. 이렇듯, 이 작품은 희극성이 잘 드러나지 않는 사회 현상을 다른 관념에 빗대어 표현함으로써 웃음을 이끌어낼 수 있었다.

> 학교에서는 하얀 마음 대신 하얀 봉투들이 사랑이고
> 독 같은 Dirty Money
> 사과 하나 없는 사과 상자 속에는
> 비열한 자들의 욕심이 가득해
> 내 숨을 막는 Dirty Cash
> 없으면 없는 대로 행복하게 살자, 미친 소릴까?
> 내 꿈을 막는 Dirty Cash
> 행복의 기준마저 돈이 되는 세상, 내 꿈은 얼마?
>
> — 빅뱅 〈Dirty Cash〉(2006) 부분,
> 작사: 072, G−Dragon / 작곡: Various Artists / 편곡: 072

본래의 가치를 잃고 변질된 현대사회의 천민자본주의는 인간성 상실을 야기했다. 즉, 인간으로서 추구해야할 윤리·선 등의 정신적 가치보다 개인의 경제적 이익과 물질적 가치가 우선되고 있는 것이다. 2006년 발표된 빅뱅의 정규 1집 타이틀곡 〈Dirty Cash(더티 캐시)〉는 이러한 물질만능의 사회 풍토를 비판하고 희화화한다.

서로의 이해관계에 따라 진짜 사과가 아닌 돈과 뇌물로 가득 찬 "사과 상자"를 주고받는 어른들의 모습에서 부조리한 현실은 여실히 드러난다. 그런데 이는 학교에서도 예외는 아니다. 학생과 아이를 순수한 애정과 사명감으로 대해야할 어른들은 돈 봉투를 주고받는다. 이 사회에서 꿈을 이루고 행복한 삶을 살기 위해서는 노력과 인성이 아닌, 무엇보다 '돈'이 필요하다는 부정적인 인식은 이내 냉소를 유발한다. 즉, 학교에서조차 "하얀 마음"이 아닌 "하얀 봉투"가 사랑의 척도가 된다는 것이다. 둘 모두 '하얀' 속성을 가졌지만, 순수함의 상징적 의미를 지닌 전자와 달리 후자는 그 표현이 반어적이다. 이때, 하얀 봉투는 사실은 더러운 돈이 든 '검은 봉투'를 의미하기 때문이다. 이것은 "독"과 같이 개인과 사회를 병들게만 할 뿐, 전혀 긍정적인 방향으로 이끌지 못한다. 이는 마땅히 없어져야할 대상이다. 이 작품은 이렇게 물질만능주의로 인해 삐뚤어진 가치관과 불합리한 현실을 비꼬아 표현함으로써 효과적으로 드러내고 있다.

> 난 그게 싫어 하나도 보고 배울 것이 없는 그대들 재미없어 없어
> 자신을 바라봐 모두 똑같은 크기의 젓가락 행진일 뿐이야
>
> 케케묵은 권위 명예와 돈과 욕심 많은 것들 바꿔야해
> 자기 것만 알고 남을 짓밟고 다 내꺼 다 내꺼
> 1등 아니면 다 안 된다는 생각 2등부터 고개 들지도 마
> 이제 모든 굴레를 벗어나고 싶어 숨 막혀
> 열맞춰 무조건 억제하고 다그치고
> 열맞춰 낙오하면 버림받고
> 열맞춰 모든 개성들은 잘라버려
> 열맞춰 Ah
>
> – H.O.T. 〈열맞춰!〉(1998) 부분. 작사: 유영진, Groovie. K / 작곡 · 편곡: 유영진

1998년 발표된 H.O.T.의 3집 타이틀곡 〈열맞춰!〉는 권위적인 사회, 기성세대의 기회주의, 속물근성을 비판하고 있다. 작품에서는 똑같은 모습을 하고 똑같은 것만 좇는 어른들, 나아가 아이들까지 자신과 같은 모습으로 획일화시키려는 부정적인 현실을 "젓가락 행진"으로 비유해 조롱하고 비난한다.

풍자에서는 웃음이 필수적이라 봤을 때, 이 작품은 비교적 웃음이 선명하게 드러나지 않는다는 점에서 불완전한 풍자일 수 있다. 그러나 반복되는 "열맞춰" 구호와 그로 인해 환기되는 폭력성 · 모순성은 독특한 성질의 웃음을 유발한다. 병적으로 '열'을 맞추려는 것은 남보다 뒤처지거나 낙오되는 것이 두려운 불안한 인간 존재로서의 자각에 기인한 것이다. 자신이 특출할 수 없다고 판단되면 최소한 다른 이를 자신과 같게 만드는 것이

생존의 가장 쉬운 방법일 수 있기 때문이다. 각기 다른 가치를 지녔음에도 불구하고, 이것은 무시한 채 모두 동일한 조건 하에 있으려는 것은 어리석으면서 모순적인 일이다. 예컨대, 숟가락이 둥근 머리를 갈아 젓가락이 되려는 것을 상상해보자. 여기에서 나오는 웃음은 '블랙 코미디'[5]의 우울하고 씁쓸한 웃음이다.

똑같은 젓가락들의 행진에서는 누구도 튀어서는 안 되고, 어느 하나 낙오해서도 안 된다. 다름이 인정되지 않는 사회에서는 개개의 생각과 가치가 모조리 묵살된다. 이러한 전근대적이고 부조리한 세상은 하루 빨리 벗어나고픈 숨 막히는 세상이다. 어른들 세상을 향한 이러한 거침없는 외침은 H.O.T.를 청소년의 대변자이자 독보적인 우상으로 만들었다. 이와 같이, 작품에서 웃음보다는 공격성이 더 짙게 나타난다고 해도 작자의 의도가 수용자로 하여금 '즐겁게 풀어' 카타르시스를 느끼도록 한 데 있다면, 이 역시 풍자의 큰 범주 안에 속할 수 있을 것이다.

> 양들의 모든 것은 그의 전리품
> 늑대 빌어먹을 짐승 같은 놈들
> 양들의 모든 가족들은 사냥감으로
> 늑대 빌어먹을 짐승 같은 놈들
> 양들의 모든 도시들은 그의 전쟁터
> 늑대 빌어먹을 짐승 같은 놈들
> 양들이 가진 사랑 모두 장난감으로
> 늑대 빌어먹을 짐승 같은 놈들
>
> – H.O.T. 〈늑대와 양〉(1997) 부분, 작사·작곡·편곡: 유영진

---

5) "아이러니한 상황이나 사건을 통해 웃음을 유발하는 코미디의 하위 장르. 냉소적이며 음울하고 때로는 공포스러운 유머 감각에 기초하고 있다."(『영화사전』, propaganda, 2004).

1997년 발표된 H.O.T.의 2집 타이틀곡 〈늑대와 양〉에서는 전쟁에 대한 비판의식이 드러난다. 전쟁의 폭력성과 잔혹함을 가해자 "늑대"와 피해자 "양"을 등장시켜 우화적으로 표현했다. 그러나 늑대와 양이 대립되는 구조는 그리 창조적이라 볼 수는 없을 것이다. 하물며 전쟁 행위 자체는 비난받아 마땅한 것이지만 K-pop 풍자의 대상으로서는 다소 추상적이면서 시의성도 없었다. 비록 "2000년 6월 28일 미리 예고됐었던 그들이 왔다", "50년의 평화는 그날 퍽퍽퍽퍽" 등의 노랫말로 한국전쟁이 유추되기는 하나 청자의 입장에서는 현실성과 설득력이 다소 떨어진다. 즉, 주제와 소재가 노래의 주 소비층인 1990년대 청소년의 가치관이나 삶과는 직접적인 연관관계가 없다는 것이다. 결과적으로 이 노래는 큰 기대 속에 발표되었음에도 불구하고 많은 호응을 얻지 못했다.

H.O.T.는 4년여의 활동 기간 중 발표한 다섯 개의 정규앨범을 통해 〈홀로서기(All Alone)〉(1998)에서는 빈곤, 〈In I-이 세상에 버려진 모든 아이들을 위하여...-〉(1998)에서는 입양, 〈Monade(모나드)〉(1998)에서는 자살, 〈You Got Gun?(유 갓 건?)〉(1998)에서는 악플, 〈8.15(제2의 독립을 위하여...)〉(1999)에서는 일제 침략, 〈Illusion(일루션)〉(2000)에서는 마약, 〈버려진 아이들〉(2000)에서는 가족 해체, 〈파랑새의 소원〉(2000)에서는 이산가족, 〈Outside Castle(아웃사이드 캐슬)〉(2000)에서는 장애인 문제를 다루며 다양한 사회 비판의식을 표출했지만, 대중적 호응을 얻지는 못했다. 그만큼 청소년들이 이에 공감하지 않았다는 뜻이다.

K-pop에는 한국 사회 특유의 정치적·사회적 억압에 대한 비판 미학으로서의 풍자가 드러난다. 이때 중요한 것은 비판과 저항의 대상, 즉 풍자의 대상은 청소년이라는 향유층으로 인해 대단히 한정적이라는 점이다. 아울러 정치·사회적으로의 직접적이고 적극적인 참여와 개혁 의지를 보인 것도 아니다. 다만 입시나 규율 등과 같은 학교 내 문제에 있어서

청소년의 공감을 이끌어냈을 뿐이다. 이는 K-pop이 지닌 한계일 수 있다. 애초부터 K-pop은 철저하게 기성세대와 기존의 자본시장 체제가 만든 시스템 안에서만 존재했기 때문이다. 그러나 그렇다 하더라도 그 범주 안에서 가능한 최대한의 변화를 끊임없이 모색한 것도 주지의 사실이다.

1.2 공동체 구성원들에 대한 애정과 공감 미학으로서의 해학

사회의 지배 이데올로기는 공동체 구성원의 자연 본능을 철저하게 통제한다. 정치적이든 종교적이든 해당 집단의 영속을 위해 혹은 지배층의 이익을 위해 대다수 구성원들에게 금욕을 강요하는 것이다. 그러나 인간 본능의 욕구는 쉽게 막을 수 있는 것이 아니어서 그간 다양한 방식으로 표출되었는데, 그중 가장 합법적이고 고차원적인 방식이 바로 예술로의 승화이다.

K-pop 시대의 지배 이데올로기 역시 구성원들의 욕구 분출을 억제했다. 즉, 만 19세 미만인 사람을 '청소년'으로 규정하고, 이들의 성적 호기심 표출과 성 관련 행동 대부분을 일탈행위로 간주했다. 겉으로는 '청소년 보호', '건전하고 안전한 사회 만들기'라는 명분을 내세웠지만, 그 속에는 기득권층의 정치적 이해관계가 복잡하게 얽혀있다. 한국 사회에는 변화된 규정에 상응하는 명확한 가치관이나 교육 철학이 없었다. 신체는 이미 성인이 되었는데 사회는 이를 인정하지 않는데서 오는 혼란과 불일치는 청소년을 오랜 기간 미성숙한 상태로 머물게 했다. 왜 욕구를 억제해야 하는지, 어디에 어떻게 관심을 두어야 하는지 제대로 배우지도 못한 채, 자기네들끼리 몰래 정보를 공유하고 잘못된 정보에 성을 터부시해야 했다. 하지만 K-pop은 성을 유쾌하고 참신하게 풀어냈다. 성 관념이나 성행위를 의성·의태어와 같은 상징어로 표현함으로써 청소년의 대리만

족이나 쾌감을 이끌어냈고, 비속어와 일상어, 반복구의 사용을 통해 억압 된 성적 상황의 희극성을 극대화하고 이들의 공감을 이끌어냈다.

> 낮에는 따사로운 인간적인 여자
> 커피 한 잔의 여유를 아는 품격 있는 여자
> 밤이 오면 심장이 뜨거워지는 여자
> 그런 반전 있는 여자
> 나는 사나이
> 낮에는 너만큼 따사로운 그런 사나이
> 커피 식기도 전에 원 샷 때리는 사나이
> 밤이 오면 심장이 터져버리는 사나이
> 그런 사나이
> 정숙해 보이지만 놀 땐 노는 여자
> 이때다 싶으면 묶었던 머리 푸는 여자
> 가렸지만 웬만한 노출보다 야한 여자
> 그런 감각적인 여자
> 나는 사나이
> 점잖아 보이지만 놀 땐 노는 사나이
> 때가 되면 완전 미쳐버리는 사나이
> 근육보다 사상이 울퉁불퉁한 사나이
> 그런 사나이
>
> 아름다워 사랑스러워 그래 너 그래 바로 너
> 아름다워 사랑스러워 그래 너 그래 바로 너
> 지금부터 갈 때까지 가볼까?
> 오빠 강남스타일 uh 강남스타일 오빠 강남스타일
> uh 강남스타일 오빠 강남스타일 eh sexy lady 오빠 강남스타일 eh sexy
> lady

- 싸이 〈강남스타일〉(2012) 부분, 작사: 싸이 / 작곡: 싸이, 유건형 / 편곡: 유건형

싸이의 〈강남스타일〉이 다루고 있는 대상은 겉으로는 그리 특별할 것 없어 보이는 평범한 남녀이다. "정숙"하고 "품격"있는, 주위에서 흔히 볼 수 있는 인물들이다. 그러나 이들의 모습에는 반전이 있다. "낮"에는 "점잖아 보이"던 이들이 "밤"만 되면 돌변해 '미친 듯'이 놀기 때문이다. 그런데 이것은 단순히 먹고 마시는 놀이로만 그치지 않고 육체적 관계로까지 이어질 가능성이 크다. "아름다워", "사랑스러워", "sexy lady"(섹시 레이디)라며 '갈 때까지 가보자'고 말하는 남성 화자의 언술에는 여성을 향한 구애의 메시지가 들어있기 때문이다. "심장이 뜨거워"지거나 "터져버리는" 상황도 동일한 맥락에서 해석될 수 있다. 표면적으로는 신명나게 추는 춤에 기인한 것으로 해석될 수 있지만, 그 이면에는 이것이 성행위로 인한 것임이 내포되어 있다. '심장이 뜨거워진다'와 같은 표현이 과도한 육체적 움직임으로 발생하는 물리적인 신체 변화만을 의미하는 것은 아닐 것이다. 여기에는 분명 성적 쾌감과 관련된 감정적 요소가 포함되어 있다. 즉, '말춤'이 상기시키는 이미지를 차치하고서라도 이 곡이 지닌 성적 모티프를 감안한다면, 작자는 평소에는 체면을 중시하고 점잖은 척하지만 성 본능 앞에서는 적극적이고 거침없는 모습을 보이는 인물들의 이중적인 모습을 드러내고 있는 것이다.

〈강남스타일〉의 웃음은 대상의 희극성으로 인해 유발된다. 물론, "커피 식기도 전에 원 샷 때리는" 등과 같은 일상적 비속어의 사용으로 인한 것도 있지만,[6] 〈강남스타일〉의 웃음은 무엇보다 인물이 지닌 이중성 때문이라고 봐야할 것이다. 즉, '낮과 밤이 다른', 상황에 따라 성격과 행동·태도가 달라지는 인물은 위선적이고 기만적이라 할 수 있는데, 이는

---

6) "비·속어, 상징어, 반복구 등은 골계미의 중요한 요소다. 미적 논의의 실질적인 대상인 주관적 골계는 이런 언어상의 독특한 구사로부터 생겨난다."(조규익, 앞의 책, 2009, 101쪽).

조롱의 대상이 되고 사람들의 웃음거리가 된다. 그러나 이렇게 비정상적으로 보이는 인물을 비난만 할 수 없는 것은 '자기부정'의 요소 때문이다. 해학은 "대상의 부정과 자기부정을 동시에 행함으로써 궁극적인 자기 긍정, 즉 존재(sein)에 대한 관심이자 차원 높은 애정으로서 자기 긍정"에 도달하게 한다. 그래서 "해학은 부드럽고 인간적이고 관대하며 철학적"이다.[7] 〈강남스타일〉에서 인식의 주체가 되는 작자는 노래를 부른 싸이이고, 이는 작품 내에서 화자가 된다. 화자가 바라보는 대상인 "반전 있는 여자"는 그 이중적 성향이 희화화되고 부정되지만, 이것은 화자의 자기 고백과 자기부정을 동시에 수반하고 있다. 자신 역시 "점잖아 보이지만~ 완전 미쳐버리는" 이중적 인간이라는 것이다. 너와 나, 우리 모두가 동일한 성질의 허물을 지녔다면 비난하고 비난 받을 대상의 구분이 사라진다. 이렇게 자기와 타자를 동시에 부정하는 과정을 통해 자기 긍정에 이름으로써 갈등 요인을 해소하고, 공감 의식을 기반으로 화해와 조화를 이루어 가는 것이다.

1970~80년대부터 급속도로 성장한 현재 서울 강남 지역은 경제와 교육의 중심지인 동시에 유흥 문화의 중심지이다.[8] 보수 성향의 엄숙주의·권위주의와 그에 저항하는 자유로운 본능 욕구의 충돌과 혼재 양상이 결국 작자가 말하는 '강남스타일'이라고 본다. 〈강남스타일〉에 등장하는 인물들이 이중적 모습을 보이는 것도 이 때문일 것이다. 즉, 사회의 발전과 유지를 위해 규범과 질서를 지키며 바르고 모범적인 삶을 살아야 하는 처지지만, 일탈이 허용된 공간과 시간에서만큼은 자신의 본능에 따라 자유롭게 행동한다는 것이다. 예컨대, 뮤직비디오에서 싸이는 현실적 도시 공간에서 품위 있게 턱시도를 차려입고, '놀이터에서 선탠하기', '한강 보

---

7) 위의 책, 105쪽, 112쪽.
8) 신현준, 앞의 책, 183~188쪽 참고.

트에서 춤추기', '운동하는 여성 훔쳐보기', '엘리베이터 · 지하철 · 횡단보도에서 춤추기', '사우나 · 목욕탕에서 장난치기' 등의 상황에 맞지 않는 저급한 행동을 한다. 즉, 보는 사람들의 기대를 무너뜨리고 자신을 직접 희화화함으로써 웃음을 유발하는데, 이렇게 표현되는 인물과 공간의 부조화 역시 형식주의에 대한 저항에 기인한 것이라 볼 수 있는 것이다. 작자는 이러한 이중적 삶을 동정의 시선으로 관대하고 너그러이 바라보고 있다. 그러나 그 근간에는 억압적인 사회에 대한 비판의식이 분명 자리하고 있다.

[그림 4-1] <강남스타일> 뮤직비디오

해학은 "타자(상대방, 청중, 관객)와 화합하고 어울리며 조화하는 특성"[9]을 지니고 있다. 그렇다면 연민의식을 바탕으로 타자와 조화를 꿈꾸는 <강남스타일>이야말로 해학의 면모를 잘 보여주는 사례라고 할 수

---

9) 윤병렬, 『한국해학의 예술과 철학』, 아카넷, 2013, 49쪽.

있다. 나아가 고대의 축제가 사람들로 하여금 "초월과 망아적 체험, 즉 자기 자신에게 갇힌 세계에서 혹은 일상의 카테고리에서 벗어나 자기가 꿈꾸는 세계로 나아가게"[10]하였다는 사실로 미루어 볼 때, 〈강남스타일〉은 [그림 4-1]과 같이 전통 축제의 해학을 잇고 있는지도 모른다. 이것은 일상에서 벗어나 사회적 계급이나 계층에 관계없이 모두가 조화롭게 즐기며 살아가는 세계를 그리고 있기 때문이다.[11]

> 잘빠진 다리와 외모 너는 내게 반하지
> 그대 향한 윙크 한번 내게 빠지지
> 네 높은 콧대 내 몸매는 어때
> 내 앞에서는 네 모든 게 무너지고 말 걸
> 사랑한다 말만 말고 보여 주겠니
> 나도 네가 맘에 들어 춤을 추겠니
> 너와 난 왠지 자꾸만 왠지
> 통할 것만 같아 너를 사랑할 것 같아
> 이렇게 둘이 (아~) 너와 단 둘이 (아~)
> 언제나 우린 (아~) 달콤한 이야기를 하고파
> 둘이 (아~) 둘이 (아~) 오늘밤 둘이 (아~) 사랑해 우리 둘이 둘이 Baby
>
> ― 애프터스쿨 〈AH〉(2009) 부분,
> 작사: 용감한 형제 / 작곡: 용감한 형제, 별들의 전쟁 / 편곡: 용감한 형제

2009년 데뷔한 여성 5인조 그룹 애프터스쿨은 순수한 소녀 이미지의 기존 걸그룹과는 달리 파워풀하고 섹시한 이미지를 앞세워 주목을 받았다. 이들의 성적 코드는 노랫말이나 음악, 안무, 의상 등에서 쉽게 찾아볼

---

10) 위의 책, 38쪽.
11) 이은정 · 이연정, "싸이 서울광장 공연..8만 관객 집단 '말춤'", 『연합뉴스』, 2012년 10월05일자.

수 있는데, 데뷔곡인 〈AH(아)〉에는 성행위를 연상시키는 에로틱한 노랫
말이 직접적으로 들어가 있어 청소년의 성적 판타지를 강하게 자극한다.

　사실 K-pop 노래 속에 흔히 보이는 설정 중 하나가 클럽 안에서의 상황
이다. 클럽이라는 공간이 1990년대 이후 젊은이들이 가장 즐겨 찾는 유흥
의 공간이기도 하지만, 이곳은 춤을 추는 공간으로 언제나 현란한 춤이
동반되는 K-pop과 내용상 가장 잘 어울렸기 때문이다. 이 노래 역시 그러
하다. "잘빠진 다리와 외모"로 마음에 드는 상대를 유혹하는 화자는 "오늘
밤 둘이", "달콤한 이야기"를 하며 그와 사랑에 빠지려 한다.

　예술에서 전통적으로 춤은 성행위를 상징하는 경우가 많았다.[12] 그렇
게 본다면 "나도 네가 맘에 들어 춤을 추겠니"를 성적으로 풀어낼 수도
있을 것이다. 그런데 이 곡에서 에로틱함이 극대화되는 부분은 바로
"아~"이다. 후렴 8마디에서 거의 매마디 반복적으로 사용되는 이 노랫말
은 실제 곡에서 신음처럼 들린다. 때문에 청자는 자연스레 성행위를 연상
시키게 되는데, 주목할 점은 이를 노래에 이질적으로 한두 번 삽입하지
않고 음악과 조화롭게 배치했다는 점이다. 즉 일정한 박자에 코러스처럼
반복 사용된 이 노랫말은 마치 음악의 일부처럼 들리게 되어 곡 중 현실
감 있게 한두 번 들어가 있는 것보다 훨씬 더 큰 재미를 준다는 것이다.
이는 표현 방법으로 해학미를 구현한 경우이다. 결과적으로는 이렇게 함
으로써 심의에도 걸리지 않고, 성적 이미지 역시 충분히 환기시킬 수 있
었다.

　　반짝이는 조명 아래 선 We are magic
　　강렬한 음악이 흐르면 빠져버릴 Magic Hole

---

12) 이병옥, 「선사시대 종족보존을 위한 「성애춤」의 전개양상」, 『동양예술』제6호, 한
　　국동양예술학회, 2002, 224쪽.

소리 높여 따라 불러봐 We are magic
볼수록 더 매력 있게 다가갈게 당당하게
보여줄 듯 말듯 비밀스럽게 알듯 말듯 신비하게
빠져들 걸 Baby 보면 알 걸 왜 이래
Get up Get up 모두다 Get up Feel my music
이리저리 눈치 보지 마 네 감정에 솔직해
리듬에 네 몸을 맡겨봐 Feel my magic
흔들흔들 흔들어봐 자신 있게 흔들어봐

Oh My Magic Magic Magic My Magic Magic Magic
어머어머어머 어머어머어머 어머어머 하고 놀랄 걸
Oh My Magic Magic Magic My Magic Magic Magic
어머어머어머 어머어머어머 어머어머 하고 놀랄 걸 어머어머 하고 놀랄 걸
— 시크릿 〈Magic〉(2010) 부분, 작사·작곡: 강지원 / 편곡: 신사동 호랭이

　2010년 발표된 여성 4인조 그룹 시크릿의 〈Magic(매직)〉에서도 겉으로
는 춤을 그리고 있지만 속으로는 성을 말하고 있다. 작자가 "Magic Hole"
(매직 홀)이라는 조어를 써가면서까지 말하려고 했던 것은 단순히 누구나
빠져버릴 화자의 매력적인 속마음이 아니다. 그 안에 숨겨놓은 것은 분명
섹스어필이다. 물론 춤을 춰서 얻는 즐거움이나 쾌감도 분명 있을 것이
다. 그러나 화자는 상대에게 그 이상의 것을 요구한다. "my music"(마이
뮤직)을 느끼고, "my magic"(마이 매직)에 취해 "흔들흔들 자신 있게 흔들
어"보라는 말은 그만큼 더 크고 격렬한 움직임으로 더 큰 성적 쾌감을
만들어 보자는 의도이기 때문이다.
　"음담이나 성적인 것을 표현했다고 해서 해학의 카테고리에 못 들어갈
이유는 전혀 없다. 성(性)은 인간의 자연스러운 측면도 갖고 있기에, 그
표현 또한 자연적인 발로에 해당"[13]되기 때문이다. 이때, 단순한 '음담패

218

설'과 '음담해학'을 구분하는 것이 중요한데, 음담해학의 경우 "지나치게
억지나 인위, 타자를 도탄에 빠뜨리거나 야비한 것과 가식 등과 같은 것
들이 지배적이어서는 안 되고, '품위가 있는', '화합하고 어울리며 조화라
는' 해학의 의미가 퇴색되거나 망각되어서도 안 된다."[14] 이렇게 봤을 때,
K-pop은 성을 상징적이고 비유적인 표현으로, 본능적 욕망을 드러낼 듯
말 듯 절묘하고 자연스럽게 그려냈다는 점에서 해학적이라 할 수 있다.

> 원숭이 엉덩이는 빨개 What 빨간 건 현아 현아는 Yeah
> 원숭이 엉덩이는 빨개 What 빨간 건 현아 현아는 Ah
> Oh eh oh eh oh Uh uh 빨간 건 현아
> Oh eh oh eh oh Uh uh 빨간 건 현아

– 현아 〈빨개요〉(2014) 부분,
작사: 서재우, Bluesun, 소크라테스 / 작곡 · 편곡: 서재우, 빅싼초

[그림 4-2] 〈빨개요〉 뮤직비디오

포미닛의 멤버인 현아의 솔로 곡 〈빨개요〉는 발표 당시 선정성 논란이
불거진 곡이다. 학부모들이 특히 비난했던 것은 뮤직비디오와 안무 퍼포
먼스를 통해 보이는 노골적이고 퇴폐적인 성적 표현들이다. 수위가 도를

---

13) 윤병렬, 앞의 책, 285쪽.
14) 위의 책, 300쪽.

지나쳤다는 것인데, 그럼에도 불구하고 곡 자체가 '청소년유해매체물'로 선정되지 않은 것은 노랫말의 은유적인 표현 때문이다. 뮤직비디오는 '청소년유해매체물'로 선정되었다.

이 곡은 "원숭이 엉덩이는 빨개"로 시작되는 전래동요를 차용했다. 이유는 특정 비속어를 간접적으로 사용하기 위해서다. '빨간 현아'가 의미하는 것은 차치하더라도 원곡 노랫말 "빨간 건 사과 사과는 맛있어"로 유추되는 '현아는 맛있어'라는 숨겨진 표현은 흔히 대상을 성적으로 비하할 때 쓰는 말이기 때문이다. 익숙한 노래를 가져와 흥미를 유발하고 청자로 하여금 저절로 따라 부르게 만들었다는 점에서 본다면 이 곡은 성공적이다. 하지만 한편으로 직접적인 욕설이나 비속어, 잘못된 성 표현은 청소년의 공감을 얻기에도 쉽지 않을 뿐더러 이들에게 왜곡된 성 관념을 심어줄 수 있어 많은 경계가 필요한 것도 사실이다.

K-pop에는 이들 곡뿐만 아니라 성과 관련된 해학적 표현이 흔히 발견된다. 청소년의 억압된 성적 욕망을 애정 어린 시선으로 바라보고, 이러한 상황을 희화화하거나 참신하게 풀어내어 적절한 배출구를 마련한다는 점에서 K-pop은 연민과 공감의 해학미를 지녔다고 할 수 있겠다.

1.3 기존 질서에 대한 무조건적 거부와 해체 미학

1960년대 프랑스 철학자 자끄 데리다(Jacques Derrida)가 적극 주장한 해체(Deconstruction)주의 혹은 해체 미학은 오랜 기간 서구 철학의 근간이 되었던 이성(Logos) 중심주의와 형이상학을 정면으로 비판하고 이를 극복하고자 했다.[15] 데리다의 입장에서, 이성 중심의 형이상학은 대상 전체를 통일하여 얻어진 절대적 자아의 성취이며, 이 절대적 자아는 가려

---

15) 해체주의 혹은 해체 미학의 개념에 대해서는 피종호, 앞의 책 등을 참고.

진 타자 위에서 타자를 억압하는 주체이다.[16] 전체와 객체, 이성과 감성, 기의와 기표, 자본과 노동, 남성과 여성, 어른과 아이, 말하기와 글쓰기 등의 대립구조에서 전자는 후자를 타자로 억압하고 주변으로 배제시킨다. 이러한 이원론적 사고, 지배와 종속의 구조가 갖는 문제 인식을 바탕으로 동일성으로부터의 해방, 차이와 다양성에 대한 새로운 가치 추구가 바로 해체 미학의 핵심인 것이다.

세계를 전체적이고 통합적으로 바라보는 구조주의적 관점에서는 모든 인간 행위의 기저를 이루는 규범이나 법칙이 중요시된다. 예컨대, 언어학 연구에 있어서는 개별적 발화인 빠롤(Parole)보다 그것의 근간을 이루는 랑그(Langue)에 더 주목하며, 문학에 있어서는 작가 개인이나 콘텍스트에 관심을 두기보다 작품에 의미를 부여하는 초역사적이고 기본적인 체계에 주목한다. 이러한 관점은 결국 절대불변의 진리, 중심, 규범, 질서, 의미 등을 전제하는 것이다. 그러나 해체주의는 이를 반박한다. 즉, 소쉬르 등의 구조주의자들이 의미의 현존을 가정하는 반면, 데리다 등의 해체주의자들은 의미가 기호 안에 현존하지 않는다고 본다. 이들은 구조주의가 하나의 기표(지시어)는 하나의 기의(지시대상)를 가져 기호의 의미가 한 언어 체계 내에서 고정된다고 보는 것과는 달리, 하나의 기표에는 여러 개의 기의가 있음을 인정하고, 기표의 배열에 의해 기의가 달라지는 변화 양상에 주목한다. 그리고 이러한 과정은 무한히 반복되기 때문에 생성되는 의미 역시 불확정적이고 유동적이라는 것이다.[17]

이때 "차연(différance)"은 데리다가 제시하는 중요한 개념이다. 여기에는 '차이'와 '연기'의 의미가 동시에 들어있다. 이는 한 단어에 다의성, 나

---

16) Jacques Derrida, 김보현 옮김, 앞의 책 참고.
17) 김상효, 「구조주의와 해체주의 그리고 데리다」, 『영미어문학』제43호, 한국영미어문학회, 1992, 30~41쪽.

아가 의미의 유동성이 있음을 나타낸다.[18] 어떤 기호의 의미가 고정적이지 않고 유동적이라는 것은 총체성을 지닌 형이상학에 대한 도전이며, 데리다는 이러한 이성 중심적 사고, 이분법적 사고 등 모든 중심주의에 대한 반대 전략으로 해체를 사용했던 것이다. 이렇게 봤을 때, K-pop은 이전 대중음악에서 동일하고 일관되게 보인 말하기 규범과 음악문법을 거부하고 자신만의 새로운 형식을 보임으로써, 기존 체계가 가지고 있는 허구성과 가식을 드러내고 다양한 의미를 표출할 수 있었다. 즉, K-pop이 표준어 사용과 맞춤법, 문장 호응을 거부하고, 새로운 조어와 고전적 음악문법과 형식에서 탈피하고자 하는 것 모두 이와 관련이 있는 것이다.

> Do it do it Chu~♡
> It's true true true true It`s you~
> Do it do it Chu~♡
> Do it do it Chu~♡
> It's true true true true It`s you~
> Do it do it Chu~♡
> 알고 싶은 게 매일 너무나 넘쳐
> 아이쿠 아이쿠 쿠 쿠 쿠
> 느껴봐야 할 것 또한 넘쳐
> Yeah Baby Yeah Baby Yeah Baby
> 매일 수백 번 상상하며 기다려 왔던
> 그에게 Do it Chu~♡
> 입 맞추는 순간 잠에서 깬 그녀처럼
> Do it do it Chu~♡
> It's true true true true It`s you~

---

18) 이조원, 「자크 데리다(Jacques Derrida)의 해체주의 인식론과 선」, 『한국선학』 제23호, 한국선학회, 2009, 337쪽.

전혀 다른 시공에 눈을 뜬다 해도
Do it do it Chu~♡
It's true true true true It`s you~

　－ f(x) 〈Chu~♡〉(2009) 부분, 작사: 조윤경, Lindblom Mattias, Wollbeck
Anders Wilhelm, Presley Daniel / 작곡: Lindblom Mattias, Wollbeck Anders
Wilhelm, Presley Daniel

나 어떡해요 언니?
내 말을 들어봐
내 그 사람을 언니?
모르겠어요
참 엉뚱하다 맨날 나만 놀리지
내가 정말 예뻐 그렇다는데
독창적 별명 짓기
예를 들면 꿍디꿍디
맘에 들어 손 번쩍 들기
정말 난 NU 예삐오

Mysteric Mysteric
몰라 몰라 아직 나는 몰라
기본 기본 사랑 공식
사람들의 이별 공식
Hysteric Hysteric
달라 달라 나는 너무 달라
내 맘대로 내 뜻대로
좋아 좋아 NU 예삐오

　－ f(x) 〈NU 예삐오(NU ABO)〉(2010) 부분, 작사 · 작곡: Hansen Mich,
Cutfather, Troelsen Thomas, Larsen Engelina, Lopez Jose Aguirre

　여성 5인조 그룹 f(x)의 데뷔곡 〈Chu~♡〉에서 가장 주목할 부분은 "Chu~♡"라는 노랫말이다. 'Chu'(츄)는 입맞춤 소리를 묘사한 의성어 정도로 볼 수 있다. 이 역시 곡을 위한 신조어이지만, 이를 'Chu~♡'의 형태로 키스나 뽀뽀를 의미하는 채팅 상의 기호처럼 사용함으로써 재미를 주고 또래 청소년들의 공감을 이끌어냈다. 이는 종래에는 볼 수 없었던 형식으로 어른들에게는 매우 낯설고 이해하기 힘든 것이지만 인터넷과 스마트폰 채팅에 익숙한 청소년 입장에서는 대단히 참신하고 기발한 말하기 방식이었던 것이다.

　아울러 "Do it Chu"(두 잇 츄)라는 문장 역시 어법에 맞지 않고, 이어지는 문장들 사이의 호응관계도 정확하지 않아 노래가 전체적으로 무엇을 의미하는지조차 제대로 파악하기 힘들다. 이러한 표현 방식은 '올바른 문장으로 말이 되게'[19] 혹은 '의미가 통하게'라는 원칙으로 노랫말을 만들던 기존의 방식과는 상반된다. "아이쿠 아이쿠 쿠 쿠 쿠", "전혀 다른 시공" 등도 대중음악 노랫말로는 쓰이지 않던 생소한 표현이다.

　데리다적 관점에서, 철저하게 표준어 규정·맞춤법에 입각한 말하기 방식은 절대적인 진리와 중심을 전제한다. 그러나 이는 실세계가 아닌 관념의 세계를 반영할 뿐이다. 보편적 규칙에 부합하는 것만이 참이고 선이라는 생각은 허위적이다. 실제 사람들의 삶과 현실의 모습은 정해진 기준에 모두 들어맞지 않는다. 또한 이 속에서 생성되고 해석되는 의미 역시 확정적일 수 없고, 그럴 필요도 없다. 데리다는 이렇게 만물의 근원이 되는 체계와 질서를 가정하는 형이상학적 중심주의를 거부한다. 이것의 허구성을 보여주기 위해 이를 해체하는 방식을 택한다. 〈Chu~♡〉가 보이는 전략은 이와 관련이 있다. 즉 기존 대중음악이 따르던 고정된 말

---

19) 1992년 서태지와 아이들의 〈난 알아요〉 데뷔 무대를 평했던 작사가 양인자(〈그 겨울의 찻집〉, 〈킬리만자로의 표범〉 등 작사)의 언급에서 인용.

하기 방식과 문법을 거부함으로써 현실의 다양한 모습과 의미를 보여주고 있는 것이다.

2010년 곡 〈NU 예삐오(NU ABO)〉도 마찬가지다. 'NU 예삐오(NU ABO)'의 의미는 중의적인데, '예삐오'는 표준어도 아니고 맞춤법에도 맞지 않지만 '예쁘다', '예쁜이' 정도로 해석할 수 있다. 그리고 'NU'는 'New'(뉴)를 의미하므로 이것은 '새로운 예쁜이'를 의미한다. 또 다른 의미는 기존의 세 가지 혈액형 중 어느 것에도 속하지 않는 '새로운 혈액형', 즉 여느 사람과는 다른 특이하고 개성적인 사람이다. "정말 난 NU 예삐오"인 것처럼 화자가 바로 그런 새로운 유형의 사람인 것이다. 그만큼 노래에서 화자가 선보이는 말하기 방식은 "독창적"이다.

"나 어떡해요 언니? 내 말을 들어봐"에서와 같이 화자는 또래의 언니에게 흥분되고 설레는 마음을 다급하게 전한다. 이어 "내 그 사람을 언니? 모르겠어요"라고 하여 남들과 다른 엉뚱한 자신의 모습과 매력을 몰라주는 상대에 대한 아쉬움을 드러낸다. "꿍디꿍디 별명 짓기" 등의 고백에서 화자의 엉뚱함은 충분히 드러나지만, 이보다 더한 '독창성'은 조어법이나 말투에 있다.

"Mysteric"은 작자가 만들어낸 말이다. 라임을 맞춘 뒷부분의 "Hysteric"이 '히스테리 환자'라는 의미를 가지고 있으니 유추해 보건데 '신비한 사람', '신비스러운', '불확실한' 정도의 의미로 해석할 수 있겠다. 물론 라임 맞추기가 일차적인 의도겠지만 이처럼 사전에 있지도 않는 단어를 굳이 사용한 것은 화자의 독창성, 나아가 남과 다르고 싶은 현대 청소년의 세대적 특성을 보여주고자 한 의도에서다.

청소년의 언어사용에 나타나는 다양성은 청소년 세대가 정체성을 탐색하는 과정에서 나타나는 '새로움을 담는' 문화적 특성이라고 말할 수 있다.

외계어 역시, 언어파괴라는 오명 속에 있지만 청소년세대가 세대신분에 새로움을 담으려는 정체성 탐색 과정이 그대로 반영되어 있는 언어문화라고 할 수 있다.[20]

IT환경의 발달로 더욱 심화된 언어축약현상이나 소위 '언어파괴'라는 청소년의 언어 문화적 특성은 K-pop 에도 그대로 드러난다. 이들은 조사나 어미를 과감히 생략하고, 어순을 바꾸고, 신조어를 끊임없이 만들어 내고, 의미 강조의 목적으

f(x)의 《NU 예삐오(NU ABO)》의 재킷 사진.

로 특정 단어를 반복하고, 의성・의태어를 창조적으로 사용하고, 자신들만의 언어를 비밀스레 사용한다.[21] 즉, 청소년은 자신들이 향유하는 노래 문화 속에 낡고 오래된 것을 거부하고 새로운 것을 담아내고자 하는 것이다. K-pop에는 청소년의 이러한 가치관과 문자 채팅에 익숙한 실생활이 적극 반영되어 있다.

---

20) 변윤언・이광호, 「청소년의 인터넷상 언어사용에 나타난 문화특성에 관한 연구」, 『청소년복지연구』제6권 제2호, 한국청소년복지학회, 2004, 34쪽.
21) 컴퓨터 통신, 인터넷, 휴대전화(스마트폰) 등에서 사용되는 통신 언어의 특징은 첫째, 문자 언어와 음성 언어의 성격을 모두 지니고 있다. 둘째, 완전한 문장의 형태를 지니기보다는 단어나 구 형식의 짧은 형태를 지니는 경우가 많다. 셋째, 기존의 언어 규범에서 탈피한 표기가 많다. 넷째, 새로운 어휘들이 많이 만들어진다. 다섯째, 의성어나 의태어 등 감정 표현이 많이 나타난다. 여섯째, 기호를 이용한 표기가 많이 나타난다.(오창석, 「청소년의 통신 언어 사용실태 연구」, 『청소년 문화포럼』제25권, 한국청소년문화연구소, 2010, 81쪽).

우리를 만들어 내는 것이 언어이며 언어 바깥으로 나가는 것은 불가능하다는 해체론의 주장을 고려한다면, 중요한 것은 언어를 새로운 방식으로 확장시키는 일이다. 우리는 태어날 때부터 언어 안에서 존재하고 생각하며 바라보고 느끼기 때문에 언어 밖으로, 기표들의 놀이 밖으로 빠져 나갈 도리가 없다. 그렇기 때문에 우리가 우리 자신과 세상을 바라보고 이해하는 방식은 언어에 지배받으며, 또한 언어를 통해 바라보고 이해하도록 배운다. 말하자면 언어는 우리 자신과 세상에 대한 경험을 매개한다.[22]

'당신과 입 맞추고 싶어요'가 아닌 'Do it Chu~♡'라는 표현 방식은 청소년 세대의 특성을 잘 드러낸다. 사실 'Do it Chu~♡'가 입맞춤을 의미한다고 단언할 수는 없다. 입맞춤일수도 있고, 아닐 수도 있다. 전에 없이 새롭게 확장된 노랫말이기 때문이다. 언어가 이렇게 기존의 고정된 체계로부터 비껴있는 한 노래의 전체적인 이미지나 의미는 불명확할 수밖에 없다. 이러한 특징은 〈NU 예뻐오〉도 마찬가지여서, 화자를 설레게 하는 대상이 남자인지 여자인지조차 정확하게 알 수 없다.[23] 즉, '그 사람'이라는 기표가 지시하는 대상(기의)이 고정적이지 않고 유동적이라는 의미이다. 현실 세계의 여느 청소년들처럼 화자 역시 중성적인 매력을 가진 동성의 대상에게 혹 마음을 뺏겼을지 모를 일이다. 이렇게 이들 작품은 모호하고 불확정적인 청소년의 세대적 특성을 잘 드러낸다. 뿐만 아니라 "노래나 시에서 참신함을 추구하려면 전통적으로 내려오는 상투적 시어법(詩語法)을 거부해야 한다."[24]는 사실을 감안한다면, 이러한 표현들은 절대 진리처럼 굳어진 기성세대의 말하기 문법을 과감히 해체해 새로운 미적 영역에 도달하고자 한 K-pop의 이념을 잘 보여준다고도 할 수 있다.

22) 로이슨 타이슨, 『비평이론의 모든 것』, 윤동구 옮김, 도서출판 앨피, 2015, 528쪽.
23) 차우진, 『청춘의 사운드』, 책읽는수요일, 2011, 209쪽에서도 이 작품의 불확실한 애정 대상에 대해 언급하고 있다.
24) 조규익, 앞의 책, 2009, 100쪽.

K-pop에서의 해체는 음악적인 측면에서도 여실히 드러난다.

[악보 4-1] 싸이 <GENTLEMAN>(2013) 부분

작사: 싸이 / 작곡: 싸이, 유건형 / 편곡: 유건형 / 채보: 이상욱

싸이의 2013년 곡 〈GENTLEMAN(젠틀맨)〉에서는 기존의 대중음악 장르에는 전혀 찾아볼 수 없는 새로운 음악 작법이 사용되었다. 곡은 기본적으로 A-A'-B-C의 구조로 되어있다. 1절의 도입부 두 단계(A-A')를 거쳐 브릿지(B)를 지나 후렴(C)에 이른다. 주목할 부분은 바로 브릿지이다. 브릿지는 원래 곡의 분위기를 고조시키거나 앞부분과 뒷부분을 자연스레 연결시키는 역할을 하는데, 이를 효과적으로 수행하기 위해 이 곡에서는 일렉트로니카 식의 음향 조작 기법을 사용했다. 즉 필터 이펙터를 사용해 인위적으로 특정 사운드의 음색을 변화시킴으로써, 예컨대 낮은 음에서 높은 음으로 음높이가 상승하게끔 장치한 것이다. 이는 보컬이나 반주 악기의 감정 표현 자체를 점증시켰던 발라드나 록의 방식과는 전혀 다른 것으로 K-pop에 흔히 사용되는 방식이다. [악보 4-1]에 색깔로 표시된 브릿지의 앞 4마디의 음향을 분석해 시각화하면 다음과 같다.

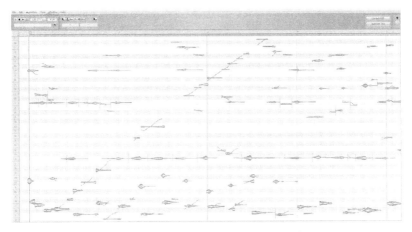

[그림 4-3] <GENTLEMAN> 사운드 분석

[그림 4-3]은 〈GENTLEMAN〉의 브릿지(8마디 중 앞 4마디)를 독일

Celemony(세레모니)사의 Melodyne(멜로다인)[25]이라는 소프트웨어로 분석한 것이다. 가로축은 시간의 흐름, 즉 악보로 치면 4마디 남짓을 의미하고, 세로축은 음정을 의미한다. 낮은 음역대에는 주로 드럼 사운드가 분포하고, 높은 음역대에는 신시사이저 사운드가 분포한다. 그림과 같이 음정, 음량, 음길이 등 곡에 사용된 사운드 요소가 시각화되어 잘 나타나 있는데, 눈에 띄는 곳은 1~3마디 좌측 아래에서 우측 위로 상승하는 부분이다. 이는 특정 사운드의 음정 변화가 연속적으로 일어나고 있음을 의미한다. 그림에서는 프로그램의 약간의 기술적 한계로 인해 중간 중간 끊어지는 형태로 보이지만, 실제 음은 계속 이어진다. 이로 인해 곡의 분위기는 점차 고조되고 이어지는 후렴의 절정으로 자연스럽게 연결된다.

각종 음향 장치나 프로그램의 기술적 발전은 사운드의 다양한 조작과 변형을 가능하게 했다. 기계적으로는 어떤 소리든 붙이거나 자르거나 늘이거나 높이거나 할 수 있다. 전통의 아날로그 악기가 할 수 없는 시도를 얼마든지 할 수 있게 된 것이다. 예를 들면, 이와 같이 음정을 3옥타브 이상 분절되지 않게 상승시키는 방법은 기존의 악기로는 절대 할 수 없다. 반면 전자 악기들은 사운드를 전자적으로 데이터화하여 사용하기 때문에 자유로운 조작이 가능한 것이다. 그런데 이러한 전자 악기와 디지털 사운드는 근본적으로 기존 음악문법이나 음악 질서를 해체시켰다는 점에서 더 큰 의미가 있다.

아도르노(T. Adorno)의 입장에서 전통적인 음악 재료는 작곡가의 자유로운 표현을 방해한다. 이것은 자연을 인간의 합리적 이성을 근거로 재단하여 표준화해 놓은 하나의 고정된 법칙에 불과하기 때문이다. 작곡가가

---

25) 디지털 사운드 조정 프로그램. 2012년 제54회 〈그래미어워드〉에서 기술상을 받을 만큼 현대 대중음악에 큰 영향을 끼쳤다. 시각화된 자료를 보고 직관적이고 쉽게 사운드의 각 요소를 조정할 수 있어 대중음악 제작에 널리 사용되고 있다.

4장 K-pop 미학의 본질과 지속의 가능성

이러한 거짓된 미적 총체성, 그 권위적 지배에서 벗어나지 못하는 한 진정한 의미에서의 어떠한 창작도, 대상의 본질에 대한 어떠한 깊이 있는 접근도 할 수 없다.[26]

조성체계는 전통 음악이 지니는 대표적인 지배 이데올로기이다. 협화음과 불협화음을 구분하고 음이 일정한 방향으로 전개되게 한 것, 또 그렇게 해야만 조화롭고 아름답고 본 것은 차이와 다양성을 인정하지 않는 배타적이고 폐쇄적인 시각이다. 뿐만 아니라 연속성을 지닌 자연음을 분절적으로 계량화하고 구조화한 것 역시 폭력적이다. 20세기 초반 조성의 법칙을 부정한 무조음악[27] 등이 등장한 것도 모두 이에 대한 저항과 반발에서였다. 그런데 K-pop 시대에는 이보다 더 근원적인 지점에서의 변화와 일탈이 일어났다. 사운드의 기계적 조작을 통해 자연에 가까운 비분절음의 구현이 가능해진 것이다. 즉, 음정구분의 최소 단위인 반음 사이의 무수히 많은 음들을 자유롭게 사용할 수 있게 된 것이다. 기존 지배 질서에 대한 저항과 해체 미학을 K-pop에서 읽을 수 있는 이유가 바로 여기에 있다. K-pop은 음악에 있어 가장 기본적인 재료라고 할 수 있는 음의 높낮이나 길이, 크기, 색깔 등을 규범화하지 않음으로써 기술 발전이 가져온 현대인의 확장되고 불안한 의식과 욕망, 이들이 처한 현실 세계를 가장 적절하게 보여준 것이다. 또, 미묘한 불협화음을 계속해서 발생시킴으로써 다양한 이미지와 의미를 만들어낸 것도 이와 같은 원리이다. 물론 '디지털'이 가지는 기본 속성이 불연속성(디지털 데이터는 일정한 시간 축에서 연속적인 아날로그 값에 대해 주기적인 샘플링 값을 취한 것)이기 때문에 디지털화를 통해 수용되는 K-pop의 사운드는 근본

---

26) 맥스 패디슨, 『아도르노의 음악미학』, 최유준 옮김, 작은이야기, 2010 참고.
27) "기능화성(機能和聲)에 따르지 않는 조성(調性)이 없는 음악"(『두산백과』, 두산잡지, 1997).

적으로는 불연속적이라 봐야할 것이다. 그러나 디지털 데이터의 조작가
능성과 항상성은 기존의 음악 체계가 갖는 한계를 극복하고 K-pop으로
하여금 최대한 자연(아날로그)에 가까운 소리를 구현하게끔 했다는 것에
큰 의미가 있다.

이렇듯 K-pop은 풍자와 해학, 그리고 기존 질서에 대한 해체 미학을
지녔다. 그러나 한편으로는 자본주의 시장 논리에 종속된 부정적인 측면
도 존재한다. 이는 대중음악으로서 K-pop이 지닌 태생적인 한계라고 볼
수 있다. K-pop은 이윤 창출을 위해 동원 가능한 모든 상업적 전략을
펼친다. K-pop이 비난 받는 것도 주로 이 때문이다. 자본주의사회에 속해
있는 한 K-pop이 이러한 시장 경제의 테두리를 벗어나기란 쉽지 않아
보인다. 그러나 이 때문에 순수한 창작 동기와 지향 의식이 가려져서도
안 된다. K-pop 해체 미학의 원동력은 분명 낡은 것을 버리고 보다 새로
워지려는 담당계층의 예술적 욕구에 있기 때문이다. 아울러 기술 발전이
가져다 준 소통의 원활화는 생산-유통-소비의 전통적 구조를 해체시켰다.
즉 그간의 경제적 속박을 깨뜨릴 가능성이 생긴 것이다.

2. 디지털 미디어의 발달로 인한 소통의 원활화와 예술적 다양성

1990년대 한국에서의 중심 담론은 정보화였다. 앞 시대 민주화 담론을
제치고 단숨에 전 국가적 관심사로 떠오른 정보화 담론은 무엇보다 빨리
이뤄내야 할 핵심 과제였다. 이미 1980년대부터 한국 정부는 컴퓨터산업
을 주력산업으로 선정(1980), 〈정보통신기본법〉(1982)을 제정하고, 〈소
프트웨어개발촉진법〉(1987)을 개정해 육성 근거와 성장 기반을 마련했
다. 이에 따라 산업계에서는 PC통신을 상용화(1985)시키는 등 소프트웨

어와 관련 기술 개발에 박차를 가했다. PC가 대중화됨에 따라 컴퓨터 구입과 청소년의 컴퓨터 교육 붐이 일어나기도 했다. 1990년대 들어서는 〈정보화촉진기본법〉(1992), 〈전자상거래법〉(1999)이 제정되고, 정보통신부가 출범(1994)하였으며, 윈도우95의 출시로 PC 보급이 활황을 맞았다. 소프트웨어 수입이 전면 자유화(1991)되어 외국의 우수한 소프트웨어와 응용프로그램의 유통이 확산되었다. 뿐만 아니라 K-DOS 출시(1993), 안철수 컴퓨터바이러스 연구소 설립(1996)등 국내 기업의 기술 개발도 활발히 이루어졌다. 1990년대 후반에는 IMF 외환위기의 타개책으로 정부의 IT산업 육성지원이 정점에 올랐다. 이에 관련 벤처기업이 우후죽순 생겨났고, 초고속인터넷망이 전국적으로 구축되어 서비스가 상용화(1998)되었다. 인터넷 혁명의 시대였다. 이 시기 한국은 기업의 인적·물적 자본에 정부의 지원과 국민적 관심이 더해져 IT산업이 빠르게 성장할 수 있었다.[28]

1990년대 청소년은 에코세대라 불리며 기성세대와 현격한 차이를 보이는, 컴퓨터를 비롯한 각종 첨단기기에 익숙한 디지털세대이다. 초등학교 이전부터 전문적인 컴퓨터 교육을 받은 이들은 대부분 PC를 보유하고, 일상생활에서 컴퓨터를 손쉽고 다양하게 사용했다.

> 한국의 X세대론은 1992년 서태지와 아이들의 열광적인 인기를 업고 떠올라 1993~1994년에 홍수를 이뤘으며, 특히 소비와 유행의 첨단 계층으로 떠오른 10대 후반에서 20대 초반의 구매력 있는 일부 소비자 계층을 실제 대상으로 했다. 1998년에 한국에서 대두된 Y세대론은 과거 X세대론의 특성을 거의 그대로 수용하고 있으나, 양 계층 간 최대의 차이점은 X세대론

28) 미래창조과학부·정보통신산업진흥원, 『2013 소프트웨어산업 연간보고서』, 정보통신산업진흥원, 2013, 3~4쪽 참고.

이 일부 튀는 청소년들의 극히 예외적인 현상을 말한 것임에 비해, Y세대론은 대다수의 청소년들이 가지고 있는 태도와 가치관을 대상으로 한다는 것이다.

X세대가 대중 소비시장의 떠오르는 세대였다면 Y세대는 주력계층이 되었으며, X세대가 호출기의 세대였다면 Y세대는 컴퓨터문화가 일반화된 첫 세대다. 무인도에 한 가지만 갖고 가라면 컴퓨터와 이를 연결할 전화선이라고 대답하는 것이 Y세대인 것이다. Y세대는 첨단기기와 서구식 대중문화의 집중 세례를 받으며 자녀수가 1~2명인 소가족에서 경제적 뒷받침과 함께 자기중심적으로 키워졌다는 일반적인 특성을 갖는다.[29]

1990년대 초반 신세대문화를 주도했던 X세대의 서구적이고 소비지향적인 가치관을 이어 받은 Y세대는 1990년대 중후반에 접어들며 대중음악시장을 완전히 장악했다. 넉넉한 경제적 뒷받침과 함께 어릴 때부터 컴퓨터를 이용한 정보의 수집과 교환에 익숙했던 이들은 그만큼 유행에 민감했다. 이들이 자라온 환경에서는 새로운 기기나 기술이 하루가 다르게 등장하고, PC통신과 인터넷을 통해 최신 정보와 지식이 끊임없이 업데이트되었기 때문이다.

기업은 유행에 민감한 집단을 주요 고객층으로 삼는다. 상품이나 서비스의 유행 주기가 짧으면 계속해서 소비가 이루어지기 때문이다. 컴퓨터·모바일 기기, 소프트웨어의 새 버전이 미미한 수준의 차이로 지속적으로 출시되는 것은 바로 이러한 원리를 이용한 것이다. 1990년대 대중음악시장도 마찬가지였다. 또래 간 정보 공유가 활발하고 유행에 민감한 청소년 집단을 타깃으로 시장이 형성되고 발달했다.[30] 비슷비슷한 가수

---

29) 정성호, 앞의 책, 48~49쪽.
30) "10대 청소년층은 현재 우리나라에서 판매되는 음반의 70% 이상을 쓸어간다. 또 텔레비전·라디오 등 각종 대중음악프로그램의 주요 시청자층이기도 한 이들이 좋아하는 음악은 곧바로 인기를 얻게 된다. …중략… 따라서 기획사나 음반사는

와 음악이 수도 없이 생산되고 소비되었다. 저장·재생매체도 발전을 거듭했다. 이러한 상황을 자본을 가진 기업, 그중에서도 특히 IT환경에 익숙하고 기기 사용에 능숙한 기업가나 제작자가 주도했다. 결국 K-pop과 디지털 미디어의 긴밀한 관계는 1990년대 이후 급격하게 발달한 IT환경에 적응하고 이를 가장 잘 이용한 사람들에 의해 형성된 셈이다.

한편, 음반의 디지털화는 CD의 출현으로 시작되었다. 1982년 네덜란드 필립스와 일본 소니에 의해 공동 개발된 CD는 한국에서는 1986년부터 본격적으로 생산되었다.[31] CD는 초창기 비싼 가격의 플레이어로 인해 사용이 활발하지 않았지만 이내 급속도로 확산되었다.

> 84년부터 국내 시판된 CDP의 국내 수요는 연2만대(45억 가량), 보급률은 1%미만으로 아직은 저조한 실정. 이는 그간 CDP에 대한 일반의 인식이 보편화되지 못한데다 가격이 대당 30만 원 이상으로 높고, 공급 또한 원활치 못했기 때문인데…[32]

> 업계에서는 10~15%에 머무르고 있는 CD의 점유율(카세트테이프 55%, LP디스크 30%)이 현재 70만 대에 달하는 CDP(CD 재생기)의 보급 확대와 업계의 CD 생산 경쟁에 따른 가격 하락으로 내년 후반기에는 최소 20%에 이르고 앞으로 5년 안에 미국·일본 음반시장의 현재 비율에 접근할 것으로 내다보고 있다.[33]

처음부터 청소년들에게 팔리는 음반만을 기획하고 광고한다. '찍어서 밀어주는' 것이다. ㄹ기획의 한 직원은 "20대를 겨냥해서 만들어도 그 음반을 사가는 것은 10대뿐이다. 그러니 10대 취향으로 만들 수밖에 없다"고 말한다. 30대 이상은 고려의 대상에도 들지 않는다."(김규원, "댄스음악 선풍 끝이 없는가", 『한겨레』, 1995년04월21일자).
31) 선성원, 『뮤직 비즈니스』, 커뮤니케이션북스(주), 2011, 14쪽 참고.
32) 양영채, "CD플레이어 10萬원臺 제품 곧 나온다", 『동아일보』, 1987년11월10일자.
33) 김도형, "음반 국내도 'CD시대' 눈앞에", 『한겨레』, 1990년11월18일자.

CD가 기존 레코드인 LP를 빠른 속도로 대체해가고 있다. 지난 82년부터 보급되기 시작, 89년 이후 전 세계적으로 급신장세를 보인 CD는 이제 세계 음반시장을 주도하고 있다.[34]

1990년대 CD가 LP나 카세트테이프를 제치고 음반시장을 주도할 수 있었던 것은 사람들의 인식 전환과 값싼 CD플레이어의 보급에 있다. 당시 음반 CD는 LP나 카세트테이프에 비해 2배 정도 가격이 비쌌다. 하지만 보관과 휴대, 사용이 편리하고 음질이 우수하다는 인식이 확산되었고, 사업성을 확인한 국내 전자 기업들이 싸고 우수한 플레이어를 대량 생산했기 때문에 대중화될 수 있었다.

신세대의 소비패턴이 기성세대와 크게 달라지자 기업들이 신세대를 겨냥한 마케팅에 적극 나서고 있다. …중략… 기업들은 이 신세대 상품의 개발이 매출 확대를 좌우할 것으로 보고 신세대 마케팅 전담팀도 구성하는 추세이다. …중략… 삼성전자, 금성사, 대우전자 등 가전3社의 20만 원대 휴대용 CDP, 15만~20만 원대의 CDP카셋 등도 신세대를 겨냥, 개발된 상품이다.[35]

가전대리점에서는 14만~18만 원대의 콤팩트디스크플레이어(CDP)가 내장된 카셋라디오가 매장마다 하루 평균 10대 이상 팔리는 등 기존에 학생들의 선호도가 두드러졌던 헤드폰 소형카셋의 판매를 앞지르고 있다. 이는 최근 CD보급이 확대되면서 기존 음반보다 음질에서 우수한 CDP의 사용이 일반화되고 있기 때문이다.[36]

음반 시장에서 CD 대중화의 중심에는 청소년이 있었다. 당시 기업들

34) 민호기, "CD돌풍…音盤시장 地殻변동", 『매일경제』, 1992년09월08일자.
35) 김성중, "新世代 겨냥 新商品 러시 消費財 업체", 『매일경제』, 1993년02월12일자.
36) 김성중, "졸업·입학시즌 선물용품 판매 불꽃경쟁", 『매일경제』, 1994년02월15일자.

의 목표 소비층은 청소년이었다. 대중음악과 관련 전자 기기 분야에서 특히 심했다. 매출 증대를 위해 이들에 대한 마케팅 전담팀도 따로 운영할 정도였다. 그만큼 당시 청소년은 유행에 민감했고, 높은 구매력을 지니고 있었다. 뿐만 아니라 이들은 최신 디지털기기 사용에 거리낌이 없었다. 어린 시절부터 IT환경에 익숙했기 때문이다. 이렇게 본다면 이후 한국 대중음악시장에서 일어난 급격한 미디어 변화, 즉 MP3와 MP3플레이어의 개발, 모바일 인터넷시장의 성장과 스마트폰을 이용한 스트리밍서비스, SNS의 출현과 확산에 기성세대보다 청소년이 중심이 되었던 것은 당연한 일일 것이다. 그리고 그 속에서 주류로 자리 잡은 K-pop이 디지털 미디어 친화적인 특성을 갖는 것 또한 당연하다. 그런데 이제 디지털세대는 컴퓨터, 스마트폰, 인터넷 등을 이용하여 K-pop을 마음대로 편집하고 변형하고 전파시킬 수 있다. 자본주의시장의 전통적 질서가 해체될 수 있는 새로운 가능성이 생겨난 것이다.

싸이는 2012년 〈강남스타일〉로 일약 월드스타가 되었다. 특유의 B급 이미지와 쉽고 재미있는 노래와 춤이 유효했다. 인기는 2013년 〈GENTLE-MAN〉, 2015년 〈DADDY(대디)(Feat. CL of 2NE1)〉에까지 이어졌다. 싸이로 인해 전 세계가 한국과 K-pop에 주목했다. 그런데 사실 싸이의 해외진출은 의도된 것은 아니었다. 유튜브 유저들 사이에서 〈강남스타일〉 뮤직비디오가 인기를 끌며 예상외의 결과를 가져다준 셈인데, 이러한 디지털 미디어의 발달로 인한 생산자/소비자, 소비자/소비자 간 활발한 소통과 역할 변화는 대중음악을 둘러싼 오랜 질서를 해체시키는 역할을 했다. 최근 등장한 프로슈머(Prosumer)의 개념이 이를 잘 설명해준다. 전통적으로 소비자(Consumer)는 철저하게 소비의 영역에만 존재했지만, 오늘날에는 생산자(Producer)의 영역에도 큰 영향을 미친다. 소비 행위 자체만을 통해 해당 상품의 판매를 촉진할 뿐 아니라, 다음 상품 기획과 제작에 중요한 레퍼런스(참고)를 제공하기 때문이다. 나아가 IT의 발달은 원본의 자유로운 조작과 공유를 가능하게 하여 소비와 생산이 동시에 이루어지게끔 만들었다. 프로슈머는 이제 완전히 새로운 개념의 경제 주체인 것이다.

2014년 EXID는 〈위아래〉의 뇌쇄적인 안무가 온라인상에서 화제가 되어 소위 '차트 역주행'[37]을 하며 정상까지 차지했다. 시간이 흐름에 따라 차트의 낮은 순위에서 높은 순위로 향하는 것은 이전까지는 당연한 현상이었다. 그러나 이를 역주행이라 하며 이례적으로 보는 것 역시 디지털음원 위주의 작아진 시장 때문에 생긴 K-pop 시대의 주요 특징이기는 하나 논외로 하고, 중요한 것은 EXID의 경우 그 계기가 어느 팬이 직접 찍어 인터넷에 올린 공연 안무 영상 '직캠'이었다는 사실이다. 이것이 SNS를 통해 확산되어 크게 히트를 쳤다. 물론 이슈는 언제나처럼 금방 사그라진다. 하지만 그 이슈를 팬과 소비자가 만든다는 점, 그리고 그것을 놀이 정도로 밖에 여기지 않는다는 점이 중요하다.

2014년 서태지는 9집 앨범의 타이틀곡 〈크리스말로윈〉의 스템 파일 (Stem File)을 공개하며 리믹스 콘테스트를 개최했다. 스템 파일이란 곡을 구성하는 보컬, 기타, 베이스, 드럼 등 각각의 음원소스를 말한다. 스템 파일이 있으면 누구나 자유롭게 곡을 편집할 수 있다. 콘테스트 결과 300여 곡이 공모되었고, 어느 아마추어 뮤지션이 최종 우승하였다. 우승 곡은 정식 발매되었다. 그게 아니더라도 〈크리스말로윈〉은 최소 300개의 다른 버전이 생겼다. 즉, 소비자는 300개의 다른 버전을 들을 수 있게 된 것인데, 이는 정보의 과감한 공유와 소통을 통해 창조적 결과를 만든 획기적인 실천이라 할 수 있다.[38]

---

37) 어떤 노래가 발표된 그 순간에는 주목받지 못했다가, 혹은 발표 후 바로 정상에 오른 후 순위가 떨어지다가 어느 특정 계기로 인해 다시 차트 정상권으로 향하는 것을 차트 역주행이라고 한다.

K-pop은 이제 엔터테인먼트이다. 부와 지식을 가진 소수의 특권층만이 창작하고 수용하는 고전적 예술작품의 개념은 이미 사라졌다. 머지않아 사람들은 누구나 음악을 직접 만들고 듣고 공유할 것이다. 이를 가능케 하는 것이 테크놀로지와 디지털 미디어의 발달이다. 생산, 유통, 소비의 경계는 무너지고, 장르 구분도 어려워질 것이다. 어쩌면 그 자체가 무의미할지 모른다. 예컨대, 원래 EXO 멤버 전원이 조금씩 돌아가며 부른 노래를 내가 좋아하는 멤버의 목소리로만 편집해 들을 것이고, EXO의 노래에 빅뱅의 목소리를 입혀 들을 것이고, 심지어 EXO의 노래에 내 목소리를 입혀 들을 것이다. EXO 노래로 록 사운드로 바꿔 들을 수도 있다. 그리고 이런 노래들은 전 세계인과 공유될 것이다. 온라인의 플랫폼을 통해 무수한 노래 데이터가 모여들고, 그것을 선별하는 전문가도 생길 것이다. 그러면 이 사람은 데이터 전문가인가? 음악 전문가인가? 이러한 상황 속에서 원본 찾기란 불가능에 가깝다. K-pop을 둘러싼 사람들의 향유 양상이 지극히 가볍고 쉬운 방향으로, 일종의 게임이자 유희로 옮겨 가는 것이다. 앞에서 언급한 사례들이 이를 뒷받침한다. 말하자면, 근래 들어 K-pop을 둘러싸고 벌어지는 일련의 상황은 새로운 시대를 맞이하는 예비 단계인 것이다.

전통적으로 해체주의자들에게 해체의 대상은 하나의 원본이고, 그 동일성으로부터 탈구축하는 것이 가장 중요한 목표였다. 디지털 특유의 분산 소통 방식은 같음을 거부하고 대상을 파편화시킴으로써 또 다른 새로움을 생성한다. 디지털 미디어와 밀착 결합된 K-pop은 이제 끊임없이 자신을 해체할 것이다. 단일하고 확정된 의미는 사라지고 무수히 많은

---

38) 이소담, "서태지 '크리스말로윈' 스템파일 공유, 레시피 공개한 셈"(명견만리)", 『뉴스엔』, 2015년03월26일자 ; 김사라, "서태지 '리믹스 콘테스트', 실력+개성 겸비 300곡 쏟아졌다", 『OSEN』, 2014년12월16일자.

의미와 가치들이 생겨나는 것이다.

K-pop에는 정치적·사회적 억압에 대한 비판 미학으로서의 풍자와 공동체 구성원들에 대한 애정과 공감 미학으로서의 해학이 있다. 또 기존 질서, 전통 문법에 대한 거부와 저항으로서의 해체미도 있다. 그러나 문화산업의 영역에 속한 대중음악으로서의 태생적 한계를 지닌 것도 사실이다. 자본주의 체제에서는 경제적 이익이 최우선이기 때문이다. 그렇게 본다면 K-pop의 풍자와 해학, 해체의 목적이 궁극적으로는 소비자의 더 많은 선택을 받기 위한 것, 즉 이윤 창출이 될 수도 있을 것이다. 그런데 IT나 디지털 미디어의 발달은 K-pop을 이제 새로운 국면으로 이끌고 있다. K-pop, 대중음악과 관련된 실천과 체계가 소통과 공감, 융합과 다양성을 바탕으로 무한히 열리고 있는 것이다.

CL의 ≪Hello Bitches≫의 재킷 사진.

2015년 11월 2NE1의 멤버 CL(씨엘)은 미국 진출을 앞두고 사전 프로모션곡 〈Hello Bitches(헬로 비치스)〉를 'SoundCloud(사운드클라우드)'에 올렸다. 곡이 사람들의 큰 관심을 받자 얼마 후 공식 유통 채널을 통해 정식 발매해 차트 상위권을 차지하기기도 했다. 'SoundCloud'는 온라인에서 창작자가 자유롭게 올린 음악을 수용자가 무료로 들을 수 있는 세계적인 음악 공유사이트이다. 이곳에서는 창작자가 검열이나 규제 없이 자유롭게 작품 활동을 하고 팬과 소통할 수 있다. 중요한 것은 'SoundCloud'는 원래 정식 음반 발매가 힘든 아마추어 뮤지션의 활동을 위한 곳이었고, 그렇기 때문에 정치·경제·사회 등 기존 지배 시스템과는 떨어져 존재할 수 있었는데, 이를 K-pop 가수들도 적극 이용하기 시작했다는 것이다. 이제는 판촉 상품과 본 상품의 구분이 없어지고, 주류와 비주류의 구분도 없어졌다. K-pop 가수들은 기존에 보여주지 못한 '자기 색'을 보여주려 다양한 매체를 찾는다. 강압적인 지배 이념에서 벗어나면 자유로운 표현이 가능해진다. 심지어 경제 논리 아래에서 만들어졌던 풍자적인 노래가 풍자의 대상이 되어 K-pop에 나타날 수 있다. 1인 미디어, 공유 사이트 등 K-pop이 실릴 수 있는 매체가 다양해질수록 그만큼 다양한 가능성이 열리는 것이다.

기술이 발달하고 매체가 다양해지면서 K-pop은 기존의 닫힌 체계에서 벗어나고 있다. 열린 체계에서는 정치·사회·경제적인 억압, 기성 지배 논리에서 최대한 자유로울 수 있다. 예술에서의 기술의 발전이 고정된 형식을 파괴하고 원활한 소통을 바탕으로 다양한 예술적 가치와 미학을 발현시키는 것이다. 아울러 엔터테인먼트 혹은 놀이가 지닌 흥이나 신명과 같은 미학이 새롭게 부각되거나 생겨날 수 있다. 사실 대중음악 K-pop이 놀이화된다는 것은 예술이 지닌 본래의 기능과 의미가 강화된다는 측면에서 대단히 상징적이다. 가장 상업적이고 비예술적이라 비난받는 현대의 대중음악이 예술의 가장 근원적인 부분과 맞닿아있기 때문이다. K-pop이 시와 음악, 춤의 통합예술이기에 더욱 그렇다. K-pop의 해체 가능성이 커질수록 억압된 본능을 풀어주는 즐거움과 삶을 지속할 수 있게 하는 재창조의 힘은 무한해진다. 이는 곧 K-pop이 점차 사람들의 삶의 가장 가까운 곳에서 가장 쉽고 즐겁게 향유할 수 있는 예술로 변화함을 의미하기 때문이다.

5장

K-pop의 예술사적 의미

1. 통합예술로서의 노래와 K-pop의 본질

노래는 춤과 함께 발생했다. 이후 노래와 춤은 오랜 시간 동안 인류와 가장 밀접한 곳에서 향유되었다. 비록 정치나 종교 등의 이유로 춤이 거세된 시간과 공간도 존재했으나 민간 제의나 노동 현장과 같은 일상에서는 언제나 환영받았다. 이는 대중음악시대에도 마찬가지여서 댄스음악은 인간과 삶의 가장 원초적인 모습을 추구하며 큰 호응을 받았다.

> 춤은 현대의 상업적인 오락의 주요 경향을 거스르는 듯 보인다는 이유로 높은 평가를 받기도 한다. 텔레비전과 영화, 공연 관람이 관중을 수동적으로 만든다는 때때로 비판을 받는 데 비해, 춤은 가장 적극적이고 창조적인 오락 방식에 속할 수 있기 때문이다. 마찬가지로, 현대의 미디어가 가정에 혹은 컴컴한 영화관의 익명성 속에 개인을 소외시킨다는 비판을 받는다면, 춤은 우리로 하여금 공공 장소에서 많은 사람들과 상호 작용을 할 것을 권한다. 춤은 때때로 과거의 민속 문화의 현대적 잔재로, 즉, 사람들이 스스로 조직한 공동의 축제에 함께 어울렸던 그런 세계와 시간에 연결된 마지막 고리로 간주된다.[1]

언뜻, K-pop댄스가 듣는 사람의 춤을 이끌기보다는 가수가 보여주기만 하는 춤으로 여겨질 수 있다. 분명 K-pop의 춤은 고도로 훈련된 아이돌의 화려하고 매력적인 신체를 전면에 부각시킨다. 그리고 사람들은 그것을 감상한다. 하지만 고난도의 춤동작에도 불구하고 세계 수많은 청소년들은 K-pop댄스를 따라했고, 광장에서 함께 추었고, 인터넷을 통해 공유했다. 이들은 K-pop 댄스를 매개로 신명나게 놀았다. 그리고 그 테두리 안에서 서로 관계하고 상호작용하며 자기 존재감을 확인했다.

> '노래'는 따로 떨어져 그것 자체로만 불려진 것은 아니었다. 노동이 끝나고 공동체의 성원이 모여 '함께 노는' 자리에서도 노래는 노동의 동작과 함께 불려진다. 놀이는 노동 후의 피로와 긴장을 풀고 다시 생의 욕구를 충족시키는 과정이다. …중략… 노래가 놀이에서 나왔다는 것을 우리의 조상들은 정확히 알고 있었던 모양이다. '노래'라는 말이 '놀다'라는 동사에서 파생한 명사형이라는 사실이 그것을 증명해준다. '노래'는 '노동'을 '노는' 행위인 것이다.[2]

K-pop은 노래의 본질적 역할을 계승하면서 그 기능을 강화시킨다. 노래의 본질적 역할은 놀이를 통한 구성원 간 일체감 확인과 생산력 증대, 즉 재창조에 있다. 그리고 거기에는 춤이 반드시 포함된다.[3] K-pop은 여러 대중음악 장르 중에서도 특히 이를 잘 계승하면서 집단의 범위를 확장시켜 그 기능을 더욱 강화시킨다. K-pop을 중심으로 형성된 집단은 청소년이 주 구성원이고, 이들은 K-pop 노래와 춤을 즐김으로써 일체감

---

1) 윌 스트로, 「댄스 음악」, 『케임브리지 대중음악의 이해』, 장호연 옮김, 한나래출판사, 2009, 267쪽.
2) 김창남, 「대중음악 공부하기」, 김창남 엮음, 『대중음악의 이해』, 한울, 2012, 8쪽.
3) 놀이와 노래 · 춤의 관계, 그리고 그 의미에 대해서는 조규익, 앞의 책, 2006, 12~36쪽을 참고하였음.

을 확인하고 유대감을 강화한다. 이를 통해 스트레스를 해소하고 삶의 위안을 얻는다. 이는 청소년으로 하여금 휴식과 에너지를 제공하여 학업을 이어갈 수 있도록 도와준다. 농경이나 수렵의 원시시대와 달리 현대 청소년의 생산성은 학업과 관련이 있다. 이 역시 사회의 유지와 발전에 있어 중요한 요소임은 틀림없다. K-pop을 통한 사회적 생산성의 증대는 곧 재창조를 의미하고, 더군다나 집단의 외연이 세계로 확장됨에 따라 구성원이 느끼는 연대의식과 재창조의 가능성은 더욱 커진 것이다.

2. 한국 대중음악사의 전환점과 K-pop의 위치

한국 대중음악의 작품이나 장르 연구는 한국 대중음악사 서술을 위한 전 단계 작업이다. 한국 대중음악사 서술은 결국 한국 대중음악의 개별 작품과 장르에 대한 연구들을 일정한 체계 속에서 공시적·통시적으로 정리하는 과정을 통해 이루어지기 때문이다. 그간 학계에서는 대중음악에 대한 연구가 많이 이루어졌다. 대중음악사 서술에 있어서도 주목할 만한 시도들이 있었다.[4] 그러나 이들은 나름의 성과와 선구적인 지위를 가짐에도 불구하고 몇 가지 문제점을 노정한다. 그중 대표적인 것이 시대 구분의 문제이다.

기존의 한국 대중음악사는 일제강점기를 하나로 묶어서 다루고 1940년대에서 1950년대까지는 대중가요사의 수난과 혼돈의 시기로, 마지막으로 1960년대부터는 10년 단위로 나누어서 기술하는 방식을 채택하고 있다. 그

---

4) 김영준, 『한국 가요사 이야기』, 아름출판사, 1994 ; 이영미, 앞의 책 ; 박찬호, 『한국 가요사1·2』, 미지북스, 2009 등이 있다.

러나 여기서 1945년 이전을 한 단위로 묶는 것과 1960년대부터 10년 단위로
기술하는 것이 과연 대중음악사 기술에 있어서 가장 효과적인 방법인지에
대해 의문을 제기할 수 있다. 약간의 편차가 있는 것은 사실이나 다행히도
1960년대 이후부터는 비교적 10년 단위로 대중음악의 판도나 정치 상황이
달라지는 것도 사실이다. 그러나 그 기준에 대한 명확한 제시 없이 10년을
단위로 하여 대중음악사를 기술하는 것은 편의상의 기술 방법일 뿐 그 이상
의 의미를 지니기는 어렵지 않을까 한다.[5]

한국 대중음악사 서술에 있어서 시대구분은 중요하다. 시대구분이 제
대로 선행되어야만 한국 대중음악의 공시적 · 통시적인 양상을 정확히 짚
어내고, 그 흐름을 옳게 서술할 수 있기 때문이다. 아울러 대중음악사는
정치 · 경제 · 사회문화사적 변화만을 기준으로 서술되어서는 안 된다. 그
것이 대중음악과 밀접한 관련이 있는 것은 사실이나 대중음악의 변화와
직접적으로 대응하지는 않기 때문이다. 더군다나 10년 단위로 구분하는
방식은 서술상의 편의에 불과하다.

올바른 대중음악사 서술을 위해서는 대중음악 자체의 변화에 우선적
으로 초점이 맞춰져야 한다. 대중음악 자체의 변화와 지속의 양상을 먼저
파악하고, 이것이 사회적 배경과 관련하여 유의미한 시대 전환의 논리를
가지면 이를 기준으로 시대구분을 하는 것이 제대로 된 대중음악사 서술
의 출발점인 것이다.[6]

---

5) 장유정, 앞의 논문, 2008년, 99쪽.
6) 조규익은 문학사 서술에 관하여 다음과 같이 언급한다. "문학사를 서술하기 위해
  서는 문학사의 시대구분이 선행되어야 한다. 그 시대구분은 문학의 변화와 지속에
  대한 파악을 전제로 한다. 문학에서 일어난 구체적인 변화를 매듭삼아 시대구분을
  하되, 그것이 합리성을 얻으려면 변화되지 않고 지속되는 부분에 대한 파악도 동
  시에 이루어져야 한다. 말하자면 구체적인 변화만을 매듭삼아 시대구분하는 데
  그친다면, 기술된 역사가 토막 난 글들의 집합에 불과할 것이기 때문이다. 외면으
  로는 토막 난 글들의 모임이라 할지라도 이면적으로는 부단히 흐르는 연속체여야

그렇다면 시대구분의 기준은 무엇인가? 조규익 교수는 "하나의 동질적인 시간대에서 또 다른 동질적인 시간대로 넘어가기 위해서는 일종의 전환점이 필요하다"[7]고 하면서 바로 이 전환점이 시대구분의 단서가 된다고 하였다. 아울러 "우리 시가의 전환은 대체로 그것의 존립 기반이었던 국어와 음악의 변화에 대응되는 현상이었으리라 추측된다"[8]고 하며 전환점 설정의 기준을 제시하고 있다. 국어(노랫말)와 음악은 텍스트 자체를 의미하므로 언뜻 거기에만 국한된 기준으로 보이나 사실은 그렇지 않다. 언어와 음악이라는 것도 결국 그 시대의 정치·경제·사회적 맥락과 긴밀하게 연결되어 있기 때문이다. 이렇게 본다면 "양식(style), 기술(technology), 제도, 정치, 감수성, 음반 산업"[9] 등의 변화를 기준으로 할 수도 있을 것이다.[10] 이에 대해 ≪한국음악통사≫를 저술한 송방송 교수 역시 "시대구분을 위한 논의의 대상으로 어느 한 시대의 음악양식과 직접 또는 간접적으로 관련되는 음악문화의 모든 요소가 두루 고찰되어야 할 것"[11]이라 말한 바 있다.

할 것이다. 이것은 일반 역사의 기술뿐 아니라 문학사의 기술에 있어서도 진(眞)이다."(앞의 논문, 1996, 38쪽). 이러한 관점은 대중음악 분야에서도 마찬가지여서 신현준은 "21세기에 접어든 현시점에서 조망할 때 필요한 것은 대중음악의 역사에서 연속성과 불연속성을 동시에 고려하는 시기구분으로 보인다."(「1970~1980년대 한국 대중음악사 서술의 쟁점: 불확정적 텍스트와 복합적 매개의 난점」, 『대중음악』제15호, 한국대중음악학회, 2015, 98쪽)고 지적한다.

7) 조규익, 앞의 책, 2006, 40쪽.
8) 위의 책, 49쪽.
9) 장유정, 앞의 논문, 2008, 99쪽.
10) 장르 역시 시대구분의 기준이 될 수 있다. 이에 대해 라영균은 "장르는 시대와 마찬가지로 문학사를 구분하고 체계화하는 기준이다. 그러나 장르의 규정과 유형화 작업이 텍스트들의 어떤 공통적인 특성에 근거를 두고 있으며, 독자들은 그 특성을 항상 인식할 수 있는지를 밝혀야 한다."(「문학사기술의 문제의식과 장르변화의 문제」, 『세계문학비교연구』제17집, 세계문학비교학회, 2006, 219쪽)고 주장한다.

　그렇다면 K-pop은 한국 대중음악사적으로 중요한 전환점이 된다.[12)] 무엇보다 K-pop에서 한국어와 영어 노랫말이 혼용되는 특성은 한국 대중음악사, 넓게는 한국 시가사적으로도 유의미한 큰 변화이기 때문이다. 뿐만 아니라 빠른 템포, 단순한 패턴 반복, 멜로디나 화성보다는 리듬이 강조되는 흑인 댄스음악 스타일도 전 시대의 주류 장르들과는 확연히 다른 모습을 보인다. 심지어 아이돌 군무는 어디에서도 찾기 힘들다. 여기에 디지털 미디어와의 친연성, 청소년 중심의 담당층, 상업성까지 고려하면 K-pop은 전 시대에 비해 크게 변화된 모습을 보인다. 그런데 변화만 있는 것은 아니다. 지속되는 요소도 있다. 영어 노랫말 사용이 확대된 가운데서도 한국어 노랫말은 여전히 큰 비중을 차지하고, 부재하는 대상을 그리워하는 전통적인 시적 자아의 정서가 드러나고, 일상적인 의성·의태어를 사용하여 곡에 현실성과 생동감을 부여한다. 흑인음악을 맹목적으로 좇는 것 같으면서도 꺾음이 현란한 리듬 앤 블루스 창법보다는 정직한 창법을 구사한다. 전통 5음계 기반의 멜로디나 곡조가 드러나고, 랩의 라임과 플로우는 한국어에 최적화되어 발전하였다. 왜냐하면 까다로운 흑인음악식 창법을 갑자기 구사하기도 쉽지 않았을 뿐더러, 사람들의 호응을 얻기 위해서는 크게 이질적이지 않고 어느 정도 익숙함을 유지해야했기 때문이다.

　K-pop의 주요 특성들은 당대 한국 사회가 지닌 특수성으로 인해 형성

---

11) 송방송, 앞의 책, 17쪽.

12) 박애경은 전환에 대해 "가요라는 말에서 K-pop으로의 전환은 일국 내에서 통용되던 대중음악이 지구화시대에 부응하여, 장르적 증식 혹은 전환이 이루어졌다는 것을 의미한다"고 하고, 이것에는 "대중음악의 질적 전환이 이루어졌다는 의미도 포함된다"고 했다. 이때 "질적 전환이란 트로트에 기반하고, 선율 중심, 주제 중심으로 이루어진 노래가 댄스를 전제로 한 음악에 기반하고 비트 중심, 후크 중심으로 이동한 것을 의미한다"(앞의 논문, 179쪽)고 했다.

되었다고 봐야할 것이다. 즉, 1990년대 한국의 민주화, 권위주의적 이데올로기의 약화, IMF 외환위기와 신자유주의, 국제화, 정보화 등의 흐름이 K-pop 현상을 만들어냈다는 것이다. 바꿔 말해, 콘텍스트가 달랐다면 K-pop은 지금과는 다른 특성을 지녔거나, 혹은 아예 생기지 않았을 수도 있었다는 의미이다. 그런데 이 역시 지속과 변이의 측면으로 볼 수 있다. K-pop 시대는 앞선 시대의 여러 사회 요소들이 상호작용하여 나온 결과물이기 때문이다. 노랫말과 음악을 통해 드러나는 지속의 요소와 더불어, 'K-pop에는 한국이 없다'는 말에 동의할 수 없는 이유가 바로 여기에 있다. K-pop은 명백히 '한국'이 만들어낸 종합문화적 산물이기 때문이다. 다만, 변이의 양상이 지금까지와 비교했을 때 보다 세계 보편적이 되었을 뿐이다.

"문학을 시대와 사회의 변화에 따라 모습을 달리해 가는 생명체"로 보고, "민족의 소장(消長)과 그 궤를 함께 해왔다는 견해"[13]가 한국문학계에서 광범위하게 지지를 받는 이유는 "특정한 시대나 사회의 문학은 그 시(時) 공(空)에 존재하는 모든 것이 유기적으로 결합된 종합적 실체"[14]이기 때문이다. 대중음악 역시 그러하다. 한국 대중음악은 그간 전통의 단절이나 이식성, 식민성 등의 절하된 평가를 받는 속에서도 주체성을 가지고 끊임없이 나름의 음악적 관행과 특성을 이으며 변화해왔다. 그러다가 IT산업의 발전을 주도하며 맞이한 21세기에 사상 처음으로 세계에 수출되며, 또 세계를 상대로 경쟁하기 시작했다. 이제 새로운 도전과 혁신적 시도를 해야 할 때다. 이는 한국·한국인의 모습 그대로인 것이다.

---

13) 조규익, 앞의 논문, 1996, 28쪽.
14) 위의 논문, 28쪽.

　본고에서는 K-pop의 특성을 종합적으로 분석하여 K-pop의 개념과 발생, 본질, 미의식 등을 밝히고, 노랫말과 음악을 통해 드러나는 지속과 변이 양상을 살펴 K-pop이 지니는 한국 예술사적 의미에 대해 알아보았다. 이를 통해 K-pop이 지니는 정체성을 확인하였다. 즉, K-pop은 한국 노래나 시가의 전통적 요소를 계승하고 있을 뿐만 아니라, 1990년대 이후 한국 사회의 변화와 밀접하게 연결되어 이전과는 다른 새로운 모습의 한국 대중음악이었다. 이 연구의 내용을 정리하면 다음과 같다.

　제2장에서는 K-pop의 개념과 형성 배경, 그리고 아이돌, 매니지먼트사 등 관련 용어의 특징에 대해 알아보았다. K-pop이 형성되던 1990년대 한국 대중음악시장은 신자유주의 경제 체제 아래 세계화, 정보화의 시대적 흐름과 더불어 컬러 TV · PC의 대중화, 뮤직비디오의 출현과 발달로 현란한 퍼포먼스를 보여주는 댄스음악이 이미 주류로 자리잡아가고 있었다. 여기에 한국 매니지먼트사의 아이돌 육성 · 제작 시스템은 대중문화 상품에 대한 상당한 구매력을 가진 청소년층을 사로잡기 위해 체계적인 전략을 세웠다. 아울러 발달된 디지털 미디어는 K-pop의 생산-유통-소비

로 이어지는 가치사슬에 핵심 매체가 되었는데, 특히 유통과 소비적 측면에서 기존에 없던 새로운 가능성이 생겨났다. 즉, K-pop에 대한 외국 소비자의 접근이 용이하게 된 것이다. 1990년대 후반 들이닥친 경제 불황에 대한 타개책 중 하나로 각 매니지먼트사들은 해외 시장으로 눈을 돌렸다. 이때 외국 소비자에게 K-pop은 신선하고 고품질의 콘텐츠였을 뿐만 아니라 매체적으로나 문화적으로나 쉽게 수용할 수 있는 콘텐츠였다. 외국 대중음악시장, 그중 특히 일본 대중음악시장에서 생겨난 용어가 바로 K-pop이다. 그들에게 K-pop은 아이돌의 댄스음악이 주류적 위치를 차지한 한국의 대중음악이었던 것이다.

K-pop의 아이돌은 절대적이고 불변의 우상이라기보다는 대중 소비되는 상품에 가깝다. 아울러 자연인으로서 그룹의 구성원은 생산 영역에 속한 스태프라 할 수 있다. 이들은 경우에 따라 얼마든지 교체될 수 있다. 또한 아이돌 자체도 쉽게 생기거나 사라질 수 있다. 이들의 명운이 본질적으로는 소비자에 달려있다는 사실을 감안했을 때, K-pop을 소비하는 청소년의 영향력은 막대하다. 이러한 양상은 기술의 발달에 따라 더욱 심해지고 있다. 다시 말해 포털사이트, SNS 등의 디지털 미디어를 통해 손쉽게 특정 아이돌의 가치를 올리거나 내릴 수 있게 되었고, 심지어 생산과 소비 영역의 경계가 사라져 K-pop을 소비하는 청소년 누구라도 생산자가 될 수 있게 되었다. 앞으로의 K-pop은 가벼운 유희와 경쟁의 놀이적 성격이 부각될 가능성이 크다.

대중음악 자체가 자본주의 하에서 생겨났고, 현재도 그 안에서 존재한다고 봤을 때, K-pop이 상업적 논리를 벗어나기란 쉽지 않아 보인다. 이 경우, K-pop을 만드는 매니지먼트사는 이윤 창출을 위한 전략적 생산의 주체가 된다. 1990년대 도입된 기업형 매니지먼트 시스템은 K-pop을 보다 체계적이고 합리적으로 생산·관리하기 시작했다. 이후 각 매니지먼트사는 문화산업의 영역에 편입되어 수익 구조의 다각화를 꾀했다. 특히 해외 소비자를 주 타깃으로 하여 수많은 연계 상품을 내놓았는데, 이러한 치밀한 전략의 성공이 매니지먼트사들의 몸집을 키우는 결정적인 역할을 했던 것이다. 그런데 이로 인해 불거진 상업성 논란은 K-pop의 가치를 절하시키는 데 일조했다. 특히, 주로 비판받는 K-pop의 모방성과 보편성은 정체성과 예술성에 대한 회의를 동반하는 경우가 많다. 그러나 K-pop은 한국 전통의 요소와 외래의 요소가 혼합되어 새롭게 만들어진 고유한 특성의 한국 대중음악이고, 1990년대 한국이라는 콘텍스트를 근거로 해서 나온 종합문화적인 산물이다. 또한 권위적인 이데올로기에 저항한 풍자와 해학, 해체의 미학을 지녔다.

제3장에서는 한국 예술사적 맥락에서 K-pop 노랫말과 음악이 가지는 지속과 변이의 양상을 작품 분석과 사회문화적 배경 분석을 통해 중점적으로 살펴보았다. 이를 정리하면 다음과 같다.

K-pop의 노랫말은 내용과 표현의 측면에서 모두 기존 대중음악 장르, 나아가 고전시가로부터 이어지는 지속의 요소를 지닌다. 동시에 사회나 시대, 담당층의 변화에 따라 변이된 모습 역시 뚜렷하게 보인다. 다시 말해 K-pop은 첫째, 노래 장르 보편의 주제인 사랑을 주로 다루지만 화자가 처한 상황과 대처방식은 자못 다르다. 시대와 사회가 다르고, 화자의 성격과 감정이 달라 노래 속 이야기도 그만큼 다양하기 때문이다. 둘째, 사회 저항의식 역시 여타 장르에서와 마찬가지로 뚜렷하게 표출되지만 주제는 청소년과 관련된 것으로 한정된다. 셋째, 한국인 특유의 신명과 흥을 바탕으로 향락과 쾌락을 추구하나 자기애가 기반이 된 자기과시가 섞여서 드러난다. 넷째, 라임(압운)을 맞추는 전통의 작법은 더욱 강화되었고, 사회적 제약을 피해 성적 본능을 비유적이고 창조적으로 표현한다.

무엇보다도 영어 노랫말의 사용이 눈에 띄게 확대되었다. 그러나 이와 더불어 한국어 노랫말 역시 여전히 큰 비중으로 혼용된다.

다시 정리하면, K-pop 노랫말의 주제는 죽음·전쟁·평화 등의 이야기 보다는 청소년으로 한정된 소비층으로 인해 대부분 인류보편의 주제인 사랑과 관련이 있지만 다양한 상황과 캐릭터 설정으로 최대한 다채롭게 이야기를 풀어낸다. 학원폭력, 입시문제와 관련한 사회 저항의식을 더러 드러내기도 하고, 힙합 클럽 문화의 영향으로 향락의 추구와 자기 자랑이 복합적으로 표현되는 양상을 보이기도 한다. 이는 사회적 억압에 저항하거나 흥취나 향락을 추구했던 여러 전통의 노래와 여타 대중음악 장르의 속성을 계승하는 것이면서 동시에 K-pop만의 특수성을 보여주는 것이라 할 수 있다. 〈청소년 보호법〉은 강력한 규제 장치로 작동하여 K-pop 노랫말을 더욱 일상적이고 건전한 방향으로 고착화시켰다. 표현형식은 수사적이지 않고 쉽고 단순하지만, 각종 규제를 피하기 위해 사용된 비유나 상징의 수사적 표현도 종종 발견된다. 이 역시 ≪만횡청류≫와 같은 고전시가에서 쉽게 찾을 수 있는 표현형식인데, 주목할 점은 라임의 발달이다. 이는 힙합의 영향 때문이다. 여기에 〈청소년 보호법〉도 일조했다. 청소년 보호라는 미명 아래 작동된 새로운 정치적 규제가 K-pop으로 하여금 심오한 의미나 메시지 전달보다는 언어유희에만 천착하게 만든 것이다. 무엇보다도 K-pop 노랫말은 한국어와 영어가 혼용되는 특성을 지닌다. 이는 영어 노랫말이 더 세련되었다고 여기는 사람들의 심리에 기인한다. 아울러 세계화 시대를 맞아 국제적 소비를 염두에 둔 매니지먼트사의 경영 전략과도 연관이 있다. 상업적 성공을 위한 필수요소인 영어 노랫말은 K-pop 특유의 건전성, 즉 욕설·폭력·섹스·마약이 배제된 노랫말과 함께 해외시장 공략에 크게 기여했다.

K-pop은 대체로 댄스음악의 특성을 지닌다. 이러한 K-pop의 음악적

특성은 장르 간 간섭, 다른 외부 요인으로 인해 다분히 복합적이고 혼종적인 양상을 보이나 댄스음악으로서의 핵심적인 요소는 분명 존재한다. 이는 한국 전통음악에서 그 기원을 찾을 수 있다. 제의와 관련된 고대의 노래들로부터 민요에 이르기까지 댄스음악의 핵심인 '반복'과 '리듬감', '단순성', '율동성'은 꾸준히 발현되어왔기 때문이다. 특히 민요로부터 계승한 전통적인 음조직과 독특한 정조는 외국 댄스음악과는 다른 K-pop만의 고유성을 드러낸다. 한편 K-pop은 외국 댄스음악에서도 많은 영향을 받았는데, 리듬 앤 블루스·재즈·훵크·디스코·힙합·일렉트로니카 등 각 시대에 유행한 장르들의 주요 특징을 고루 가지고 있다. 여기에 뮤직비디오라는 새로운 시각매체의 출현과 발달로 그 지위는 보다 공고해졌다. K-pop은 현란한 춤과 퍼포먼스, 화려한 의상, 잘생긴 얼굴과 훈련된 신체 등 다른 장르보다 상대적으로 보여줄 것이 많았기 때문이다. 아울러 트로트·발라드·록과 같은 동시대 타 장르의 간섭으로 인한 변이를 겪기도 했다. 예컨대, K-pop은 트로트 특유의 신파 정서와 분위기, 발라드의 피아노·현악기가 들려주는 유려하고 풍부한 사운드, 록의 강렬하고 저항적인 이미지 등에 많은 영향을 받았다.

제4장에서는 K-pop 미학의 본질과 지속 가능성에 대해 살펴보았다. 이를 정리하면 다음과 같다.

보수적이고 권위적인 한국 사회의 낡은 질서 속에서 청소년들의 불만은 쌓여갔고, 이들은 K-pop을 통해 이를 해소하고자 했다. 다시 말해 K-pop에는 강압적이고 불합리한 기존 질서에 대한 저항과 비판의식이 표출되고, 부조리한 교육 환경과 폐쇄적인 성 문화 속 공동체 구성원들에 대한 연민과 공감 의식이 드러난다. 뿐만 아니라 K-pop은 기존 대중음악 노랫말의 언어 체계를 해체함과 동시에 테크놀로지의 발달에 힘입어 오

255

랜 기간 지속된 음악문법마저 해체시켜버렸다. K-pop 노랫말과 음악이 보여주는 이러한 파괴적인 형식은 전통적 관점에서는 비이성적이고 전혀 아름답지 않은 불협화의 전형이었지만, 이제껏 무비판적으로 받아들여진 가상의 진리를 폭로하고 이를 다시 전복하는 과정을 통해 새로운 가치와 의미를 생성했다는 점에서 의미가 있다.

정리하자면, K-pop에는 각종 폭력적인 억압에서 오는 불만, 이상과 현실의 불균형, 그리고 이를 해소하기 위한 풀어줌의 미학, 즉 맺힌 것을 풀어주어 조화로운 상태에 도달하고자 한 미의식이 잘 녹아있다. 이를 전통적 개념으로는 골계미 혹은 희극미로 정의할 수 있다. 다시 말해, 사회문제에 대한 날카로운 비판의식과 분출되지 않은 본능적 욕구가 비유적 표현, 언어유희 등을 통해 웃음과 함께 드러나는 것이다. 이와 더불어 K-pop 미학의 핵심이 되는 것이 바로 해체이다. K-pop 향유층은 기존 질서를 최대한 거부함으로써 자신들만의 새로운 세계와 질서를 구축하고자 했다. 다원주의를 바탕으로 대립항들의 화해와 공존을 꾀했다는 점에서 본다면 해체 역시 조화의 상태를 목표했다고 할 수 있다.

해체의 원동력은 낡은 것을 버리고 보다 새로워지려는 K-pop 담당계층의 예술적 욕구에 있다. 이를 도운 것이 바로 기술의 발전이다. 기술과 디지털 미디어의 발달은 대중음악 형식과 실천의 오랜 질서를 해체시켰다. 사람들은 K-pop을 통해 기존 질서의 허위와 가상을 폭로하고 세계와 대상의 본질을 제대로 드러내고자 했다. 예컨대 조성음악으로 대표되는 기존의 음악 질서는 오랜 기간 임의로 축조된 가상의 조화미를 강요했지만, 그것이 세계를 드러내는 절대적이고 보편적인 기준이 될 수 없음을 깨달았다. 이에 소리의 기계적 조작을 통해 규범화된 전통 음정체계를 거부하고 자연에 가까운 비분절음을 구현해냄으로써, 동일성의 신화에서 벗어나 차이와 다양성의 가치를 생성하는 데 성공했다. 또 발달된 IT

환경은 사회구성원 간 소통을 원활하게 하여 생산-유통-소비의 전통적 경계를 없애버렸다. 이제 K-pop은 다양한 방식으로 만들어지고 수용된다. 그 결과, 자본주의시장의 전통적 질서가 무너지고 예술적 다양성이 확보되었다.

기술이 발전할수록 해체도 계속될 것이다. 그러나 정해진 방향은 없다. 다름과 다양성이 중시되는 사회에서는 절대 가치란 없고, 모든 것이 끊임없이 해체되고 새롭게 생성되기 때문이다. 아울러 앞으로는 디지털 미디어를 활용해 소비자가 노래를 마음대로 변형해 듣고 이를 다시 전파하고, 게임하듯 소비하는 등 K-pop과 관련된 향유 양상이 점차 유희적으로 변할 가능성이 크다. 그런데 이처럼 K-pop 관련 실천이 점차 놀이화된다면 맺힌 것을 풀어주거나 재창조를 가능케 하는 예술의 본질적 기능은 더욱 강화될 것이다. 원시예술에서 보이던 이러한 모습은 사람들의 삶과 가장 가까운 곳에서 존재할 때야 비로소 가능해지기 때문이다.

제5장에서는 K-pop의 예술사적 의미에 대해 살펴보았다. K-pop의 본질은 시 · 음악 · 춤의 통합예술로서의 '노래'라는 데 있다. 가장 상업적이고 현대적이라 평가받는 대중음악 K-pop이 예술의 가장 근원적이고 본질적인 속성을 지니고 있다는 사실은 대단히 상징적이다. 그만큼 K-pop이 한국 예술의 오랜 전통을 잇는 종합문화적 산물이라는 의미이다.

K-pop은 노래의 본질적 역할을 계승하면서 그 기능을 강화시킨다. 노래의 본질적 역할은 놀이를 통한 구성원 간 일체감 확인과 생산력 증대, 즉 재창조에 있다. 그리고 거기에는 춤이 반드시 포함된다. K-pop은 여러 대중음악 장르 중에서도 특히 이를 잘 계승하면서 집단의 범위를 확장시켜 그 기능을 더욱 강화시킨다. K-pop을 중심으로 형성된 집단은 청소년이 주 구성원이고, 이들은 K-pop 노래와 춤을 즐김으로써 일체감을 확인

하고 유대감을 강화한다. 이를 통해 스트레스를 해소하고 삶의 위안을 얻는다. K-pop을 통한 사회적 생산성의 증대는 곧 재창조를 의미하고, 더군다나 집단의 외연이 세계로 확장됨에 따라 구성원이 느끼는 연대의식과 재창조의 가능성은 더욱 커진 것이다.

K-pop은 한국 대중음악사적으로 중요한 전환점이 된다. 무엇보다 K-pop에서 한국어와 영어 노랫말이 혼용되는 특성은 한국 대중음악사, 넓게는 한국 시가사적으로도 유의미한 큰 변화이기 때문이다. 뿐만 아니라 빠른 템포, 단순한 패턴 반복, 멜로디나 화성보다는 리듬이 강조되는 흑인 댄스음악 스타일도 전 시대의 주류 장르들과는 확연히 다른 모습을 보인다. 심지어 아이돌 군무는 어디에서도 찾기 힘들다. 여기에 디지털 미디어와의 친연성, 청소년 중심의 담당층, 상업성까지 고려하면 K-pop은 전 시대에 비해 크게 변화된 모습을 보인다. 그런데 변화만 있는 것은 아니다. 지속되는 요소도 있다. 영어 노랫말 사용이 확대된 가운데서도 한국어 노랫말은 여전히 큰 비중을 차지하고, 부재하는 대상을 그리워하는 전통적인 시적 자아의 정서가 드러나고, 일상적인 의성·의태어를 사용하여 곡에 현실성과 생동감을 부여한다. 흑인음악을 맹목적으로 좇는 것 같으면서도 꺾음이 현란한 리듬 앤 블루스 창법보다는 정직한 창법을 구사한다. 전통 5음계 기반의 멜로디나 곡조가 드러나고, 랩의 라임과 플로우는 한국어에 최적화되어 발전하였다. 왜냐하면 까다로운 흑인음악식 창법을 갑자기 구사하기도 쉽지 않았을 뿐더러, 사람들의 호응을 얻기 위해서는 크게 이질적이지 않고 어느 정도 익숙함을 유지해야했기 때문이다.

이상과 같이, 본 연구는 K-pop의 특성을 개별 작품과 사회적 배경 등을 토대로 다각도로 분석하고, 발생과 본질, 미의식 등을 상세히 살펴보았다. 그간 각 영역에서 개별적으로 이루어진 K-pop 연구를 종합하고, 기존 논의들이 간과했던 K-pop의 정체성, 미학적 측면과 지속과 변이의 양상, 예술사적 의미 등을 규명한 것이 본 연구의 가장 큰 의의라 하겠다.

대중음악인 K-pop은 '상업성'의 한계를 태생적으로 지닐 수밖에 없다. 그리고 이윤을 위한 지나친 상술, 무분별한 따라 하기 혹은 표절 등 부정적인 면이 있는 것도 사실이다. 그러나 이것이 K-pop의 예술적 가치와 의미를 절하시키는 요인이 될 수는 없다. K-pop은 가장 예술적이고 본원적인 속성을 내재하고 있다. 이제부터라도 K-pop은 한국 시가사, 나아가 한국 예술사의 큰 흐름 속에 있는 하나의 유의미한 장르라는 인식을 바탕으로, 보다 다양하고 심도 있는 연구가 이루어져야 하겠다. 또 이를 통해 현재의 K-pop을 더욱 발전적인 방향으로 지속시켜나가야 하겠다.

앞으로는 K-pop 작가·작품론에 대한 연구가 추가적으로 진행되어야 할 것이다. K-pop 생산의 영역에는 다수의 구성원이 속해있지만 그 핵심에는 텍스트를 직접 창작하는 창작자가 분명히 존재하고 그의 위치나 역할이 대단히 중요하기 때문이다. 또, K-pop 작품들이 대개 비슷비슷한 모습을 보인다고는 하나 특정 부류를 대표하고 선두를 이끄는 작품이 항상 존재했기 때문이다.

점차 유희적으로 바뀌고 있는 K-pop 실천 양상에 대해서도 세부적인 연구가 필요하다. 오늘날 문화콘텐츠 시장은 각종 디지털 기기의 발달로 음악, 영화, 게임, 스포츠, 놀이, 레저 등의 영역이 한 데 융합하고 통섭하는 양상을 보인다. 온라인상의 활발한 교류와 소통을 바탕으로 한 새로운 관계 구조 역시 사람들의 문화 향유 방식을 새롭게 만들고 있다. 이제 대중음악은 홀로 존재할 수 없다. 타 대중문화콘텐츠 장르와의 연계 연구가 반드시 필요하다. 이와 더불어 대중음악 생산과 소비가 동시에 이루어지는 새로운 ICT 융복합 문화콘텐츠 모델 개발에 대한 연구 역시 필요하다. 미래 대중음악시장에서는 생산자와 소비자의 경계가 완전히 사라질 것이다. 콘텐츠의 수용과 동시에 새로운 창작이 이루어진다. 그렇다면 이를 가능케 해주는 소프트웨어 프로그램이나 애플리케이션의 개발, 자신의 콘텐츠를 타인과 공유할 수 있게 해주는 온라인 플랫폼의 개발, 또 이로 인해 필연적으로 발생되는 수익 분배나 저작권 문제에 대한 해결 방안 등이 다각도로 모색되어야 할 것이다.

디지털 기술의 발달로 현재 K-pop이 겪고 있는 변화 중 하나가 바로 'VR 뮤직비디오'이다. 게임 등 여러 산업 분야에서 혁신적 성장을 이끌 것으로 기대되는 VR(Virtual Reality,가상현실) 기술의 등장은 대중음악 시장에도 적지 않은 영향을 미치고 있다. 특히, 뮤직비디오 제작에 이 기술이 적용되면서 그간의 작업 방식이 크게 변하고 있는 것이다. 근래 들어, 활발히 제작되고 있는 K-pop의 VR 뮤직비디오는 카메라를 중심으로 360도 전경이 모두 촬영된다는 점에서 가수의 안무 대형과 퍼포먼스 방식에 큰 변화가 요구된다. 아울러, 이야기와 무대·공간 연출에도 많은 고민이 필요하다. 이러한 이유로, 미장센(Mise-en-Scène)을 중심으로 한 연극적 연출 기법이 VR 제작 분야에서 새롭게 주목받고 있는 것이다.[1] 그간, 대중음악에 미친 매체와 기술의 큰 영향력을 감안한다면, VR 기술 및 시장의 발달과 관련해 K-pop의 안무나 퍼포먼스, 나아가 노랫말·음악적 측면에서의 변화가 함께 진행될 것으로 보인다.

K-pop은 이제 보다 커지고 개방된 시장에서 향유될 것이다. 물론, 미국·일본·중국 등 시장의 규모가 큰 곳이 중심이 되겠지만, 이외의 국가

---

1) 고호빈, 「스테레오스코피 3D영화 제작에 있어서 미장센의 문제」, 『커뮤니케이션디자인학연구』제47집, 커뮤니케이션디자인학회, 2014, 167~175쪽 ; 장욱상·이영권, 「VR영상 〈HELP〉 연출 분석-롱 테이크 기법을 중심으로」, 『애니메이션연구』제11권 제5호, 한국애니메이션학회, 2015, 297쪽에서 재인용.

를 무시할 수도 없다. 이미 K-pop의 인기는 중동·유럽·중남미·아프리카 여러 국가들에서도 확인되었기 때문이다. 이것은 그들 문화와의 활발한 교류와 상호작용을 예고한다는 점에서 의미가 있다. 다시 말해, 문화 접변을 통해 상이한 문화가 상호작용해 양쪽 모두에서 새로운 문화가 생성된다는 것이다. 그러면 K-pop에는 지금까지와는 다른 다양한 문화, 다양한 음악적 특징들이 혼재하게 될 것이다. 가령, 중동이나 아프리카 지역의 음악 요소를 직접 수용해 새로운 모습을 취할 수 있다. 이는 노랫말의 경우도 마찬가지이다. K-pop 노랫말에는 목표 시장을 가진 해당 국가와 문화권의 언어가 한국어, 영어와 복잡하게 혼용될 것이다. 이때, 정확한 표현과 문장이 사용되지는 않을 것이다. 여러 가지 언어가 라임 맞추기 등 곡의 음악적 효과와 표현미를 창출하는 데에 우선적으로 동원될 것이다. 노래에 참신성을 부여하기 위해서다. 이렇게 고유의 것과 외래의 것이 끊임없이 상호작용해 온 것, 그러면서 새로움을 창조해 낸 것, 이것이 바로 그간 한국 시가가 겪어온 지속과 변이 과정의 핵심이다.

참고문헌

1. 단행본

강등학 외,『한국 구비문학의 이해』, 도서출판 월인, 2005.

강 현,『전복과 반전의 순간』, 돌베개, 2015.

교과서포럼,『한국 현대사』, 도서출판 기파랑, 2009.

김경동,『한국인의 가치관과 사회의식』, 박영사, 1992.

김대행,『한국시의 전통 연구』, 개문사, 1980.

김문조 외,『한국인은 누구인가』, 21세기북스, 2013.

김봉현,「힙합」,『대중음악SOUND』제3집, 가슴네트워크, 2011.

김성환,『한 권으로 보는 J-POP 연대기』, 음악세계, 2013.

김영운,『국악개론』, 음악세계, 2015.

김영주,『한국의 청년대중음악 문화』, 한국학술정보, 2006.

김영준,『한국 가요사 이야기』, 아름출판사, 1994.

김이나,『김이나의 작사법』, 문학동네, 2015.

김창남 엮음,『대중음악의 이해』, 한울, 2012.

래리 스타 · 크리스토퍼 워터먼,『미국 대중음악 : 민스트럴시부터 힙합까지,
　　　　200년의 연대기』, 김영대 · 조일동 옮김, 도서출판 한울, 2015.

로이 셔커,『대중 음악 사전』, 장호연 · 이정엽 옮김, 한나래출판사, 2012.

로이슨 타이슨,『비평이론의 모든 것』, 윤동구 옮김, 도서출판 앨피, 2015.

매일경제 한류본색 프로젝트팀,『한류본색』, 매경출판(주), 2012.

맥스 패디슨, 『아도르노의 음악미학』, 최유준 옮김, 작은이야기, 2010.

미래창조과학부 · 정보통신산업진흥원, 『2013 소프트웨어산업 연간보고서』, 정보통신산업진흥원, 2013.

박찬호, 『한국 가요사1 · 2』, 미지북스, 2009.

백진현 · 안영희 · 김효진, 『음악의 기초이론』, 뮤직디스크, 2009.

사이먼 프리스 외, 『케임브리지 대중음악의 이해』, 장호연 옮김, 한나래출판사, 2009.

선성원, 『뮤직 비즈니스』, 커뮤니케이션북스(주), 2011.

송방송, 『한국음악통사』, 일조각, 1984.

신중현, 『내 기타는 잠들지 않는다』, 도서출판 해토, 2006.

신현준, 『가요, 케이팝 그리고 그 너머-한국 대중음악을 읽는 문화적 프리즘』, 돌베개, 2013.

안윤태 · 공희준, 『이수만 평전』, 정보와사람, 2012.

안자이 나오무네, 『(연주자와 엔지니어를 위한) 이펙터 교과서』, SRM, 2014.

윤병렬, 『한국해학의 예술과 철학』, 아카넷, 2013.

이광래, 『해체주의와 그 이후』, 주식회사 열린책들, 2007.

이동연 엮음, 『아이돌-H.O.T에서 소녀시대까지, 아이돌 문화 보고서』, 이매진, 2011.

이수완, 『대중음악 입문 : 문화연구와 만나는 대중음악』, 경성대학교 출판부, 2014.

이에스더, 『대중음악과 문화』, 계명대학교 출판부, 2012.

이영미, 『한국대중가요사』, 민속원, 2009.

이주영, 『미학특강』, 미술문화, 2011.

장 보드리야르, 『시뮬라시옹』, 하태환 옮김, ㈜민음사, 2015.

장유정, 『오빠는 풍각쟁이야-대중가요로 본 근대의 풍경』, 민음in, 2006.

장유정 · 서병기, 『한국 대중음악사 개론』, 성안당, 2015.

정성호, 『20대의 정체성(살림지식총서235)』, 살림, 2006.

조규익, 『가곡창사의 국문학적 본질』, 집문당, 1994.

조규익, 『고전시가의 변이와 지속』, 학고방, 2006.

조규익, 『풀어읽는 우리 노래문학』, 논형, 2007.

조규익, 『만횡청류의 미학』, 박이정, 2009.

차우진, 『청춘의 사운드』, 책읽는수요일, 2011.

최재석, 『한국인의 사회적 성격』, 현음사, 1994.

키스 니거스, 『대중음악이론 : 문화산업론과 반문화론을 넘어서』, 송화숙 · 윤
    인영 · 이은진 · 허지연 옮김, 마티, 2012.

프레데릭 마르텔, 『메인스트림』, 권오룡 옮김, 문학과지성사, 2013.

피종호, 『해체미학-니체에서 후기구조주의까지』, 뿌리와이파리, 2005.

한상복 · 이문웅 · 김광억, 『문화인류학』, 서울대학교출판문화원, 2011.

Derrida, Jacques, 『해체』, 김보현 옮김, 문예출판사, 1996.

E.H.카, 『역사란 무엇인가』, 곽복희 옮김, 도서출판 청년사, 1995.

Gershon, R. P, *Music Video and Television Commercials : A Comparison of
    Production Styles*, Doctorial Dissertation (Indiana Univ), 1991.

Heelas, P, *Introduction in re-traditionalization*, Oxford : Blackwell Publishers,
    1996.

Hofstede, G., *Cultures and Organizations: Software of the Mind*, London:
    McGraw Hill, 1991.

2. 논문

강주선, 「大衆歌謠 歌詞의 텍스트에 관한 硏究」, 중앙대학교 교육대학원 석사
    학위논문, 2004.

강현구 · 고훈준, 「K-POP의 음악 패턴 분석」, 『디지털정책연구』제11집 제3호,
    한국디지털정책학회, 2013.

강혜인, 「한국 전래동요의 음악문화 연구」, 동아대학교 대학원 박사학위논문,
    2006.

고호빈, 「스테레오스코피 3D영화 제작에 있어서 미장센의 문제」, 『커뮤니케이션디자인학연구』제47집, 커뮤니케이션디자인학회, 2014.

김명혜, 「MTV 한국 진출의 문화적 의미」, 『언론과 정보』제2권 제1호, 부산대학교 언론정보연구소, 1996.

김미희, 「한국대중음악의 해외진출에 관한 연구 - SM엔터테인먼트와 가수 '보아'를 중심으로」, 단국대학교 대중문화예술대학원 석사학위논문, 2009.

김상효, 「구조주의와 해체주의 그리고 데리다」, 『영미어문학』제43호, 한국영미어문학회, 1992.

김서연 · 박길숙 · 정현숙, 「힙합의 문화적 성격과 관련한 힙합 패션의 특성 연구」, 『복식문화연구』제98권 제5호, 복식문화학회, 2001.

김성훈, 「랩 창작 방법-라임과 플로우를 중심으로」, 숭실대학교 대학원 석사학위논문, 2015.

김수경, 「여성 아이돌 그룹 의상의 특성」, 『한국디자인포럼』제33집, 한국디자인트렌드학회, 2011.

김영식 · 권중문 · 지현호, 「국내 뮤직비디오의 영상적 특성에 따른 유형분류 연구」, 『AURA』제7권 제1호, 한국사진학회, 2000.

김영운, 「경기 통속민요의 전승양상과 음악적 특징」, 『우리춤연구』제10집, 한양대학교 우리춤연구소, 2009.

김 윤, 「K-pop 스타의 패션에 관한 연구」, 『한국패션디자인학회지』제12집 제2호, 한국패션디자인학회, 2012.

김익두, 「한국 대중가요 연구사 검토」, 『공연문화연구』제24집, 한국공연문화학회, 2012.

김익두 · 허정주, 「한류(Korean waves)' 공연예술의 전통적 토대로서의 풍물굿/농악의 가능성과 그 활용 방안 연구 - 'K-POP'의 경우를 중심으로」, 『공연문화연구』제31집, 한국공연문화학회, 2015.

김주미, 「한국 남성 아이돌 스타의 이미지 유형」, 서경대학교 대학원 석사학위논문, 2011.

김진이, 「K-Pop의 형성과 음악적 특성에 관한 연구」, 동아대학교 예술대학원 석사학위논문, 2013.

김창수, 「한국 근대시에 나타난 집 이미지 연구」, 고려대학교 대학원 박사학위논문, 2001.

김태훈, 「한국 음악 산업의 매니지먼트 변화과정 : 1980년대부터 2000년대까지 스타 뮤지션의 사례를 중심으로」, 단국대학교 대중문화예술대학원 석사학위논문, 2007.

김호상, 「K-POP의 해외진출 성공전략에 관한 연구 : K-POP 전문가 심층인터뷰를 중심으로」, 한양대학교 언론정보대학원 석사학위논문, 2012.

나민구, 「신한류의 리더, K-Pop의 '수사학적 힘' 분석」, 『수사학』제15호, 한국수사학회, 2011.

나현신·장애란, 「K-pop 스타 패션에 나타난 키치의 조형적 특성 연구」, 『디자인지식저널』제24집, 한국디자인지식학회, 2012.

라영균, 「문학사기술의 문제의식과 장르변화의 문제」, 『세계문학비교연구』제17집, 세계문학비교학회, 2006.

문희천, 「음악산업과 디지털 기술의 융합에 따른 시장 환경 변화 연구 - 융합에 의한 문제점을 중심으로」, 단국대학교 경영대학원 석사학위논문, 2011.

박규란, 「K-POP 한류스타들의 헤어트렌드 대중선호도 분석」, 중앙대학교 예술대학원 석사학위논문, 2013.

박상숙, 「현대미술의 해체와 뉴미디어 아트의 다원성 및 상호성에 관한 연구」, 강원대학교 박사학위논문, 2013.

박성혜, 「기업형 연예 매니지먼트 회사의 매니지먼트 시스템 분석과 개선 방안에 관한 연구」, 홍익대학교 광고홍보대학원 석사학위논문, 2006.

박애경, 「가요 개념의 근대화, 식민화, 혼종화」, 『구비문학연구』제34집, 한국구비문학회, 2012.

박준언, 「K-pop 노랫말들의 언어 혼종: 영어 변이형들과 코드전환 사용」, 『이중언어학』제61호, 이중언어학회, 2015.

박현주, 「글로벌 대중문화물의 한국적 변용과 탈식민주의적 문화정체성에 대한 연구-한국 대중음악에 관한 사례분석」, 『언론과사회』제14권 제3호, 성곡언론문화재단, 2006.

박희지, 「K-Pop 특성과 K-Pop 아이돌의 패션이미지」, 서울대학교 대학원 석사학위논문, 2012.

변윤언 · 이광호, 「청소년의 인터넷상 언어사용에 나타난 문화특성에 관한 연구」, 『청소년복지연구』제6권 제2호, 한국청소년복지학회, 2004.

서민수 · 정태수 · 주영민 · 이해욱, 「新한류 지속발전을 위한 6대 전략」, 『CEO Information』제899호, 삼성경제연구소, 2013.

서승미, 「청소년의 음악 감상 행동에 관한 연구」, 『인간행동과 음악연구』제2권, 제2호, 한국음악치료교육학회, 2005.

서정환, 「대중음악의 훅(hook)에 관한 정의와 재해석」, 『음악학』제21집, 한국음악학학회, 2011.

소연수, 「해외소비자의 K-POP 선호요인에 관한 연구 : 동아시아, 동남아, 구미주 3개 시장의 차이를 중심으로」, 홍익대학교 경영대학원 석사학위논문, 2013.

신현준, 「K-pop의 문화정치(학) : 월경(越境)하는 대중음악에 관한 하나의 사례연구」, 『언론과 사회』제13권 제3호, 성곡언론문화재단, 2005.

신현준, 「1970~1980년대 한국 대중음악사 서술의 쟁점: 불확정적 텍스트와 복합적 매개의 난점」, 『대중음악』제15호, 한국대중음악학회, 2015.

심희철, 「광대 제도의 전승과 케이팝 계승에 관한 연구」, 건국대학교 대학원 문화콘텐츠학과 박사학위논문, 2015.

양우석, 「한국 랩의 형성과 케이팝의 발전」, 『음악학』제23집, 한국음악학학회, 2012.

양재영, 「케이팝(K-Pop)의 글로컬(Glocal) 전략과 혼종정체성 : '포스트-한류' 시대 케이팝의 사회문화적 지형에 대한 소고」, 『음악응용연구』제4집, 한국음악응용학회, 2011.

양종모, 「케이 팝(K-pop)의 학교 음악교육에 수용 탐색을 위한 음악적 특성 분석」, 『음악응용연구』제4집, 한국음악응용학회, 2011.

오창석, 「청소년의 통신 언어 사용실태 연구」, 『청소년문화포럼』제25권, 한국 청소년문화연구소, 2010.

윤선희, 「케이 팝의 유럽적 수용과 문화 확산의 청소년 수용전략」, 『한국언론 학보』제57권, 제3호, 한국언론학회, 2013.

이기원, 「新韓流 K-pop의 國際去來 硏究 : 디지털 음악의 해외유통과 Youtube-social media의 역할」, 고려대학교 법무대학원 석사학위논 문, 2012.

이난수, 「K-POP의 '감흥(感興)'에 대한 연구 : 후킹효과(Hooking Effect)를 중 심으로」, 『인문학연구』제43집, 조선대학교 인문학연구소, 2012.

이병옥, 「선사시대 종족보존을 위한 「성애춤」의 전개양상」, 『동양예술』제6 호, 한국동양예술학회, 2002.

이봉재, 「K-Pop의 춤에 관한 소고 : 〈강남스타일〉을 생각하며」, 『대중음악』제 10호, 한국대중음악학회, 2012.

이봉재, 「K-Pop 댄스 뮤직의 정체성을 위한 연구: 리듬을 중심으로」, 『음악학』 제27권, 한국음악학학회, 2014.

이상욱, 「만횡청류의 문화콘텐츠화 방안 연구-대중가요콘텐츠로서의 가능성 찾기」, 숭실대학교 대학원 석사학위논문, 2011.

이상욱, 「K-pop의 노랫말 특성 연구」, 『한국문학과 예술』제16집, 숭실대학교 한국문예연구소, 2015.

이상욱, 「K-pop 음악적 성향의 지속과 변이」, 『인문과학연구』제34집, 성신여 자대학교 인문과학연구소, 2016.

이선호, 「디지털 미디어의 발전과 한국 음악 산업의 경향에 관한 연구 : 디지 털 음원산업의 주요 쟁점을 중심으로」, 『음악교육공학』제8집, 한국음 악교육공학회, 2009.

이소영, 「일제강점기 신민요의 혼종성 연구」, 한국학중앙연구원 한국학대학 원 박사학위논문, 2007.

이솔림, 「연예매니지먼트기업의 아이돌 메이킹에 관한 연구」, 중앙대학교 예술대학원 석사학위논문, 2011.

이수완, 「케이팝(K-Pop), Korean과 Pop Music의 기묘한 만남 - K-Pop의 한국 대중음악적 진정성에 대한 탐구」, 『인문논총』제73권 제1호, 서울대 학교 인문학연구원, 2016.

이은경, 「뉴미디어 환경에서의 대중음악 제작에 관한 연구」, 고려대학교 언론 대학원 석사학위논문, 2012.

이조원, 「자크 데리다(Jacques Derrida)의 해체주의 인식론과 선」, 『한국선학』 제23호, 한국선학회, 2009.

이진원, 「박춘재 〈각색 장사치 흉내〉의 음악적 특징 및 공연예술적 성격-'물건 파는 소리'의 관점으로」, 『한국음반학』제22권, 한국고음반연구회, 2012.

임건희, 「大衆歌謠에 쓰인 言語에 관한 研究 : 外國語 使用을 中心으로」, 중앙 대학교 교육대학원 석사학위논문, 2009.

장규수 · 김태룡, 「케이팝의 선정성과 흥행효과에 관한 연구」, 『글로벌문화콘 텐츠』제18집, 글로벌문화콘텐츠학회, 2015.

장욱상 · 이영권, 「VR영상 〈HELP〉 연출 분석-롱 테이크 기법을 중심으로」, 『애 니메이션연구』제11권 제5호, 한국애니메이션학회, 2015.

장유정, 「한국 트로트의 정체성에 대한 일고찰-1945년 이전 노래의 시적 자아 의 정서를 중심으로」, 『구비문학연구』제16집, 한국구비문학회, 2003.

장유정, 「한국 대중음악사 기술을 위한 기초 작업-몇 가지 쟁점을 중심으로」, 『대중음악』제1호, 한국대중음악학회, 2008년.

장유정, 「20세기 전반기 서양 대중음악의 수용과 양상 고찰 : 재즈송을 중심으 로」, 『우리춤과 과학기술』제13집, 우리춤연구소, 2010.

장유정, 「일제강점기 만요(漫謠)를 통해 본 서민들의 삶과 문화」, 『한국민요학』 제39집, 한국민요학회, 2013.

정겨울, 「아이돌 춤에 관한 연구 : 소녀시대 춤 분석을 중심으로」, 이화여자대 학교 공연예술대학원 석사학위논문, 2015.

정일서, 「한국 대중음악의 해외진출 현황과 과제에 관한 연구 : 최근의 K-POP

열풍을 계기로」, 성공회대학교 문화대학원 석사학위논문, 2013.

정찬중 · 최성영 · 배명진, 「후크송의 음향학적 분석에 관한 연구」, 『한국통신학회논문지』제35집 제2호, 한국통신학회, 2010.

조규익, 「조윤제의 『조선시가사강(朝鮮詩歌史綱)』론 : 『한국고전시가사』서술방안(1)」, 『애산학보』19집, 애산학회, 1996.

조규익, 「구소련 고려인 민요의 전통노래 수용 양상」, 『동방학』제14호, 한서대학교 동양고전연구소, 2008.

조용경 · 고운기, 「K-pop의 민요적 친연성에 대한 시론」, 『한국민요학』제44집, 한국민요학회, 2015.

주호일, 「新한류의 현황 및 활성화에 관한 연구 : K-POP을 중심으로」, 단국대학교 문화예술대학원 석사학위논문, 2012.

차세련, 「K-Pop 가수의 무대의상 스타일 유형 연구」, 상명대학교 예술디자인대학원 석사학위논문, 2013.

천재윤, 「한국 대중가요에 나타난 영 · 한 혼용 가사에 대한 사회언어학적 연구」, 전북대학교 대학원 석사학위논문, 2003.

최 헌, 「韓國民謠 音樂的特徵의 哲學的意味 硏究」, 『한국민요학』제27집, 한국민요학회, 2009.

한성일, 「대중가요에 쓰인 영어 가사의 기능 연구」, 『텍스트언어학』제29집, 한국텍스트언어학회, 2010.

홍연주, 「한국 대중가요 노랫말의 특성에 관한 담론」, 『한국엔터테인먼트산업학회논문지』제5권 제1호, 한국엔터테인먼트산업학회, 2011.

황영순, 「미국 흑인음악의 역사적 배경과 발전 과정」, 『미국사연구』제34집, 한국미국사학회, 2011.

황현숙, 「K-POP의 세계 대중음악 진출에 대한 담론-가수 싸이 신드롬을 중심으로-」, 『음악교육공학』17집, 한국음악교육공학회, 2013.

Frith, S, "The discourse of world music. In Born, G, & Hesmondhalgh, D. (Eds.)", *Western music and its others*, London : Routledge, 2000.

Kwon, Hyunseok, "A Case Study on the Perception of the Wonhyong (Original

Form) of Local Music in Korea", *ACTA KOREANA*, Vol.12, No.1, ACADEMIA KOREANA OF KEIMYUNG UNIVERSITY, KOREA, 2009.

3. 기타자료

1) 사전

『두산백과』, 두산잡지, 1997.
『한국민족문화대백과사전』, 한국학중앙연구원, 2015.
『브리태니커 사전』.
『영화사전』, propaganda, 2004.
『오디오 용어사전』, 새녘출판사, 2013.
『옥스퍼드 영어사전』.
『위키백과』.
『파퓰러음악용어사전』, 삼호뮤직, 2002.
『표준국어대사전』.

2) 기사, 방송

김규원, "댄스음악 선풍 끝이 없는가", 『한겨레』, 1995년04월21일자.
김도형, "음반 국내도 'CD시대' 눈앞에", 『한겨레』, 1990년11월18일자.
김사라, "서태지 '리믹스 콘테스트', 실력+개성 겸비 300곡 쏟아졌다", 『OSEN』, 2014년12월16일자.
김성중, "新世代 겨냥 新商品 러시 消費財 업체", 『매일경제』, 1993년02월12일자.
김성중, "졸업ㆍ입학시즌 선물용품 판매 불꽃경쟁", 『매일경제』, 1994년02월15일자.
김원겸, "박진영 "비는 천재가 아니다. 다만 노력할 뿐이다"", 『머니투데이』, 2005년09월04일자.

김지연, "박진영 "내가 원하면 언제든 '텔미' 대선로고송 가능"", 『머니투데이』, 2007년11월30일자.

네이버 스페셜, 「한눈으로 보는 케이팝 지형도 1부, 2부」(자료제공·203인포그 래픽연구소), http://image.music.naver.com/music/contents/ promo- tion/special/content/201211/121122_infogra_07.jpg.

민호기, "CD돌풍…音盤시장 地殼변동", 『매일경제』, 1992년09월08일자.

박성수, "대중가요 노랫말 지나치게 감상적", 『경향신문』, 1992년05월28일자.

양영채, "CD플레이어 10萬원臺 제품 곧 나온다", 『동아일보』, 1987년11월10일자.

오광수, "'가위'로 한여름 가요계 강타 유승준 태평양 건너온 '스무살 반란'", 『경향신문』, 1997년08월25일자.

오광수, "'여성판 HOT' 돌풍 여고 3인조 댄스그룹 SES", 『경향신문』, 1997년12 월22일자.

이소담, "서태지 "크리스말로윈' 스템파일 공유, 레시피 공개한 셈"(명견만 리)", 『뉴스엔』, 2015년03월26일자.

이승우, "원더걸스 '소 핫' 유튜브에 공개돼 화제… 88만 네티즌 주목", 『스포츠 조선』, 2008년07월02일자.

이은정, "비 아시아권 음반 판매량 100만여 장 기록", 『연합뉴스』, 2005년12월 28일자.

이은정, "원더걸스 '노바디', 美 연예 블로그에 소개", 『연합뉴스』, 2008년09월 24일자.

이은정, "〈新한류 열풍〉 ①세계 속 K-POP 신드롬", 『연합뉴스』, 2010년11월02 일자.

이은정·이연정, "싸이 서울광장 공연..8만 관객 집단 '말춤'", 『연합뉴스』, 2012년10월05일자.

정용관, "여성트리오 S.E.S 예뻐서 좋아", 『동아일보』, 1998년03월10일자.

최연진, "세계 최대 UCC 사이트 '유튜브' 창업자 스티브 챈", 『한국일보』, 2008 년03월11일자.

최지선, "케이팝, 진단이 필요해", 『한겨레21』, 2011년06월23일자.

황의봉, "H.O.T 중국서 뜰 조짐", 『동아일보』, 1998년06월22일자.

『SBS 스페셜 '아시아 쇼비즈 삼국지 - 이수만의 CT론과 한류의 미래'』, 2006년
03월12일자.

Dixon, Tom, *The Journey of Cultural Globalization in Korean Pop Music*,
http://www.e-ir.info/2011/08/17/the-journey-of-cultural-globalization-
in-korean-pop-music/#_ftnref16, 2011.08.17.

찾아보기

지은이 이상욱

작곡가/음반프로듀서.
숭실대학교 국어국문학과 및 동 대학원 석사 졸업.
숭실대학교 대학원 문화콘텐츠학과 박사 졸업.
(현) 콘텐츠제작사 〈무늬상점〉 대표.
(현) 숭실대학교 국어국문학과 초빙교수.
(현) 한국문학과예술연구소 연구원.
논문 「K-pop의 노랫말 특성 연구」(2015), 「K-pop 음악적 성향의 지속과 변이」(2016) 등.
음반 ≪봉천동 고양이≫(2014), ≪미아≫(2014), ≪눈물고래≫(2014), ≪십잡가≫(2014), ≪네가 오는 날≫(2015) 등.

숭실대학교
한국문예연구소
학술총서 ❺❹

K-pop 연구

1판 1쇄 발행   2016년 10월 27일
1판 2쇄 인쇄   2017년   7월 20일
1판 2쇄 발행   2017년   7월 28일

지 은 이 | 이상욱
펴 낸 이 | 김미화
펴 낸 곳 | 인터북스

주   소 | 서울시 은평구 대조동 221-4 우편번호 122-844
전   화 | (02)356-9903   편집부(02)353-9908
팩   스 | (02)6959-8234
홈페이지 | http://hakgobang.co.kr/
전자우편 | interbooks@naver.com, interbooks@chol.com
등록번호 | 제311-2008-000040호

ISBN   978-89-94138-46-6   94670
              978-89-94138-07-7   (세트)

값 : 15,000원

이 도서의 국립중앙도서관 출판예정도서목록(CIP)은 서지정보유통지원시스템 홈페이지(http://seoji.
nl.go.kr)와 국가자료공동목록시스템(http://www.nl.go.kr/kolisnet)에서 이용하실 수 있습니다.
(CIP제어번호 : CIP2016025051)

■ 파본은 교환해 드립니다.

ڈ